Band 4
Jahrgangsstufe 10

Betriebswirtschaftliche Steuerung und Kontrolle

Theorie und Aufgaben

Wirtschaftsschule Bayern

Hartmut Umhöfer
Yvonne Kopp

Hartmut Umhöfer
Hartmut Umhöfer verfügt über eine langjährige Unterrichtspraxis in der Wirtschaftsschule. Er unterrichtet dort die kaufmännischen Fächer (Rechnungswesen, Betriebswirtschaft, Volkswirtschaft, Übungsfirmenarbeit, Datenverarbeitung). Er ist an seiner Schule neben der Schulentwicklung auch als Multiplikator für die Umsetzung von „LehrplanPLUS", des kompetenzorientierten Lehrplans an Wirtschaftsschulen in Bayern, zuständig.

Vor seiner Tätigkeit als Lehrer arbeitete Herr Umhöfer in mehreren Unternehmen der Logistikbranche und hat daher eine klare Vorstellung von den Anforderungen, die an die Auszubildenden in der Unternehmenspraxis gestellt werden.

Yvonne Kopp
Yvonne Kopp hat ihr Studium zur Diplomhandelslehrerin an der TU Chemnitz (in den Vertiefungsrichtungen Personal und Finanzen) absolviert. Zuvor schloss sie erfolgreich eine Ausbildung zur Bankkauffrau ab, sammelte mehrere Jahre Berufserfahrung und erwarb den Bankfachwirt an der IHK. Im Referendariat an der Berufsschule in Neumarkt (i. d. OPf.) und in Bad Kissingen erlangte sie ihr zweites Staatsexamen.

Seit 2012 ist sie als Lehrkraft an der Wirtschaftsschule in den Fächern Betriebswirtschaftslehre, Volkswirtschaftslehre, Rechnungswesen, Datenverarbeitung und Übungsfirmenarbeit eingesetzt.

© by KLV Verlag GmbH

Alle Rechte vorbehalten
Ohne Genehmigung des Herausgebers ist es nicht gestattet, das Buch oder Teile daraus in irgendeiner Form zu reproduzieren.

Layout und Cover
KLV Verlag GmbH

1. Auflage 2017

ISBN 978-3-95739-025-7

KLV Verlag GmbH | Bellamonter Straße 30 | 88463 Eberhardzell
Telefon 07358 9610920 | Fax 07358 9610921
info@klv-verlag.de | www.klv-verlag.de

Inhaltsverzeichnis

Vorwort	6
Erklärung Icons	7
Konzeption und Aufbau des Buches	8
Unsere Familie stellt sich vor	10

1 Lernbereich 10.1.1: Den Alltag bewältigen — 12

- 1.1 Lernsituation 1: Wir entscheiden uns für eine Mietwohnung ... 12
  - 1.1.1 Haushaltsbudget ... 16
  - 1.1.2 Mietvertrag ... 17
  - 1.1.3 Zahlungsmöglichkeiten ... 18
  - 1.1.4 Zahlungsformen ... 21
  - 1.1.5 Onlinezahlungsservice ... 22
- 1.2 Lernsituation 2: Wir wägen Kaufentscheidungen zur Wohnungseinrichtung ab (Fortführung der Lernsituation 1) ... 23
  - 1.2.1 Finanzierung ... 23
  - 1.2.2 Zinsrechnung ... 26
  - Aufgaben zum Lernbereich 10.1.1 ... 28
- 1.3 Lernsituation 3: Wir wägen eine Autoanschaffung ab ... 29
- 1.4 Lernsituation 4: Wir füllen eine Einkommensteuererklärung aus ... 30
  - 1.4.1 Steuern ... 33
  - 1.4.2 Einkommensteuer ... 35
  - 1.4.3 Steuern als Abzugsposition vom Entgelt ... 35
  - 1.4.4 Einkommensteuererklärung ... 37

2 Lernbereich 10.1.2: Vorsorge treffen — 40

- 2.1 Lernsituation 5: Wir treffen eine Versorge für unser späteres Leben ... 40
  - 2.1.1 Notwendigkeit der privaten Vorsorge ... 41
  - 2.1.2 Individualversicherungen ... 41
  - 2.1.3 Sozialversicherungen ... 44
- 2.2 Lernsituation 6: Wir legen Geld für die Zukunft an ... 48
  - 2.2.1 Kapitalanlage ... 48
  - 2.2.2 Anlage auf Bankkonten ... 49
  - 2.2.3 Anlage in Wertpapieren ... 51
  - 2.2.4 Staatliche Förderung in der Altersvorsorge ... 53
  - 2.2.5 Freistellungsauftrag ... 53

3 Lernbereich 10.2: Wettbewerbsfähig bleiben — 56

- 3.1 Unser Unternehmen stellt sich vor ... 56
- 3.2 Lernsituation 7: Wir entwerfen ein Marketingkonzept ... 58
  - 3.2.1 Grundlagen des Marketings ... 60
  - 3.2.2 Marktforschung ... 60
  - 3.2.3 Produkt- und Sortimentspolitik ... 61
  - 3.2.4 Preispolitik ... 63
  - 3.2.5 Kommunikationspolitik ... 68
  - 3.2.6 Distributionspolitik ... 69
  - Aufgaben zum Lernbereich 10.2 ... 71

4 Lernbereich 10.2.2: Mit Unternehmen im EU-Binnenmarkt Handel treiben — 76

- 4.1 Lernsituation 8: Wir handeln mit dem EU-Ausland 76
  - 4.1.1 Die Europäische Union
  - 4.1.2 Exkurs: Währungsrechnen 79
  - 4.1.3 Besonderheiten beim Handel innerhalb des EU-Binnenmarktes 81
  - 4.1.4 Zahlungsabwicklung beim Handel innerhalb des EU-Binnenmarktes 84
  - 4.1.5 Buchungen beim Handel innerhalb des EU-Binnenmarktes 84
  - Aufgaben zum Lernbereich 10.2.2 87

5 Lernbereich 10.2.3: Investitionsgüter finanzieren — 90

- 5.1 Lernsituation 9: Wir entscheiden über die Finanzierung anstehender Investitionen 90
  - 5.1.1 Investition und Finanzierung 92
  - 5.1.2 Sonderformen der Finanzierung 98
- 5.2 Lernsituation 10: Wir führen eine Bonitätsprüfung durch 100
  - 5.2.1 Der Kreditvertrag 103
  - 5.2.2 Kreditsicherung 107
- 5.3 Lernsituation 11: Wir schreiben unseren neuen Geschäftswagen ab 112
  - 5.3.1 Buchungen beim Anlagevermögen 116
  - 5.3.2 Abschreibung des Anlagevermögens 118
  - Aufgaben zum Lernbereich 10.2.3 121

6 Lernbereich 10.2.4: Die Wettbewerbsfähigkeit mithilfe der Kosten- und Leistungsrechnung sicherstellen — 128

- 6.1 Lernsituation 12: Wir lernen Grundzüge der Kosten- und Leistungsrechnung kennen 128
  - 6.1.1 Die Kosten- und Leistungsrechnung 131
  - 6.1.2 Die Abgrenzungsrechnung 133
  - 6.1.3 Die Kostenartenrechnung 135
  - 6.1.4 Die Kostenstellenrechnung 136
  - 6.1.5 Die Kostenträgerrechnung 138
- 6.2 Lernsituation 13: Wir setzen unsere Preise marktorientiert fest 144
  - 6.2.1 Die Teilkostenrechnung 145
  - 6.2.2 Fixe und variable Kosten 145
  - 6.2.3 Beschäftigungsgrad 147
  - 6.2.4 Deckungsbeitrag 147
  - 6.2.5 Ermittlung des Betriebsergebnisses 148
  - 6.2.6 Gewinnschwelle 149
  - 6.2.7 Preisuntergrenzen 150
  - 6.2.8 Zusatzauftrag 151
  - Aufgaben zum Lernbereich 10.2.4 153

7 Methodenpool — 162

- 7.1 5-Finger-Methode 162
- 7.2 Ampelmethode 163
- 7.3 Arbeiten in Sozialformen 164
- 7.4 Arbeitsplan/Maßnahmenplan/Zeitplan 165
- 7.5 Bewertungsbogen „Zielscheibe" 166
- 7.6 Blitzlicht 167
- 7.7 Brainstorming 168
- 7.8 Feedback 169

7.9	Fragebogen	170
7.10	Galerierundgang oder „Markt der Möglichkeiten"	172
7.11	Gruppenpuzzle	174
7.12	Kriterienkatalog (Checkliste) für Präsentationen	175
7.13	Kugellager-Methode	177
7.14	Lernkartei	178
7.15	Mindmaps (Gedächtniskarten) erstellen	179
7.16	Plakatgestaltung	180
7.17	Podcast	181
7.18	Portfoliomappe	182
7.19	Präsentationsmedien Flipchart und Folie (Overheadfolie)	183
7.20	Präsentieren, aber wie?	184
7.21	Pro-Kontra-Liste	186
7.22	Referate anfertigen – aber wie?	187
7.23	Spickzettel anfertigen	188
7.24	Szenische Darstellung	189
7.25	Zitieren – aber wie?	190

Anhang — 192

Bildquellenverzeichnis 192
Schulkontenrahmen für die Wirtschaftsschule 195

Vorwort

„Kompetenzen werden nicht unterrichtet, sondern erworben"

Im Schuljahr 2014/2015 startete der neue Lehrplan Plus der Wirtschaftsschule, der es sich zum Ziel gemacht hat, dass die Schülerinnen und Schüler von nun an im Unterricht dauerhaft Kompetenzen erwerben sollen. Unter Kompetenzen werden „erlernbare, auf Wissen begründete Fähigkeiten und Fertigkeiten verstanden, die eine erfolgreiche Bewältigung bestimmter Anforderungssituationen ermöglichen". (ISB)

Die neue Unterrichtskultur bewegt sich weg vom klassischen Frontalunterricht und hin zu Lernsituationen. Das heißt, dass die Schüler den Stoff eigenständig erarbeiten und ihre Arbeitsschritte selbst reflektieren. Die Lehrer übernehmen nun die Rolle als Berater, Organisatoren und Begleiter, was von vielen Kollegen als Herausforderung empfunden wird.

Vor diesem Hintergrund erfolgte schon die Konzeption der ersten drei Bände für die Jahrgangsstufen 7 bis 9. Der vorliegende Band 4 beinhaltet die Kompetenzerwartungen der Jahrgangsstufe 10.

Gerade im Hinblick auf die bevorstehende Abschlussprüfung steigt das Anforderungsniveau dahin gehend, dass die Lernsituationen umfassender und komplexer gestaltet werden. In den letzten Lernsituationen wurde deswegen auch bewusst die Fragestellung der künftigen Abschlussprüfung „Führe alle erforderlichen Arbeitsschritte durch und dokumentiere diese nachvollziehbar" aufgenommen.

Wir möchten an dieser Stelle noch einmal darauf hinweisen, dass die Informationstexte nur als Grundlage für weitere Recherchen der Schülerinnen und Schüler im Rahmen der Orientierungsphase dienen sollen. Die selbstständige und eigenverantwortliche, vor allem umfassende Erarbeitung eines Sachverhalts soll als Beitrag zum Erwerb von Methodenkompetenzen betrachtet werden.

Die Lehrwerksreihe besteht aus insgesamt vier Jahrgangsbänden (Klassenstufe 7, 8, 9, 10). Jeder Jahrgangsband besteht aus Theorie sowie Aufgaben und Lösungen.

Einige Dateien als Kopiervorlage findest du unter www.klv-verlag.de/BSK.

Nobody is perfect! Wir sind daher jederzeit gegenüber Anregungen und Kritik aufgeschlossen.

August 2017   Das Autorenteam

Erklärung Icons

 Kompetenz

Lernsituation

Arbeitsaufträge

 Informationen

 Beispiel

 Hinweis/Merke/Achtung

 Aufgaben

Qualitätsansprüche

KLV steht für **K**LAR • **L**ÖSUNGSORIENTIERT • **V**ERSTÄNDLICH.

Bitte melden Sie sich bei uns per Mail (info@klv-verlag.de) oder Telefon 07358 9610920, wenn Sie in diesem Werk Verbesserungsmöglichkeiten sehen oder Druckfehler finden. Vielen Dank.

Konzeption und Aufbau des Buches

Die Konzeption des Lern- und Arbeitsbuches orientiert sich an dem Anspruch des kompetenzorientierten Lehrplans. Die geforderte Handlungskompetenz, d. h. die Fähigkeit und die Bereitschaft der Schüler, in lebensnahen Situationen eine vollständige Handlung selbstständig und eigenverantwortlich durchzuführen, ist Richtlinie für die Bearbeitung der einzelnen Lernbereiche.

Ausgehend von einer am Anfang einfachen, später komplexer werdenden, praxisbezogenen Aufgabenstellung (= Lernsituation) erhält der Schüler Handlungsaufträge, die ihn nach der Informations-, Planungs- und Durchführungsphase schließlich zur Erstellung eines Handlungsproduktes auffordern. Zusätzliche Aufgaben runden die jeweiligen Kapitel ab.

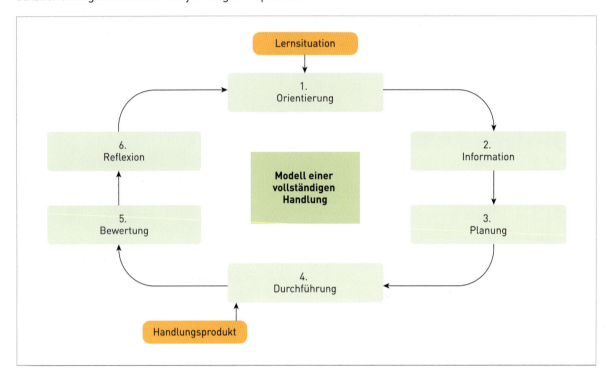

1. Orientierung
Die Schüler machen sich mit der vorliegenden Lernsituation vertraut und ermitteln das gestellte Problem.

2. Information
Die Schüler besorgen sich die benötigten Arbeitsmaterialien und informieren sich selbstständig zur Lernsituation. Im vorliegenden Buch besteht diese Informationsbeschaffung natürlich hauptsächlich aus den beigefügten Informationstexten. Daneben stehen selbstverständlich noch weitere Methoden und Techniken zur Verfügung, die auszugsweise im Anhang dieses Buches aufgeführt sind, z. B.:

- Referate
- Informationsbeschaffung über das Internet
- Informationsbeschaffung durch Betriebserkundungen (vgl. Lernbereich 7.1 Lernsituation 4) bzw. Betriebsbesichtigungen
- Brainstorming
- Brainwriting
- Stationenlernen
- Pro-und-Kontra-Debatte
- usw.

3. Planung

Die Schüler planen selbstständig, wie sie die Aufgaben bearbeiten wollen, d. h. sie planen ihre Vorgehensweise. Dies kann sowohl in themengleichen als auch thementeiligen Arbeitsgruppen geschehen. Als mögliche Methoden und Techniken stehen ihnen dabei unter anderem das Mindmapping, ein Arbeits-, Maßnahmen- und Zeitplan oder das Erstellen eines Spickzettels zur Verfügung.

4. Durchführung

Die Schüler bearbeiten selbstständig die Aufgaben und erstellen das Handlungsprodukt, wenden also das gewonnene Wissen an. Als mögliche Handlungsprodukte kommen infrage:

- Vortrag
- Referat
- Hefteintrag
- Antwortschreiben in Form eines Briefes, eines Telefaxes oder einer E-Mail
- Rollenspiel
- Plakat oder Folie
- PowerPoint-Präsentation
- usw.

5. Bewertung

Nach der Bearbeitung der Lernsituation präsentieren die Schüler ihr Handlungsprodukt. Nachdem dieses ggf. verbessert wurde, sichern sie die Ergebnisse in ihren Unterlagen.

6. Reflexion

Am Ende jeder Lernsituation reflektieren die Schüler sowohl das Arbeitsergebnis als auch den Arbeitsprozess. Auch hier stehen wieder mehrere Methoden und Techniken zur Verfügung:

- Feedback
- Bewertungsbogen „Zielscheibe"
- Bewertungsbogen „Gruppenarbeit"
- Stärken- und Schwächen-Analyse
- Punktabfrage
- Beobachtungsbogen zur Selbst- und Fremdeinschätzung
- usw.

Unsere Familie stellt sich vor

Die Familie Zangerl hat dich bereits in den letzten Schuljahren begleitet. Georg und Veronika Zangerl stammen aus der Drei-Flüsse-Stadt Passau in Niederbayern. Georg fand nach seinem Studium eine Arbeitsstelle bei einem Maschinenbauunternehmen in Freyung, Veronika arbeitete als gelernte Einzelhandelskauffrau bis zur Geburt der ersten Tochter in einem Sportgeschäft in Passau.

Vor fast 15 Jahren nahm Georg eine Stelle als Ingenieur in der Forschungs- und Entwicklungsabteilung eines Schweinfurter Großunternehmens an. Nur ein halbes Jahr später kam seine Ehefrau mit den drei Kindern nach.

Benjamin ist bereits ausgezogen und arbeitet als Industriekaufmann in einem mittelständischen Unternehmen in Würzburg. Lisa war nach ihrem Abitur zwei Jahre im Ausland als Au-pair-Mädchen und möchte nun Internationale Betriebswirtschaftslehre in Bamberg studieren. Lena ist in der Abschlussklasse der Wirtschaftsschule und hat bereits ihre Ausbildungsstelle zur Sozialversicherungsfachangestellten in der Tasche. Das Nesthäkchen Charlotte ist in der dritten Klasse der Grundschule.

Vater Georg Zangerl

Mutter Veronika Zangerl

Tochter Lisa (22) studiert Internationale Betriebswirtschaft.

Benjamin (18) arbeitet als Industriekaufmann in einem mittelständischen Unternehmen.

Lena (16) besucht die zehnte Klasse der Wirtschaftsschule.

Charlotte (9), das Nesthäkchen, besucht die dritte Klasse.

Lernbereich 10.1: Fit fürs Leben sein

Kapitel 1

- 1.1 Lernsituation 1: Wir entscheiden uns für eine Mietwohnung
- 1.2 Lernsituation 2: Wir wägen Kaufentscheidungen zur Wohnungseinrichtung ab (Fortführung der Lernsituation 1)
- 1.3 Lernsituation 3: Wir wägen eine Autoanschaffung ab
- 1.4 Lernsituation 4: Wir füllen eine Einkommenssteuererklärung aus

Den Alltag bewältigen

1 Lernbereich 10.1.1: Den Alltag bewältigen

Kompetenzerwartungen
Die Schülerinnen und Schüler

- schließen im Rahmen ihrer finanziellen Möglichkeiten einen Mietvertrag für eine eigene Wohnung ab. Sie dokumentieren dabei die auf sie zukommenden finanziellen Belastungen und stellen diese mithilfe eines Tabellenkalkulationsprogramms ihrem Budget gegenüber.
- veranlassen die durch die eigene Wohnung anfallenden Zahlungen für Miete, Energie sowie Information und Kommunikation, indem sie Formulare, auch mittels Homebanking, sorgfältig und genau ausfüllen.
- machen ihre Vorsorgeaufwendungen und berufsbedingten Ausgaben in der Einkommenssteuererklärung geltend. Dazu ordnen sie ihre Belege und füllen die notwendigen Formulare fristgerecht und wahrheitsgemäß aus. Sie akzeptieren die Notwendigkeit von Steuerzahlungen, um dem Staat die Erfüllung seiner Aufgaben zu ermöglichen.
- entscheiden sich unter Abwägung ökologischer und ökonomischer Kriterien für oder gegen einen Autokauf. Dabei berücksichtigen sie Alternativen zur Finanzierung sowie Folgekosten.
- führen unter Beachtung der Besonderheiten des Internets Einkäufe im Versandhandel durch und entscheiden sich begründet für oder gegen Angebote zum Ratenkauf. Sie wählen eine vom Verkäufer offerierte Zahlungsart und führen die Zahlung durch.

1.1 Lernsituation 1: Wir entscheiden uns für eine Mietwohnung

Lena absolviert die zehnte Klasse der Wirtschaftsschule und hat bereits ihren Ausbildungsvertrag als Sozialversicherungsfachangestellte in einem führenden Technologie- und Dienstleistungsunternehmen in Bamberg in der Tasche. Ihre Schwester Lisa beginnt nun, nach ihrem zweijährigen Auslandsaufenthalt, ein Studium. Beide überlegen schon länger, später eine gemeinsame WG zu gründen, und planen nun, nach Lenas Abschluss zusammen nach Bamberg zu ziehen. Am Wochenende sitzen die beiden Schwestern Lena und Lisa zusammen und studieren die Wohnungsangebote.

Lena: Lisa, schau mal, ich habe hier die perfekte Wohnung für uns gefunden.
Lisa: Echt? Zeig her! Naja, die klingt echt super, aber die kostet auch wahnsinnig viel. Lena, da kommen dann noch so viele Kosten auf uns zu, denk doch nur mal an Strom und TV sowie Internet.
Lena: Stimmt, ich habe bei Papa schon mal über die Schultern geschaut, als er den Stromanbieter gewechselt hat. Schau, hier im Internet geht das superschnell. Das müssen wir dann nur noch mal aktualisieren, denn das hängt von der Postleitzahl und dem Stromverbrauch ab. Ich denke, dies funktioniert auch für die Wahl eines Internetanbieters. Aber ich bekomme doch laut Ausbildungsvertrag auch 810,00 € Ausbildungsvergütung. Und du bekommst doch auch BAföG.

Lisa: Ja, ich bekomme die maximale BAföG-Förderung, aber wir haben ja noch nicht mal genug Möbel. Ich denke, eine Wohnung am Stadtrand wäre auf jeden Fall für unser Budget geeignet.
Lena: Ich weiß nicht. Dann haben wir auch wieder Kosten für die Benutzung der öffentlichen Verkehrsmittel und sind jeden Tag ewig unterwegs.

Den Alltag bewältigen

Lisa: Vielleicht kaufe ich mir ja auch ein Auto.
Lena: Ja, klar. Du fährst mit dem Auto und ich mit der S-Bahn! Oder wolltest du mich jeden Tag auf Arbeit fahren und wieder abholen? Und wenn wir abends mal feiern gehen wollen?
Lisa: Ach Lena, jetzt sei nicht eingeschnappt. Am besten suchen wir uns ein paar Wohnungsanzeigen raus, setzen uns zusammen und schreiben mal auf, wie hoch unser monatliches Budget ist und welche Kosten noch auf uns zukommen, und dann sehen wir weiter.
Lena: Okay. Vielleicht hilft uns ja auch Benjamin, der beschwert sich doch immer, wie teuer seine Wohnung und alles drum herum ist.

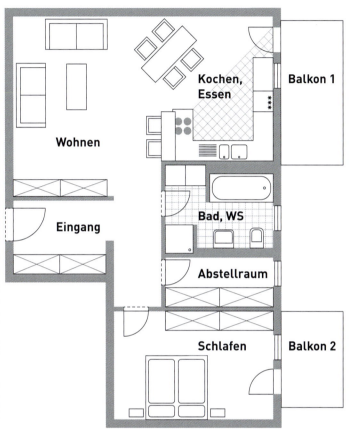

Wohnung in Bischberg

(Lange Zelle 27, 96120 Bischberg):

- 72,0 m²
- 1. Stock, erst vor zwei Jahren komplett neu saniert

Kaltmiete: **680,00 €**

Nebenkosten: **170,00 €**

Kaution: **1.320,00 €**

Keine Einbauküche enthalten, Vermieter könnte eine einbauen, monatliche Mietmehrkosten: **35,00 €**.

Lage mit direkter Stadtbusanbindung, Pkw-Stellplatz vorhanden, **45,00 €** monatliche Miete

Gehobene Ausstattung!

Charmante, sehr sonnige, gut geschnittene
3-Zi-DG-Wohnung
in Bamberg Ost, 96050 Bamberg

Miete: 595,00 €
Wohnfläche: 76 m²
Zimmer: 3

Einbauküche

Wohnung Bamberg-Ost (Birkenallee 9, 96050 Bamberg)
Nach einem Telefonat sind Lena und Lisa weitere Informationen bekannt:

Drei Zimmer, aufgeteilt in Küche mit angrenzendem Wohnzimmer, zwei Schlafzimmer mit fast identischer Größe (15 m²/16 m²), Einbauküche drei Jahre alt (vom Vermieter gestellt, d. h., es fallen für die Nutzung keine Kosten an), Bad mit Badewanne und Waschmaschinenanschluss, Nebenkosten: 135,00 €, Kaution: 750,00 € (wird auf einem Sparbuch angelegt), Parkmöglichkeiten vor dem Haus kostenlos verfügbar, Stadtbusanbindung zur Universität und in die Innenstadt problemlos, hilfsbereite Nachbarn, gemischte Altersstruktur.

Den Alltag bewältigen

Wohnung in Innenstadtnähe (Concordiastraße 5, 96049 Bamberg)

- 48,0 m²
- Erdgeschoss
- Kaltmiete: 520,00 €
- Nebenkosten: 80,00 € Kaution: 1.040,00 € (wird auf einem Treuhandkonto des Vermieters angelegt)
- wenige Minuten bis in die Innenstadt
- Parkmöglichkeiten für Pkw problematisch
- kleine Einbauküche, könnte vom Vormieter übernommen werden, Preis nach Verhandlung: ca. 1.500,00 €

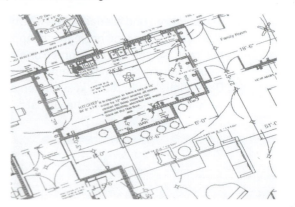

Einbauküchenangebot!

ab **1.279,-** ~~1.779,-~~

- moderne Küche mit Einbaugeräten in Edelstahl, in sechs verschiedenen Farbkombinationen,
- Gesamtbreite bis 270 cm möglich, Türen links und rechts montierbar,
- Apothekerschrank gegen Aufpreis erhältlich,

0% Finanzierung möglich

Vorteil:
- alle Geräte mit Energieeffizienzklasse A (Kühl-Gefrier-Kombination, E-Herd mit Cerankochfeld, Backofen, Spülmaschine),
- kostenlose Lieferung,
- „Made in Germany"

Stromvergleich
(für Bamberg eines Zweipersonenhaushaltes mit einem durchschnittlichen Verbrauch von 2.500 kWh im Jahr)

Quelle: www.stromvergleich.de

Internetangebot

Quelle: www.telekom.de/zuhause

Mietvertrag Muster

Wohnungs-Mietvertrag

Der (Die) Vermieter _____

_____

wohnhaft in _____

und der (die) Mieter _____

_____

_____

_____

schließen folgenden Mietvertrag:

§ 1 Mieträume

1. Im Hause _____
   (Ort, Straße, Haus-Nr., Etage)
   werden folgende Räume vermietet:
   ____ Zimmer, ____ Küche/Kochnische, ____ Bad/Dusche/WC, ____ Bodenräume / Speicher Nr.: _____ , ____ Kellerräume Nr.: _____
   ____ Garage / Stellplatz Nr.: ____ Garten, ____ gewerblich genutzte Räume

2. Der Mieter ist berechtigt, Waschküche, Trockenboden / Trockenplatz, _____ gemäß der Hausordnung mitzubenutzen.

3. Dem Mieter werden vom Vermieter für die Mietzeit ausgehändigt:
   ____ Haus-, ____ Wohnungs-, ____ Zimmer-, ____ Boden-/Speicher-, ____ Garagenschlüssel

4. Die Wohnfläche beträgt _____ qm.
5. Die Wohnung ist eine Eigentumswohnung. ☐ ja ☐ nein

Einen kompletten Mietvertrag findest du unter www.mieterbund.de.

1. Mache dich mit der Situation vertraut, indem du dich zunächst orientierst: Stelle sicher, dass dir klar ist, was deine Aufgabe ist. **(Orientierung und Information)**
2. Plant in der Gruppe euer weiteres Vorgehen, indem ihr euch Gedanken macht, was in dieser konkreten Situation zu tun ist, und notiert diese stichpunktartig. **(Planung)**
3. Trefft für Lena und Lisa eine Entscheidung und dokumentiert alle notwendigen Arbeitsschritte nachvollziehbar. Eine individuelle Recherche im Internet ist notwendig. **(Durchführung)**
4. Präsentiert eure Ergebnisse dem Klassenplenum und diskutiert über sie. Ergänzt und korrigiert ggf. eure Übersicht. **(Bewertung)**
5. Reflektiert eure Ausarbeitung, indem ihr überprüft, ob eure Entscheidung mit der Klassenmeinung übereinstimmt.
6. Erstellt eine Mindmap zum Thema „Mietvertrag", in der ihr alle zu bedenkenden Inhalte festhaltet. **(Reflexion)**

Den Alltag bewältigen

1.1.1 Haushaltsbudget

Bereits in der Klassenstufe 7 hast du gelernt, dass es sinnvoll ist, seine Einnahmen und Ausgaben in regelmäßigen Abständen, z. B. wöchentlich oder monatlich, einander gegenüberzustellen. Alle Posten werden so in einem Haushaltsbuch erfasst und man erkennt sofort, ob am Ende des Monats Geld übrig sein wird oder nicht. Dieses Haushaltsbuch kann natürlich auch elektronisch mithilfe eines Tabellenkalkulationsprogrammes geführt werden.

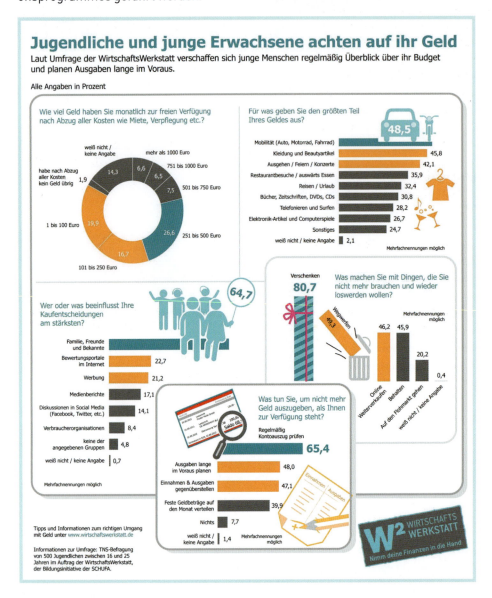

Die Einnahmen und Ausgaben eines jungen Erwachsenen unterscheiden sich jedoch von denen eines Jugendlichen. Typische Einnahmen sind jetzt das Ausbildungsgehalt und Kindergeld oder bei Studenten das BAföG. Die Ausgaben werden nun noch vielfältiger: Kosten für die eigene Wohnung und Mobilität, für Lebensmittel und Kleidung oder auch für Reisen sowie für Vorsorge und Sparverträge.[1]

---

1 Quelle: Wirtschaftswerkstatt, die Bildungsinitiative der Schufa

1.1.2 Mietvertrag

Wie der Kaufvertrag gehört auch der Mietvertrag zu den mehrseitig verpflichtenden Rechtsgeschäften. Wie ihr bereits wisst, kommen diese durch zwei übereinstimmende Willenserklärungen, den Antrag und die Annahme, zustande. Der Eigentümer der Wohnung, der Vermieter, erklärt sich bereit, die Wohnung gegen Zahlung eines Mietpreises dem Mieter zu überlassen. Für die Zahlung der Miete erhält der Mieter ein Wohnrecht. Beide Vertragspartner müssen dabei zu allen Teilen des Mietvertrages, also zum Mietgegenstand, der Mietdauer und dem Mietpreis, den gleichen Willen haben und diesen auch erklären. Die beiden Willenserklärungen müssen also übereinstimmen.

Damit ein rechtswirksamer Mietvertrag zustande kommt, muss die der Schriftform entsprechende Urkunde (Mietvertrag) von beiden Vertragsparteien unterschrieben werden. In der Regel werden im Mietvertrag auch Nebenabsprachen, z. B. die Hausordnung und die Vorgehensweise der Betriebskostenabrechnung, geregelt.

Die Hauptpflichten aus dem Mietvertrag sind in § 535 Abs. 1 BGB verankert

Pflichten aus dem Kaufvertrag (Auszug aus dem BGB)

(1) Durch den Mietvertrag wird der Vermieter verpflichtet, dem Mieter den Gebrauch der Mietsache während der Mietzeit zu gewähren. Der Vermieter hat die Mietsache dem Mieter in einem zum vertragsgemäßen Gebrauch geeigneten Zustand zu überlassen und sie während der Mietzeit in diesem Zustand zu erhalten. Er hat die auf der Mietsache ruhenden Lasten zu tragen
(2) Der Mieter ist verpflichtet, dem Vermieter die vereinbarte Miete zu entrichten.

Pflichten des Vermieters	Pflichten des Mieters
Gebrauchsüberlassung der Mietsache	– Mietzinszahlung – Sorgfaltspflicht

Mit Abschluss des Mietvertrages entstehen in der Regel neben dem reinen Mietzins noch weitere Kosten. Zum einen entstehen die sogenannten Betriebskosten für Wasser, Abwasser, Müll, Hausreinigung usw., die meist schon im Mietvertrag durch einen Abschlag mit erfasst sind und am Jahresende durch eine Betriebskostenabrechnung abgerechnet werden. Zum anderen fallen noch Kosten für Strom, TV und Internet an. Hierbei schließt der Mieter gesonderte Verträge mit den Versorgungsdienstleistern ab.

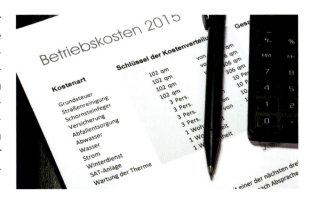

Den Alltag bewältigen

1.1.3 Zahlungsmöglichkeiten

Bereits in den Jahrgangsstufen 7 bis 9 haben wir verschiedene Zahlungsarten und Zahlungsformen kennengelernt. Diese sollen hier nur noch einmal kurz in Erinnerung gerufen und durch weitere Möglichkeiten ergänzt werden.

Zahlungsarten

Die Zahlungsarten lassen sich in Barzahlung, halbbare und bargeldlose Zahlung einteilen, je nachdem, wie der Schuldner zahlt und der Gläubiger das Geld erhält.

Käufer = Schuldner = Zahler; Verkäufer = Gläubiger = Zahlungsempfänger		
Barzahlung	**Halbbare Zahlung**	**Bargeldlose Zahlung**
Schuldner zahlt mit Bargeld Gläubiger erhält Bargeld	Schuldner zahlt mit Bargeld Gläubiger erhält Geld auf sein Konto **oder** Schuldner zahlt Geld auf sein Konto Gläubiger erhält Bargeld	Schuldner zahlt Geld auf sein Konto Gläubiger erhält Geld auf sein Konto
Unmittelbare (persönliche) Barzahlung Mittelbare Barzahlung Barzahlung durch Boten Express-Brief Postbank-Minuten-Service	Zahlung per Nachnahme Zahlung per Zahlschein Zahlung per Scheck	Verrechnungsscheck Überweisung Kartenzahlung Online-Zahlung

Barzahlung

Unmittelbare Barzahlung liegt dann vor, wenn

- Geld vom Käufer = Schuldner (Zahler) an den Verkäufer = Gläubiger (Zahlungsempfänger) persönlich übermittelt wird.
- für die Zahlung keine eigenen Konten verwendet werden.

Nach wie vor ist die Zahlung mit Bargeld in vielen Einzelhandelsgeschäften üblich. Da hier Waren an eine Vielzahl von Kunden abgegeben werden, wäre es sehr umständlich und unwirtschaftlich, würde der Einzelhändler dem Kunden stattdessen einen Kredit einräumen, der nur einmal im Monat bezahlt zu werden brauchte. Der Verwaltungsaufwand für die Überwachung der Außenstände wäre viel zu groß. Hinzu kommt, dass viele Kunden unbekannt sind. Und einem Unbekannten gibt man keine Ware ohne sofortige Zahlung.

Ein großer Nachteil besteht natürlich in dem Risiko, dass der Verlust oder der Diebstahl von Bargeld nicht versichert ist.

Wer bar bezahlt, sollte sich immer einen Beweis für seine Bezahlung geben lassen – die Quittung. Die Quittung beweist die Übergabe von Bargeld als Kassenbon, Kassenzettel, quittierte Rechnung („Betrag dankend erhalten/Unterschrift").

Der Schuldner hat ein Recht auf eine Quittung:

> **Quittung (Auszug aus dem BGB)**
> **§ 368**
> Der Gläubiger hat gegen Empfang der Leistung auf Verlangen ein schriftliches Empfangsbekenntnis (Quittung) zu erteilen.

Den Alltag bewältigen

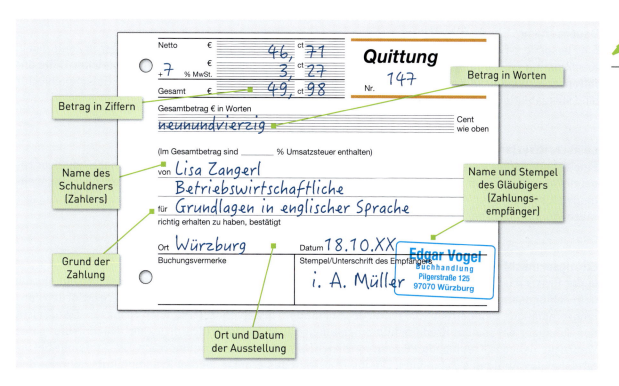

Lisa kauft sich am 18. Oktober 20.. für ihr Studium in der Buchhandlung Vogel in Würzburg ein Buch „Betriebswirtschaftliche Grundlagen in englischer Sprache" für 49,98 €.

Überweisung

Die in Deutschland häufigste Form der bargeldlosen Zahlung ist die Überweisung. Eine Überweisung ist die Anweisung eines Kontoinhabers an sein Kreditinstitut, einen bestimmten Betrag von seinem Konto auf das Konto des Zahlungsempfängers zu übertragen.

Um eine Überweisung vorzunehmen, muss der Schuldner ein besonderes Formular benutzen (das gleiche wie beim Zahlschein, nur mit dem Unterschied, dass der Schuldner hier seine Kontonummer eintragen muss).

Die Überweisung besteht in der Regel aus einem zweiseitigen Durchschreibeformular (Original für den Zahlungsempfänger, Durchschlag für den Schuldner als Beleg).

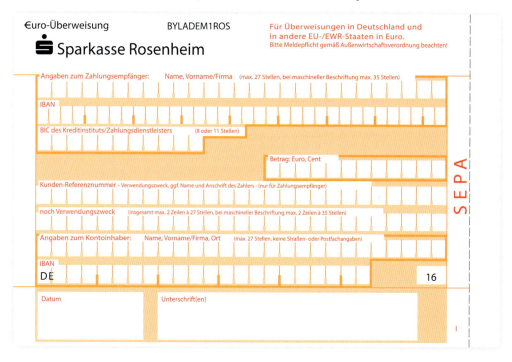

Dauerauftrag

Eine besondere Form der Überweisung ist der Dauerauftrag. Mit ihm weist der Schuldner (= Zahler) sein Kreditinstitut an, **Zahlungen, die regelmäßig zu einem bestimmten Zeitpunkt und in gleicher Höhe anfallen,** zulasten seines Kontos auf ein Konto des Gläubigers zu überweisen. Typische Beispiele hierfür sind Mietzahlungen, Sparraten, Versicherungsbeiträge oder Ratenzahlungen.

Lastschriftverfahren

Eine andere Sonderform der Überweisung ist die Lastschrift. Sie eignet sich für Zahlungen, die zwar regelmäßig anfallen, aber in ihrer Höhe unterschiedlich sein können, z. B. Telefongebühren, Abschlagszahlungen für Strom oder Vereinsbeiträge. Man unterscheidet bei der Lastschrift zwischen dem Einzugsermächtigungsverfahren und dem Abbuchungsverfahren.

Einzugsermächtigungsverfahren

In der Praxis hat sich das Einzugsermächtigungsverfahren durchgesetzt. Der Schuldner erteilt hierbei dem Zahlungsempfänger (= Gläubiger) eine Einzugsermächtigung in Textform. Diese berechtigt den Zahlungsempfänger, Geldbeträge vom Konto des Schuldners (= Zahlender) einziehen zu lassen. Dazu reicht der Gläubiger bei seinem Kreditinstitut einen ausgefüllten Lastschriftvordruck ein. Nach Prüfung des Vordrucks zieht das Kreditinstitut diesen von dem Kreditinstitut des Schuldners ein. Die Zahlstelle belastet dabei das Konto des Zahlenden. Die Inkassostelle des empfangenden Kreditinstituts schreibt den Betrag dem Zahlungsempfänger gut. Unberechtigte Belastungen kann der Zahlende bei seinem Kreditinstitut widerrufen.

Der Wortlaut einer Einzugsermächtigung ist in der Regel folgender:

> *Hiermit ermächtige ich Sie (Zahlungsempfänger) widerruflich, die zu entrichtenden Zahlungen wegen (Zahlungsgrund) bei Fälligkeit zulasten meines Kontos (Kontoverbindung des Schuldners) durch Lastschrift einzuziehen. Ort und Datum sowie die Unterschrift des Schuldners.*

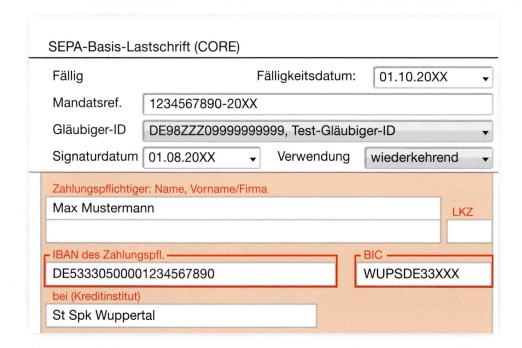

Abbuchungsverfahren

Der Schuldner erteilt seinem Kreditinstitut einen Abbuchungsauftrag, der die maximale Höhe des abzubuchenden Betrags enthält, und benachrichtigt den Gläubiger von der Erteilung. Der weitere Ablauf ist vergleichbar mit dem Einzugsermächtigungsverfahren. Der Gläubiger reicht auch hier einen Lastschriftvordruck bei seinem Kreditinstitut ein. Der Schuldner kann die Abbuchung hier jedoch nicht widerrufen, da diese verbindlich ist.

1.1.4 Zahlungsformen

Die Zahlungsform klärt die Frage, wie die Bezahlung zur Erfüllung des Kaufvertrages erfolgt. Hierbei lassen sich nachfolgende typische Zahlungsformen unterscheiden:

Vorauskasse

Nach Abschluss des Kaufvertrages (Verpflichtungsgeschäft) weist der Kunde die Zahlung an den Verkäufer an. Dies geschieht oftmals durch Überweisung oder mithilfe eines Onlinezahlungsservice. Nach Eingang des Kaufbetrages beim Verkäufer versendet dieser die Ware an den Kunden oder erbringt die angebotene Dienstleistung. Der Kunde erhält somit erst nach Bezahlung an den Verkäufer seine Ware.

Kauf auf Rechnung

Beim Kauf auf Rechnung wird der Rechnungsbetrag durch den Kunden erst nach dem Erhalt der Ware beglichen. Der Kunde hat somit kurzfristige Verbindlichkeiten aus Lieferungen und Leistungen gegenüber dem Verkäufer. Damit das Eigentum der Ware erst mit der Bezahlung des Kaufpreises auf den Kunden übertragen wird, ist oftmals in den Allgemeinen Geschäftsbedingungen ein Eigentumsvorbehalt des Verkäufers vermerkt. Dies bedeutet, dass der Verkäufer die rechtliche Herrschaft an der Ware bis zur vollständigen Bezahlung des Kaufpreises besitzt.

Kreditkarte

Kreditkartenorganisationen, z. B. American Express, MasterCard, Visa und andere, haben inzwischen auch in Deutschland mehrere Millionen Kunden. Mithilfe der Kreditkarte kaufen die Kunden bargeldlos in den Geschäften ein, die Kreditkarten akzeptieren. Diese Einzelhandelsbetriebe, Tankstellen, Restaurants und Hotels sind entsprechend gekennzeichnet. Meist ist das Logo des jeweiligen Kreditkartenunternehmens an der Eingangstür des Geschäftes angebracht.

Der Kassierer prüft bei der Bezahlung die Kreditkarte auf Gültigkeit und führt sie dann in ein dafür vorgesehenes Lesegerät ein. Die Daten werden geprüft und der Kunde unterschreibt anschließend einen Zahlungsbeleg. Die Kunden erhalten in der Regel Mitte des Monats eine Rechnung über die im Vormonat getätigten Einkäufe, die als eine Summe per Lastschrift vom Konto abgebucht werden. Hierdurch erhält der Kunde, der mit Kreditkarte bezahlt, einen zinslosen Kredit für seine getätigten Einkäufe von bis zu einem Monat.

Für die Kreditkarte, die nur kreditwürdige Personen erhalten, ist in der Regel eine Jahresgebühr zu entrichten. Diese schwankt in der Regel zwischen 20,00 € und 80,00 € je nach Kreditkartenorganisation. Die Karte weist auf der Vorderseite eine zehn- bis 16-stellige Nummer auf, den Karteninhabernamen sowie das Ablaufdatum der Karte. Auf der Rückseite sind der Magnetstreifen und eine Kartenprüfnummer zu sehen sowie ein Feld für die Unterschrift.

Den Alltag bewältigen

Geschäfte, die Kreditkarten akzeptieren, müssen zwischen 3 % bis 5 % des Umsatzes sowie eine fixe Pauschale der Kreditkartenorganisation überlassen.

Häufig sind mit den Kreditkarten noch Sonderleistungen verbunden, wie z. B. kostenloses Parken, Bonus bei hohen Umsätzen oder Versicherungsleistungen. Weiterhin kann man mit einer Kreditkarte und seiner PIN an Geldautomaten Bargeld abheben, wofür allerdings relativ hohe Gebühren zu entrichten sind.

Beim Kauf mit Kreditkarte im Internet gibt der Kunde dem Verkäufer seinen Namen, seine Kreditkartennummer und das Verfallsdatum seiner Kreditkarte an. Die Unterschrift des Kunden ist nicht erforderlich. Auf sicheren Internetseiten mit SSL-Verschlüsselung (Secure Socket Layer), erkennbar am Beginn der URL (https://), verringert der Kunde sein Risiko vor Kreditkartenmissbrauch.

1.1.5 Onlinezahlungsservice

Heutzutage kaufen bereits viele Kunden ihre Waren im Internet. Im Anschluss nutzen sie meist einen Onlinezahlungsservice. Die häufigsten Onlinezahlungsmöglichkeiten sind entweder über Giropay oder über PayPal.

Giropay
Kauft eine Kunde bei einem Unternehmen, das am Bezahlsystem Giropay angeschlossen ist, so wird er im Anschluss an den Kaufvorgang auf die Onlinebankingseite seiner Hausbank weitergeleitet. Dort findet er eine vorgefertigte Überweisung zur Autorisierung, d. h. zur Genehmigung, vor. Durch Eingabe der TAN wird die Überweisung vorgenommen. Dem Kunden wird die Bezahlung bestätigt und das Unternehmen erhält eine elektronische Zahlungsgarantie und wird die Waren zeitnah versenden.

PayPal
Der Käufer überweist bei PayPal-Zahlungen von seinem Konto den entsprechenden Betrag durch Lastschrift oder Kreditkartenzahlung auf das PayPal-Konto. Im Anschluss wird dieses unmittelbar automatisch auf das PayPal-Konto des Verkäufers gutgeschrieben. Beide erhalten über den Bezahlvorgang eine E-Mail.

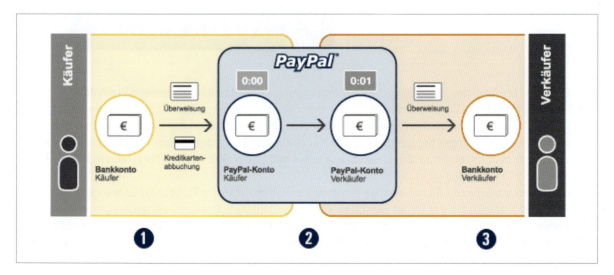

1.2 Lernsituation 2: Wir wägen Kaufentscheidungen zur Wohnungseinrichtung ab (Fortführung der Lernsituation 1)

Lena und Lisa haben sich für die Wohnung am östlichen Stadtrand entschieden. Gedanklich richten sich beide schon ein:

Lisa: Zum Glück ist schon eine Einbauküche drin. Aber wir brauchen noch weitere Möbel

Lena: Stimmt. Meinen Schreibtisch nehme ich mit, aber ein neues, großes Bett möchte ich auf jeden Fall

Lisa: Ich nehme auch meinen Schreibtisch mit. Ich denke mein 1,40-Meter-Bett reicht auch erst mal noch. Aber wir brauchen etwas für den Flur und einen Tisch mit Stühlen für den Essplatz.

Lena: Eine coole Couch für das Wohnzimmer und Balkonmöbel wären auch nicht schlecht.

Lisa: Langsam, Schwesterherz, einen vernünftigen Kleiderschrank möchtest du ja bestimmt auch noch haben. Ich nehme ja meinen alten Schrank mit.

Lena: Na ja, ein neuer großer Schrank mit Spiegeln wäre schon gut, aber mein jetziger tut es sicher auch noch.

Lisa: (erleichtert) Okay, aber wir brauchen noch Bademöbel und eine Waschmaschine und Gardinen oder Rollos.

Lena: Denkst du, die 5.000,00 € von Mama und Papa reichen für all das?

Lisa: Ich glaube, da müssen wir ganz schön kalkulieren. Vielleicht können wir ja auch was auf Raten kaufen.

Lena: Hm, davon bin ich nicht so begeistert. Komm, wir schreiben mal alle Wünsche auf, suchen Angebote heraus und entscheiden uns dann.

1. Mache dich mit der Situation vertraut, indem du dich zunächst orientierst: Stelle sicher, dass dir klar ist, was deine Aufgabe ist. **(Orientierung und Information)**
2. Plane dein weiteres Vorgehen, indem du dir Gedanken machst, was in dieser konkreten Situation zu tun ist, und notiere diese stichpunktartig. **(Planung)**
3. Erstellt gemäß dem Dialog eine Einkaufsliste mit den benötigten Möbeln, recherchiert nach geeigneten Angeboten und bereitet die Zahlungen vor. Dokumentiert alle notwendigen Arbeitsschritte nachvollziehbar. **(Durchführung)**
4. Präsentiert eure Lösung dem Klassenplenum. Ergänzt und korrigiert ggf. eure Übersicht. **(Bewertung)**
5. Reflektiert eure Ausarbeitung, indem ihr überprüft, ob eure Entscheidung mit der Klassenmeinung übereinstimmt. **(Reflexion)**

1.2.1 Finanzierung

Um sich größere Wünsche erfüllen zu können, ist es oftmals notwendig, einen Teil des Einkommens zu sparen. Dieser Konsumverzicht bildet Geldkapital auf Sicht- und Sparkonten der Kreditinstitute, die die Institute an Privatpersonen und Unternehmen ausgeben, bei denen die eigenen finanziellen Mittel zur Investition nicht ausreichen.

Die zeitweise Überlassung von Geld, mit dem Vertrauen darauf, dass der Geldnehmer das überlassene Geld fristgerecht zurückzahlt, wird als Kredit bezeichnet.

Den Alltag bewältigen

Der Kreditvertrag gehört wie der Kauf- und Mietvertrag zu den zweiseitig verpflichtenden Rechtsgeschäften[2] und kommt durch zwei übereinstimmende Willenserklärungen, den Antrag und die Annahme, zustande.

1.2.1.1 Kreditvertrag

Im Kreditvertrag müssen wichtige Inhalte, wie die Kredithöhe, die entstehenden Kreditkosten, die Rückzahlung und die Kündigung sowie die Kreditsicherheiten, festgehalten werden.

Kredithöhe	Die Kredithöhe ist der Auszahlungsbetrag an den Kreditnehmer. Wird ein Kredit unter dem Rückzahlungsbetrag ausgezahlt, nennt man die Differenz Disagio.
Kreditkosten	Die Kreditkosten setzen sich aus den Zinsen, den Bearbeitungsgebühren und einem eventuellen Disagio zusammen. Der Zinssatz für die Berechnung der Zinsen ist im Kreditvertrag als Nominalzinssatz angegeben. Der dem Kreditnehmer tatsächlich (effektiv) berechnete Zinssatz heißt Effektivzinssatz oder effektiver Jahreszins. Dieser Prozentsatz dient zum Vergleich der einzelnen Kreditangebote, weil dieser Effektivzinssatz die gesamten Kosten des Kredites einbezieht.
Rückzahlung	In der Regel werden die Kredite monatlich zurückgezahlt. Es können jedoch auch andere Rückzahlungsvarianten, beispielsweise vierteljährliche Rückzahlung oder Rückzahlung in einer Summe, vereinbart werden.
Kündigung	Im Vertrag muss geregelt werden, ob der Kredit von einer Vertragspartei gekündigt werden kann und, wenn ja, zu welcher Frist.
Kreditsicherheiten	Die Banken vereinbaren in der Regel Kreditsicherheiten, falls ein Kreditnehmer seinen Zahlungsverpflichtungen nicht nachkommen kann.[1]

1.2.1.2 Kreditarten

Die Kredite lassen sich nach verschiedenen Gesichtspunkten, wie beispielsweise der Laufzeit und dem Verwendungszweck, einteilen.

Nach der Laufzeit	
kurzfristig	= Laufzeit bis zu sechs Monaten, typisches Beispiel: Dispositionskredit
mittelfristig	= Laufzeit bis zu vier Jahren, z. B. persönliche Kleinkredite
langfristig	= Laufzeit länger als vier Jahre, z. B. Hypothekendarlehen
Nach dem Verwendungszweck	
Konsumentenkredit	= Kredite an Privatpersonen, z. B. zur Finanzierung von Wohnungsgegenständen
Firmenkredit	= z. B. Kredite für Betriebsmittel und Investitionskredite

Dispositionskredit

Der Dispositionskredit, kurz Dispokredit, ist eine Kreditlinie auf dem Girokonto. Das bedeutet, er ist eine genehmigte Überziehung auf dem Lohn- und Gehaltskonto, die nach der Genehmigung durch das Kreditinstitut keiner weiteren Absprachen und Formalitäten bedarf. Als Sicherheit zum Ausgleich der Kontoüberziehung dient der Bank das Einkommen, sodass das Limit der Überziehung in der Regel auf das Zwei- bis Dreifache des regelmäßigen Einkommens des Kontoinhabers beschränkt ist. Aufgrund der hohen Zinsen dient der Dispositionskredit nur zur kurzfristigen Überbrückung. So können beispielsweise Sonderangebote oder dringend notwendige Reparaturen an Pkw oder Haus auch vor Einkommenseingang genutzt werden.

---

2 Grafik siehe Lernsituation 1

Die Verführung zu Spontankäufen, die Bequemlichkeit und Verschlechterungen im Einkommen können dazu führen, dass das Girokonto dauerhaft überzogen ist und dadurch langfristig die laufenden Zahlungsverpflichtungen nicht erfüllt werden können.

Im geschäftlichen Bereich wird die eingeräumte Kreditlinie als Kontokorrentkredit bezeichnet.

Darlehen

Als Darlehen bezeichnet man Kredite, die in einer Summe ausgezahlt werden und dann entweder während einer bestimmten Laufzeit in Raten oder am Fälligkeitstermin in einer Summe zurückgezahlt werden. Die rechtlichen Anspruchsgrundlagen lassen sich im BGB unter § 408 ff. und § 607 ff. sowie in den AGB der Kreditinstitute finden.

Die Darlehen lassen sich nach der Art der Rückzahlung in Fälligkeitsdarlehen, Abzahlungsdarlehen und Annuitätendarlehen unterscheiden und werden ausführlich in Lernsituation 10 behandelt.

Ratendarlehen

Zur Finanzierung von Konsumgüter, wie beispielsweise der Anschaffung eines Pkw's oder dem Kauf von teuren Wohnungseinrichtungsgeständen, vergeben die Kreditinstitute üblicherweise Ratendarlehen an Privatpersonen. Diese haben häufig eine Kreditsumme zwischen 25.000,00 € und 30.000,00 €, keine große Sicherheiten und werden in einem festgelegten Zeitraum zu vereinbarten Raten zurückgezahlt. Diese sinkt mit jedem Zahlungstermin, aufgrund der fallenden Zinsen. Diese werden jeweils von der Restschuld berechnet.

Der Tilgungsplan eines Ratendarlehens könnte wie folgt aussehen:

Tilgungsplan Ratendarlehen				
Jahr	Restschuld	Tilgung	Zinsen	Rate (Tilgung + Zins)
1	20.000,00 €	4.000,00 €	1.000,00 €	5.000,00 €
2	16.000,00 €	4.000,00 €	800,00 €	4.800,00 €
3	12.000,00 €	4.000,00 €	600,00 €	4.600,00 €
4	8.000,00 €	4.000,00 €	400,00 €	4.400,00 €
5	4.000,00 €	4.000,00 €	200,00 €	4.200,00 €

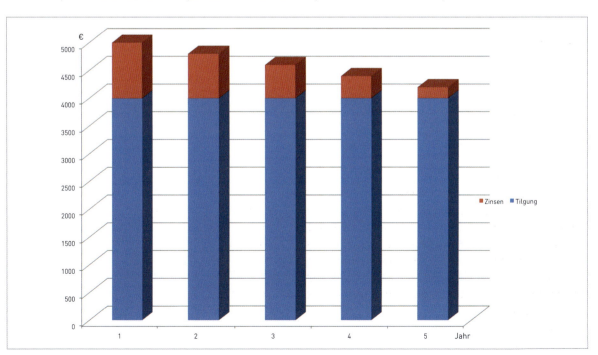

Den Alltag bewältigen

1.2.2 Zinsrechnung

Die Zinsrechnung wurde bereits kurz in der Jahrgangsstufe 9 in der Lernsituation 26, im Rahmen der Berechnung der Verzugszinsen während einer Mahnung angesprochen.

Sie ist eine Anwendung der Prozentrechnung, wobei zusätzlich der Faktor Zeit berücksichtigt werden muss.

Das Kapital ist der Betrag der entweder angelegt oder geliehen wird und entspricht dem Grundwert in der Prozentrechnung. Der Zinssatz oder auch Zinsfuß ist vergleichbar mit dem Prozentsatz und gibt den Preis für die Nutzung des Kapitals für ein Jahr (per anno = abgekürzt p.a.) an. Die Zinsen drücken den Ertrag der Geldanlage beziehungsweise den Aufwand der Geldleihe an und entsprechen in der Prozentrechnung dem Prozentwert. Die Berechnung der Zinsen kann mit der Zinsformel erfolgen.

Berechnung der Jahreszinsen

$$\text{Jahreszinsen} = \frac{\text{Kapital} \times \text{Zinssatz} \times \text{Jahre}}{100}$$

Maria möchte sich eine neue Einbauküche kaufen und benötigt dafür 20.000 €. Sie leiht sich diesen Betrag von der Bank für drei Jahre zu einem Zinssatz von 5 %. Nun möchte Maria wissen, wie viel Zinsen sie insgesamt zahlen muss.

$$\text{Zinsen} = \frac{20.000,00\ € \times 5 \times 3\ \text{Jahre}}{100} = 3.000,00\ €$$

Maria muss für die Aufnahme der 20.000,00 € Zinsen in Höhe von 3.000,00 € zahlen.

Berechnung der Monatszinsen

$$\text{Monatszinsen} = \frac{\text{Kapital} \times \text{Zinssatz} \times \text{Monate}}{(100 \times 12)}$$

Der Unternehmer Frank Hansen möchte für neun Monate 50.000,00 € bi der Bank anlegen. Diese bietet ihm einen Zinssatz von 1,25 %. Mit wie viel Zinsen kann Frank Hansen nach Ablauf der neun Monate rechnen?

$$\text{Zinsen} = \frac{50.000,00\ € \times 1,25 \times 9\ \text{Monate}}{(100 \times 12\ \text{Monate})} = 468,75\ €$$

Für die Anlage erhält Frank Hansen nach neun Monaten 468,75 € Zinsen.

Berechnung der Tageszinsen

Während bei der Zinsrechnung für Privatleute das Jahr mit 365 Tagen angesetzt wird, rechnen Kaufleute nur mit 360 Tagen, d.h. jeder Monat entspricht 30 Tagen.

Tageszinsen = $\dfrac{\text{Kapital} \times \text{Zinssatz} \times \text{Tage}}{(100 \times 365 \text{ bzw. } 360)}$

Sophia hat in der Stadt tolle Schuhe im Sale gesehen und möchte diese jetzt kaufen aus Angst das jemand anderes ihr das Schnäppchen wegschnappt. Jedoch herrscht derzeit auf ihrem Konto Ebbe und sie müsste ihr Konto um 75,00 € vom 14. Juni bis 30. Juni, dem nächsten Gehaltseingang, überziehen. Die Bank rechnet mit einem Überziehungszinssatz von 16 %. Wie hoch sind die Zinsen, die Sophia für eine Überziehung zahlen muss?

Tage: 14. Juni bis 30 Juni = 16 Tage

Zinsen = $\dfrac{75{,}00 \text{ €} \times 16 \times 16 \text{ Tage}}{(100 \times 365 \text{ Tage})}$ = 0,53 €

Sophia müsste mit 0,53 € Zinsen für die Überziehung rechnen.

Die Chiemgauer Sportmoden GmbH hat der Modewelt Kruse OHG bereits eine Zahlungsaufforderung für die Rechnung in Höhe von 2.380,00 € vom 03. März 20XX geschickt. Jedoch hat sie darauf nicht reagiert. Nun möchte das Unternehmen Verzugszinsen in Höhe von 8 % für die Zeit vom 03. März bis 22. Juni berechnen. Wie viele Zinsen kann die Chiemgauer Sportmoden GmbH berechen?

Tage: 03. März bis 03 Juni = 90 Tage
04 Juni bis 22 Juni = 19 Tage
insgesamt = 109 Tage

Zinsen = $\dfrac{2.380{,}00 \text{ €} \times 8 \times 109 \text{ Tage}}{(100 \times 360 \text{ Tage})}$ = 57,65 €

Die Chiemgauer Sportmoden GmbH kann der Modewelt Kruse OHG 57,65 € Verzugszinsen in Rechnung stellen.

Aufgaben zum Lernbereich 10.1.1

Aufgabe 1
Das Modeunternehmen Trendy AG plant eine Vergrößerung ihrer Lagerhalle. Sie benötigt einen Kredit in Höhe von 270.000,00 €. Mit der Bank wurde eine Laufzeit von zehn Jahren und ein Zinssatz von 3,5 % vereinbart. Die Rückzahlung erfolgt am Ende der Laufzeit in einer Summe. Wie viel Euro beträgt der Zinsaufwand insgesamt in den zehn Jahren?

Aufgabe 2
Stefan hat im Lotto gewonnen: 48.000,00 €! Da er in fünf Monaten 18 Jahre alt wird, weiß er ganz genau, was er mit dem Geld anfangen möchte: Er wird sich ein Auto kaufen. Doch bis es soweit ist, möchte er sein Geld in dieser Zeit noch möglichst gewinnbringend anlegen.

Seine Bank rät ihm zur Anlage in Form von Termingeld. In der Zeit vom 31. Juli bis 31. Dezember erhält er somit Zinsen von 2 ¼ %.

Wie viel Euro beträgt die Zinsgutschrift am Ende der Laufzeit?

Aufgabe 3
Welches ist das bessere Angebot für Privatmann Bauer für ein Darlehen in Höhe von 150.000,00 € für sechs Monate:
Variante A: 6,5 % Zinsen
Variante B: 5 % Zinsen + 2.000,00 € Bearbeitungsgebühr

Aufgabe 4
Kaufmann Groß erhält am 28. Februar von einem Lieferer für eine nicht rechtzeitig bezahlte Lieferung eine Rechnung über 278,10 € Verzugszinsen. Der Lieferer rechnete mit einem Zinssatz von 6 %. Die Liefererrechnung ist am 15. November des Vorjahres fällig gewesen.

Aufgabe 5
Ermittle die Tage nach dem kaufmännischen Verfahren.
6. Feb. – 28. Feb.
17. April – 01. Aug.
13. Juli – 01. Mai
10. Dez. – 01. April

1.3 Lernsituation 3: Wir wägen eine Autoanschaffung ab

Lena und Lisa haben sich für die Wohnung am östlichen Stadtrand und zunächst für öffentliche Verkehrsmittel entschieden. Lisa ist gerade mit der Bahn auf dem Weg zur Universität, als sie in einer Zeitschrift Folgendes entdeckt:

„Oh, dies wäre das perfekte Auto. Ob ich mir das noch leisten kann?"

Zu Hause angekommen, schaut Lisa schnell im Internet nach und findet folgendes Finanzierungsangebot zu dem Auto aus der Zeitung. Nun ist sie sich unsicher, ob Leasing oder Finanzierung besser ist.

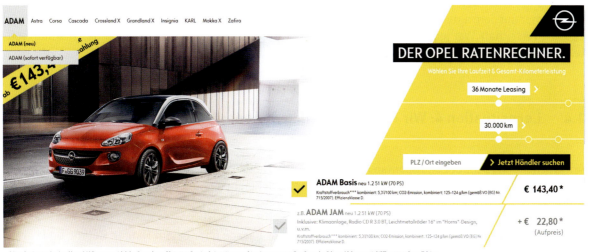

1. Mache dich mit der Situation vertraut, indem du dich zunächst orientierst: Stelle sicher, dass dir klar ist, was deine Aufgabe ist. **(Orientierung und Information)**
2. Plane dein weiteres Vorgehen, indem du dir Gedanken machst, was in dieser konkreten Situation zu tun ist, und notiere diese stichpunktartig. **(Planung)**
3. Triff für Lena eine Entscheidung und dokumentiere alle notwendigen Arbeitsschritte nachvollziehbar. Gehe auch auf die Vor- und Nachteile der beiden Möglichkeiten ein. **(Durchführung)**
4. Präsentiere deine Ergebnisse deinem Banknachbarn, bevor ihr eine gemeinsame Lösung dem Klassenplenum vorstellt. Ergänzt und korrigiert ggf. eure Übersicht. **(Bewertung)**
5. Reflektiert eure Ausarbeitung, indem ihr überprüft, ob eure Entscheidung mit der Klassenmeinung übereinstimmt.
6. Erstellt einen Hefteintrag zu den Themen „Finanzierung" und „Leasing", mit dem ihr lernen könnt. **(Reflexion)**

Den Alltag bewältigen

Leasing[3]

Das Wort „Leasing" stammt vom englischen Begriff „to lease" und kann mit „mieten" oder „pachten" übersetzt werden. Der Leasingnehmer erhält durch einen Leasingvertrag für eine bestimmte Zeit Nutzungsrechte an einer unbeweglichen oder beweglichen Sache. Das Leasing enthält somit Elemente aus dem Miet- und dem Pachtvertrag und ist rechtlich in § 535 ff. BGB sowie § 581 ff. BGB geregelt. Leasing ist eine Sonderform der Fremdfinanzierung.

Ähnlich wie die Kreditarten lässt sich das Leasing nach vielen Gesichtspunkten einteilen, wobei wir uns auf die Merkmale „Leasinggeber" und „Laufzeit" beschränken.

Bei der Einteilung nach dem Leasinggeber existiert einerseits das direkte Leasing, bei dem der Hersteller gleichzeitig der Leasinggeber ist, und andererseits das indirekte Leasing, bei dem zwischen dem Hersteller und dem Endverbraucher noch eine Leasinggesellschaft zwischengeschaltet ist.

Ist der Leasingvertrag kurz gestaltet und jederzeit kündbar, so spricht man vom Operating-Leasing. Ist der Vertrag hingegen längerfristig und während einer bestimmten Grundmietzeit unkündbar, liegt die Form des Financial-Leasings vor.

In der Leasingrate sind neben den Anschaffungs-, Verwaltungs- und Finanzierungskosten des Leasinggebers auch ein Gewinnanteil und eine Risikoprämie enthalten.

Ob sich für den Endverbraucher das Leasing oder die klassische Finanzierung über ein Ratendarlehen lohnt, hängt neben der Ausgestaltung der Verträge auch stark von der Einstellung des Kunden ab. Möchte man immer auf dem aktuellen Stand der Technik sein und nur einen geringen Kapitalbedarf einsetzen, ist Leasing vorteilhaft. Wer jedoch beispielsweise irgendwann das Auto sein Eigentum nennen möchte, sollte sich für eine Finanzierung entscheiden.

1.4 Lernsituation 4: Wir füllen eine Einkommenssteuererklärung aus

Am Wochenende schaut Lena spontan bei ihrem Bruder Benjamin vorbei. Als sie bei ihm klingelt, kommt er etwas genervt an die Tür. Lena wundert sich, denn so schlecht gelaunt kennt sie ihren Bruder nicht.

Lena: Hi, Benjamin. Was ist denn mit dir los?
Benjamin: Hi, Lena. Ach eigentlich nichts. Ich sitze nur gerade über einem Haufen Belege und versuche, meine Steuererklärung fertig zu machen.
Lena: Belege sortieren? Das ist doch nicht schwer, das habe ich bereits in der achten Klasse in der Schule gelernt.
Benjamin: (genervt) Lena, es sind ja nicht nur die Belege, die sortiert werden müssen. Ich muss auch meine Steuererklärung ausfüllen. Weißt du, wie viele Seiten das sind?
Lena: Ach komm, zeig mal her, so schwer kann das doch nicht sein.

---

3 Das Themengebiet wird nochmals in Lernsituation 10 behandelt.

Ausdruck der elektronischen Lohnsteuerbescheinigung für 2016
Nachstehende Daten wurden maschinell an die Finanzverwaltung übertragen.

Benjamin Zangerl

Korrektur/Stornierung
Datum:
eTIN:
Identifikationsnummer:
Personalnummer:
Geburtsdatum:
Transferticket:

Dem Lohnsteuerabzug wurden im letzten Lohnzahlungszeitraum zugrunde gelegt:

Steuerklasse/Faktor
1

Zahl der Kinderfreibeträge
0

Steuerfreier Jahresbetrag

Jahreshinzurechnungsbetrag

Kirchensteuermerkmale

Anschrift und Steuernummer des Arbeitgebers:

		EUR	Ct
1. Bescheinigungszeitraum	vom - bis	01.01.–31.12.	
2. Zeiträume ohne Anspruch auf Arbeitslohn	Anzahl „U"		
Großbuchstaben (S, M, F)			
3. Bruttoarbeitslohn einschl. Sachbezüge ohne 9. und 10.		44.160,78	
4. Einbehaltene Lohnsteuer von 3.		8.280,15	
5. Einbehaltener Solidaritätszuschlag von 3.		455,41	
6. Einbehaltene Kirchensteuer des Arbeitnehmers von 3.			
7. Einbehaltene Kirchensteuer des Ehegatten/Lebenspartners von 3. (nur bei Konfessionsverschiedenheit)			
8. In 3. enthaltene Versorgungsbezüge			
9. Ermäßigt besteuerte Versorgungsbezüge für mehrere Kalenderjahre			
10. Ermäßigt besteuerter Arbeitslohn für mehrere Kalenderjahre (ohne 9.) und ermäßigt besteuerte Entschädigungen			
11. Einbehaltene Lohnsteuer von 9. und 10.			
12. Einbehaltener Solidaritätszuschlag von 9. und 10.			
13. Einbehaltene Kirchensteuer des Arbeitnehmers von 9. und 10.			
14. Einbehaltene Kirchensteuer des Ehegatten/Lebenspartners von 9. und 10. (nur bei Konfessionsverschiedenheit)			
15. (Saison-)Kurzarbeitergeld, Zuschuss zum Mutterschaftsgeld, Verdienstausfallentschädigung (Infektionsschutzgesetz), Aufstockungsbetrag und Altersteilzeitzuschlag			
16. Steuerfreier Arbeitslohn nach	a) Doppelbesteuerungsabkommen (DBA)		
	b) Auslandstätigkeitserlass		
17. Steuerfreie Arbeitgeberleistungen für Fahrten zwischen Wohnung und erster Tätigkeitsstätte			
18. Pauschal besteuerte Arbeitgeberleistungen für Fahrten zwischen Wohnung und erster Tätigkeitsstätte			
19. Steuerpflichtige Entschädigungen und Arbeitslohn für mehrere Kalenderjahre, die nicht ermäßigt besteuert wurden - in 3. enthalten			
20. Steuerfreie Verpflegungszuschüsse bei Auswärtstätigkeit			
21. Steuerfreie Arbeitgeberleistungen bei doppelter Haushaltsführung			
22. Arbeitgeberanteil/-zuschuss	a) zur gesetzlichen Rentenversicherung	4.129,03	
	b) an berufsständische Versorgungseinrichtungen		
23. Arbeitnehmeranteil	a) zur gesetzlichen Rentenversicherung	4.129,03	
	b) an berufsständische Versorgungseinrichtungen		
24. Steuerfreie Arbeitgeberzuschüsse	a) zur gesetzlichen Krankenversicherung	3.841,99	
	b) zur privaten Krankenversicherung	627,08	
	c) zur gesetzlichen Pflegeversicherung	662,41	
25. Arbeitnehmerbeiträge zur gesetzlichen Krankenversicherung			
26. Arbeitnehmerbeiträge zur sozialen Pflegeversicherung			
27. Arbeitnehmerbeiträge zur Arbeitslosenversicherung			
28. Beiträge zur privaten Kranken- und Pflege-Pflichtversicherung oder Mindestvorsorgepauschale			
29. Bemessungsgrundlage für den Versorgungsfreibetrag zu 8.			
30. Maßgebendes Kalenderjahr des Versorgungsbeginns zu 8. und/oder 9.			
31. Zu 8. bei unterjähriger Zahlung: Erster und letzter Monat, für den Versorgungsbezüge gezahlt wurden			
32. Sterbegeld; Kapitalauszahlungen/Abfindungen und Nachzahlungen von Versorgungsbezügen - in 3. und 8. enthalten			
33. Ausgezahltes Kindergeld		—	
34. Freibetrag DBA Türkei			
Finanzamt, an das die Lohnsteuer abgeführt wurde (Name und vierstellige Nr.)			

Den Alltag bewältigen

Lernbereich 10.1.1

Elektro Bayer KG
Steuernummer: 208/244/258743

Hafenstraße 52-54
97424 Schweinfurt
Tel. 09721 36502

Beleg-Nr: 92-4211

Druckerpatrone CLX 592
2 St.   34,50 €   69,00 €

TOTAL   69,00 €

SUMME   69,00 €
BAR   100,00 €
           RÜCKGELD   31,00 €
====================================
enthaltende Umsatzsteuer 19 % 11,02 €

14.10.20xx   08:45

Elektro Bayer KG
Steuernummer: 208/244/258743

Hafenstraße 52-54
97424 Schweinfurt
Tel. 09721 36502

Beleg-Nr: 87-0355

Drucker PH CL „All-in-one"
1 St.   159,90 €   159,90 €

TOTAL   159,90 €

SUMME   159,90 €
BAR   170,00 €
           RÜCKGELD   10,10 €
====================================
enthaltende Umsatzsteuer 19 % 25,53 €

10.01.20xx   16:44

Elektro Bayer KG
Steuernummer: 208/244/258743

Hafenstraße 52-54
97424 Schweinfurt
Tel. 09721 36502

Beleg-Nr: 89-2243

Druckerpatrone CLX 592
1 St.   34,50 €   34,50 €

TOTAL   34,50 €

SUMME   34,50 €
BAR   34,50 €
           RÜCKGELD   0,00 €
====================================
enthaltende Umsatzsteuer 19 %   5,51 €

03.05.20xx   18:12

Quittung Nr. 325

Netto   € ct
                             € ct
+ % MwSt.
Gesamt   37 € 40 ct

Gesamtbetrag € in Worten   Cent wie oben
siebenunddreißig

(Im Gesamtbetrag sind 7,0 % Umsatzsteuer enthalten)

von Benjamin Zangerl
Fachbuch „Sicher zum/zur
für Industriekaufmann/-frau
richtig erhalten zu haben, bestätigt

Ort Schweinfurt   Datum 03.03.XX

Stempel/Unterschrift des Empfängers
Lehner

Buchhandlung

Elsa Lehner
Elisabethstraße 71
97424 S...
Tel.: 09721 8922...

Buchungsvermerke

Schreibwaren Müller OHG
Steuernummer: 206/222/93832

Hafenstraße 56 · 97424 Schweinfurt
Tel. 09721 3154

Beleg-Nr: 035647

Kopierpapier
3 St.   2,95 €   8,85 € *

TOTAL   8,85 € *

SUMME   8,85 € **
BAR   10,00 €
           RÜCKGELD   1,15 €
====================================
enthaltende
Umsatzsteuer   19 %   1,41 €

Schreibwaren Müller OHG
Steuernummer: 206/222/93832

Hafenstraße 56 · 97424 Schweinfurt
Tel. 09721 3154

Beleg-Nr: 113856

Kopierpapier
5 St.   2,95 €   14,75 € *

TOTAL   14,75 € *

SUMME   14,75 € **
BAR   50,00 €
           RÜCKGELD   35,25 €
====================================
enthaltende
Umsatzsteuer   19 %   2,36 €

29.09.20xx   09:48

Schreibwaren Müller OHG
Steuernummer: 206/222/93832

Hafenstraße 56 · 97424 Schweinfurt
Tel. 09721 3154

Beleg-Nr: 110355

Füller
1 St.   7,99 €   7,99 € *

TOTAL   7,99 € *

SUMME   7,99 € **
BAR   8,00 €
           RÜCKGELD   0,01 €
====================================
enthaltende
Umsatzsteuer   19 %

13.06.20xx

Schreibwaren Müller OHG
Steuernummer: 206/222/93832

Hafenstraße 56 · 97424 Schweinfurt
Tel. 09721 3154

Beleg-Nr: 083652

...te-Tintenroller
...99 €   9,95 € *

                         9,95 € *

                         9,95 € **
                        10,00 €
           ...ELD   0,05 €
====================================
...ltende
...steuer   19 %   1,59 €

...20xx   10:23

Bescheinigung

Benjamin Zangerl hatte im Jahr 20XX an 220 Tagen Fahrkosten für den Weg zur Arbeit zu tragen.

Die Entfernung, die er mit dem eigenen Pkw zurückgelegt hat, betrug 12,8 km.

Rechnung vom 09.01.20XX

Pos.	Art.-Nr.	Artikelbezeichnung	Anzahl	Einheit	Einzel-preis (€)	Gesamt-preis (€)
1	LT O5_23322	Laptop Ocer 5, 15,6 Zoll, 8 GB RAM, 128 GB Fest-plattenspeicher, Windows 10	1	Stück	699,00	587,39
					Warenwert netto	587,39
					19 % USt.	111,61
					Rechnungsbetrag	699,00

Den Alltag bewältigen

```
Jugend-GIRO            44 784 371     BLZ 790 500 00         Kontoauszug   18
Sparkasse Schweinfurt                 BYLADEM1SWU            Blatt          1
Datum     Erläuterungen                           Wert                  Betrag

Kontostand in EUR am 09.01.20XX, Auszug Nr. 1                        2.735,67 +
                                                                 ------------------
30.03. Lastschrift Altersvorsorge März           30.03.                 50,00 -

30.03. Lastschrift Unfallversicherung Jahresbeitrag  30.03.             38,18 -

01.04. Lastschrift Kfz-Versicherung Jahresbeitrag   01.04.           1.385,00 -
       SW-BZ 123 (Haftpflichtanteil 685,00 EUR)
                                                                 ------------------
Kontostand in EUR am 01.04.20XX, 13:52 Uhr  Auszug Nr. 18            1.262,49 +

Benjamin Zangerl
Mainblick 28                                                                IBAN:
97453 Schonungen                                            DE83 7905 0000 0044 7843 71
                                                                     BIC: BYLADEM1SWU
```

1. Mache dich mit der Situation vertraut, indem du dich zunächst orientierst: Stelle sicher, dass dir klar ist, was deine Aufgabe ist.**(Orientierung und Information)**
2. Plane dein weiteres Vorgehen, indem du dir Gedanken machst, was in dieser konkreten Situation zu tun ist, und notiere diese stichpunktartig.**(Planung)**
3. Fülle für Benjamin die Steuererklärung aus und dokumentiere alle notwendigen Arbeitsschritte nachvollziehbar. Besorge dir dazu aktuelle Steuerformulare beim örtlichen Finanzamt. **(Durchführung)**
4. Präsentiere deine Ergebnisse deinem Banknachbarn, bevor ihr eine gemeinsame Lösung dem Klassenplenum vorstellt. Ergänzt und korrigiert ggf. eure Übersicht.**(Bewertung)**
5. Reflektiert eure Ausarbeitung, indem ihr überprüft, ob eure Entscheidung mit der Klassenmeinung übereinstimmt.
6. Erstelle einen Ablaufplan, wie du beim Ausfüllen einer Steuererklärung vorgehst und welche Unterlagen du benötigst.**(Reflexion)**

1.4.1 Steuern

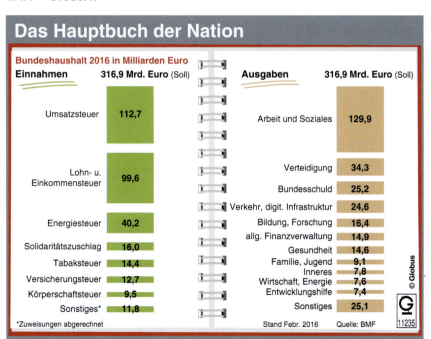

Das Hauptbuch der Nation – Bundeshaushalt 2016 in Milliarden Euro. Quelle: BMF, Stand Febr. 2016.

Den Alltag bewältigen

Der Staat, d. h. die Gemeinden, die Bundesländer und der Bund, erhebt von seinen Bürgern Steuern. Der Zweck ist die Finanzierung von Leistungen, die der gesamten Bevölkerung in der Bundesrepublik zugutekommen.

> § 3 Abs. 1 Abgabenordnung (AO): Steuern sind Geldleistungen, die nicht eine Gegenleistung für eine besondere Leistung darstellen und von einem öffentlichen rechtlichen Gemeinwesen zur Erzielung von Einnahmen allen auferlegt werden, bei denen der Tatbestand zutrifft, an den das Gesetz die Leistungspflicht knüpft.

Dem Staat dienen neben den Steuern auch Gebühren, Beiträge, Zölle sowie Einkünfte aus öffentlichen Unternehmen als Einnahmen.

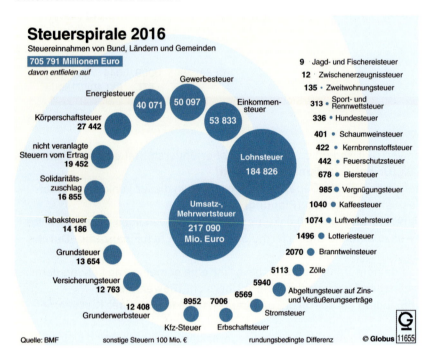

Steuern können nach verschiedenen Gesichtspunkten eingeteilt werden:

Nach der Art der Erhebung:

- Direkte Steuern sind Steuern, die der Steuerpflichtige unmittelbar und selbst an das Finanzamt abführt, z. B. Kfz-Steuer, Einkommensteuer.
- Indirekte Steuern sind Steuern, bei denen der Steuerschuldner diese auf andere Personen abwälzt, wie beispielsweise bei der Umsatzsteuer.

Nach dem Empfänger:

- Bundessteuern: z. B. Tabak- und Mineralölsteuer
- Ländersteuern: z. B. Kfz-Steuer
- Gemeindesteuern: z. B. Gewerbesteuer
- Gemeinschaftssteuern: z. B. Umsatz- und Einkommensteuer

Nach dem Gegenstand der Besteuerung:

- Verbrauchssteuern sind Steuern, die beim Verbrauch bestimmter Güter anfallen, z. B. Tabak- und Mineralölsteuer.
- Verkehrssteuern sind Steuern, die die Umsätze von Lieferungen und Leistungen besteuern, z. B. Umsatzsteuer.
- Besitzsteuern sind Steuern, die das Vermögen bzw. Einkommen besteuern, z. B. Einkommensteuer oder Erbschaftssteuer.

Die Einteilung lässt sich grafisch wie folgt darstellen:

	Bund	Länder	Gemeinden
Besitzsteuern	Einkommensteuer (inkl. der Erhebungsarten Lohnsteuer, Kapitalertragsteuer/Abgeltungsteuer) Körperschaftsteuer Gewerbesteuerumlage		Einkommensteueranteil Gewerbesteuer
	Solidaritätszuschlag	Erbschaft- und Schenkungsteuer	Grundsteuer
Verkehrsteuern	Versicherungsteuer Kraftfahrzeugsteuer Luftverkehrsteuer	Grunderwerbsteuer Rennwett- und Lotteriesteuer Spielbankabgabe Feuerschutzsteuer	Schankerlaubnissteuer
	Umsatzsteuer (Mehrwertsteuer)		
	Einfuhrumsatzsteuer		
Verbrauchsteuer	Energiesteuer, Stromsteuer Kernbrennstoffsteuer Branntweinsteuer, Tabaksteuer, Kaffeesteuer Alkopopsteuer, Zwischenerzeugnissteuer, Schaumweinsteuer	Biersteuer	**Örtliche Verbrauch- und Aufwandsteuern:** – Getränkesteuer – Vergnügungsteuer – Hundesteuer – Zweitwohnungsteuer u. a.

1.4.2 Einkommenssteuer

Die Einkommenssteuer wird auf die Einkünfte aller natürlichen Personen erhoben und ist in § 2 EStG (Einkommenssteuergesetz) geregelt. Das Finanzamt unterscheidet sieben Einkunftsarten:

- Einkünfte aus Land- und Forstwirtschaft
- Einkünfte aus Gewerbebetrieb
- Einkünfte aus nicht selbstständiger Arbeit
- Einkünfte aus selbstständiger Arbeit
- Einkünfte aus Vermietung und Verpachtung
- Einkünfte aus Kapitalvermögen
- Sonstige Einkünfte

Im nachfolgenden Abschnitt werden wir nur auf die Einkünfte aus nicht selbstständiger Arbeit, d. h. Lohn und Gehalt, eingehen.

1.4.3 Steuern als Abzugsposition vom Entgelt

Die Summe aller Einnahmen, die dem Arbeitnehmer aus dem Arbeitsverhältnis zufließen, wird als Bruttoentgelt bezeichnet. Dieses bildet die Basis für die Berechnung der Sozialversicherungsbeiträge und der Steuern, der Einkommenssteuer.

Den Alltag bewältigen

Eine Sonderform der Einkommenssteuer ist die Lohnsteuer, die von der Höhe des Bruttoentgelts, dem Familienstand, der Kinderanzahl und gewissen Freibeträgen abhängt. Von der Lohnsteuer wird der Solidaritätszuschlag (kurz Soli), der derzeit 5,5 % beträgt, und die Kirchensteuer (für Mitglieder der Kirche in Bayern: 8 %) berechnet und erhoben. Die Summe der Steuern wird vom Bruttoentgelt abgezogen und durch den Arbeitgeber an das Finanzamt abgeführt.

Der Familienstand und die Anzahl der Kinder beeinflussen die Steuerklasse. Es existieren sechs Klassen, die mit römischen Ziffern nummeriert sind:

Steuerklasse	Personenkreis
I	Arbeitnehmer, die 1. ledig oder geschieden sind, 2. verheiratet sind, aber vom Ehegatten dauernd getrennt leben, 3. verwitwet sind und die Voraussetzungen für die Steuerklassen III und IV nicht erfüllen
II	Arbeitnehmer der Steuerklasse I, die Anspruch auf den Entlastungsbetrag für Alleinerziehende haben
III	verheiratete Arbeitnehmer, deren Ehepartner ohne Dienstverhältnis ist, oder verwitwete Arbeitnehmer im Kalenderjahres des Todes des Ehepartners
IV	verheiratete Arbeitnehmer, bei denen beide Ehegatten Arbeitsentgelt beziehen
V	Arbeitnehmer, deren Ehegatten in der Steuerklasse III eingestuft sind
VI	Arbeitnehmer, die aus mehr als einem Arbeitsverhältnis (bei verschiedenen Arbeitsgebern) Entgelt beziehen

Die Höhe der Lohnsteuer sowie die Kirchensteuer und der Solidaritätszuschlag können unter Berücksichtigung der Freibeträge (z. B. Kinderfreibetrag) den Lohnsteuertabellen entnommen werden. Die Steuern werden im Abzugsverfahren erhoben, d. h., die im Laufe des Jahres einbehaltenen Steuern werden auf die ermittelte Einkommenssteuer angerechnet. Dazu muss das zu versteuernde Einkommen ermittelt werden:

Rechenschema
Einkünfte aus den sieben Einkunftsarten

− Werbungskosten

= Summe der Einkünfte

− Altersentlastungsbetrag

= Gesamtbetrag der Einkünfte

− Sonderausgaben

− außergewöhnliche Belastungen

= Einkommen

− Kinderfreibetrag

− Sonderfreibeträge, z. B. Entlastungsbeitrag für Alleinerziehende

= zu versteuerndes Einkommen

Werbungskosten
Werbungskosten sind Aufwendungen zur Erwerbung, Sicherung und Erhaltung der Einnahmen (§ 9 Abs. 1 EStG). Somit sind dies alle Aufwendungen, die durch den Beruf veranlasst sind, beispielsweise Fahrtkosten zwischen Wohnung und Arbeitsstätte, Beiträge für Berufsverbände und Gewerkschaften, Fachliteratur oder Berufsbekleidung sowie Fortbildungs- und betrieblich bedingte Reisekosten. Die Werbungskosten sind in der Anlage N auf den Seiten zwei und drei zu vermerken. Es existiert für jeden Arbeitnehmer ein Pauschbetrag in Höhe von 920,00 €. Liegen die Aufwendungen über dem Pauschbetrag, müssen diese durch Rechnungen oder Quittungen nachgewiesen werden.

Sonderausgaben

Das sind besondere im Gesetz definierte Aufwendungen, die aus sozialpolitischen Gründen steuerbegünstigt sind. Man unterscheidet einerseits die Vorsorgeaufwendungen und andererseits übrige Sonderausgaben.

Vorsorgeausgaben sind die Beiträge zu den Sozialversicherungen, aber auch Beiträge für die Unfall-, Lebens- und Haftpflichtversicherung. Steuerberatungskosten, Spenden und Unterhaltsleistungen an geschiedene oder dauernd getrennt lebende Ehegatten zählen zu den übrigen Sonderausgaben.

Außergewöhnliche Belastungen

Aufwendungen, die den Steuerpflichtigen besonders stark belasten, werden als außergewöhnliche Belastungen bezeichnet. Unfälle, selbst getragene Krankheitskosten oder auch die Versorgung des Kindes zählen dazu, falls sie eine zumutbare Belastung übersteigen. Die Festlegung der zumutbaren Belastung hängt von der Höhe des Einkommens ab.

Nach der Ermittlung des zu versteuernden Einkommens können Lohnsteuer, Kirchensteuer und Solidaritätszuschlag ermittelt werden. Maßgebend ist hierbei der aktuelle Einkommenssteuertarif, der zur Sicherung des Existenzminimums progressiv verläuft.

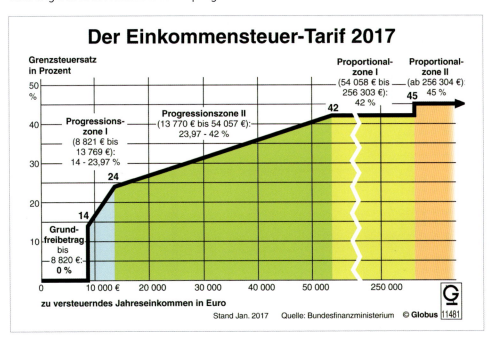

1.4.4 Einkommenssteuererklärung

Jeder Steuerpflichtige muss fristgerecht, d. h. bis zum 31. Mai des Folgejahres, eine Einkommenssteuererklärung für den vorausgegangenen jährlichen Veranlagungszeitraum auf einem amtlichen Vordruck abgeben. Das Finanzamt vergleicht die Vorauszahlungen mit dem zu zahlenden Betrag und übermittelt einen Einkommenssteuerbescheid an den Steuerpflichtigen.

1 Steuererklärung abgeben
2 erhält Steuerbescheid
3 zahlt Einkommensteuer bzw. erhält Rückzahlung

Lernbereich 10.1.1

Den Alltag bewältigen

Die Einkommensteuererklärung besteht aus dem Hauptvordruck, in dem die allgemeinen Angaben, Sonderausgaben und außergewöhnlichen Belastungen eingetragen werden, sowie aus den Anlagen KAP, SO und N. Die Anlage KAP enthält die Einkünfte aus Kapitalvermögen, z. B. Zinsen aus Bauspargutshaben und Lebensversicherungen, die von Bausparkassen und Versicherungen automatisch erstellt werden. In der Anlage N werden Bruttoarbeitslohn bzw. Bruttogehalt, die gezahlten Steuern, die vermögenswirksamen Leistungen und die Werbungskosten angegeben. Die Formulare sehen wie folgt aus:

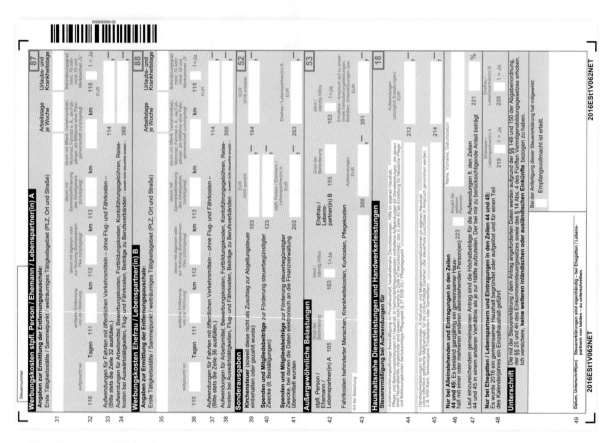

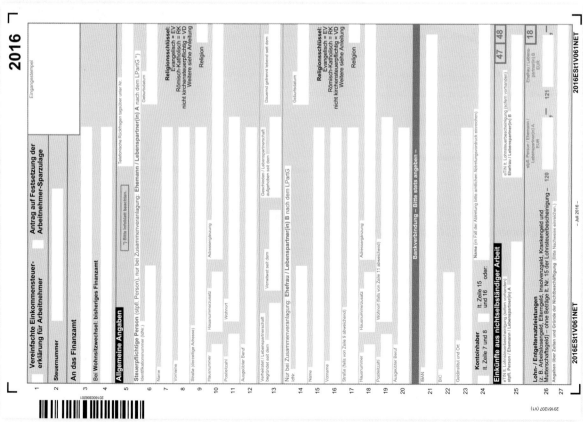

Lernbereich 10.1.2: Vorsorge treffen

Kapitel 2

2.1 Lernsituation 5: Wir treffen eine Versorge für unser späteres Leben
2.2 Lernsituation 6: Wir legen Geld für die Zukunft an

Vorsorge treffen

2 Lernbereich 10.1.2: Vorsorge treffen

Kompetenzerwartungen
Die Schülerinnen und Schüler

- wählen im Hinblick auf ihre Lebensumstände, ihre finanzielle Situation sowie ihre persönliche Risikobereitschaft für sie passende Versicherungen aus. Dabei vergegenwärtigen sie sich mögliche Risiken im privaten Umfeld. Sie sind bereit, auch vermeintlich komplexere Sachverhalte zu recherchieren und vielfältige persönliche Herausforderungen zu meistern.
- entscheiden sich unter Berücksichtigung der Anlagekriterien Sicherheit, Rentabilität und Liquidität sowie ihres persönlichen Anlegertyps für geeignete Möglichkeiten der Geldanlage. Anlageempfehlungen reflektieren sie kritisch.
- ergänzen die gesetzliche Rentenversicherung durch private Vorsorge und staatliche Förderung. Dabei vergleichen sie verschiedene Angebote kritisch und beziehen die von der demografischen Entwicklung verursachten Probleme der gesetzlichen Rentenversicherung in ihre Entscheidungsfindung ein.

2.1 Lernsituation 5: Wir treffen eine Vorsorge für unser späteres Leben

Lena erhält folgende Werbe-E-Mail:

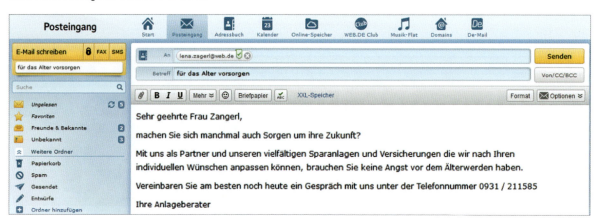

Lena ist sich unsicher, ob sie dort wirklich anrufen soll, und möchte sich zunächst selbst im Internet zu notwendigen Versicherungen bezüglich der jetzigen Risikoabsicherung und der späteren Altersvorsorge informieren.

1. Macht euch mit der Situation vertraut, indem ihr euch zunächst orientiert. Stellt sicher, dass euch klar ist, was eure Aufgabe ist. **(Orientierung und Information)**
2. Plant euer weiteres Vorgehen, indem ihr euch Gedanken macht, was in dieser konkreten Situation zu tun ist, und notiert diese stichpunktartig. **(Planung)**
3. Erstellt für Lena eine Galerie zu den notwendigsten Versicherungen. **(Durchführung)**
4. Hängt eure erstellten Galerieplakate aus und beurteilt diese hinsichtlich der Gestaltung und des Inhaltes. Korrigiert ggf. eure Aufzeichnungen. **(Bewertung)**
5. Reflektiert eure Ergebnisse und heftet ein Fotoprotokoll oder eine Zusammenfassung der Galerie in eurem Hefter ab. **(Reflexion)**
6. Suche dir für dich notwendige Versicherungen heraus und hole Angebote für deine Absicherung ein. Vergleiche diese Angebote kritisch mit deinen Mitschülern. Plane des Weiteren, wie viel Geld du in deiner Ausbildung für Sparanlagen zur Verfügung hast, und prüfe kritisch mögliche Anlagemöglichkeiten. **(Reflexion)**

2.1.1 Notwendigkeit der privaten Vorsorge

Schwere Krankheiten oder ein Unfall können zu Beginn des Berufslebens die Ursache für finanzielle Probleme sein. Aber auch der demografische Wandel und die damit verbundene Unsicherheit der gesetzlichen Altersvorsorge sollten ein Grund sein, um sich bereits in jungen Jahren um eine solide Absicherung zu kümmern.

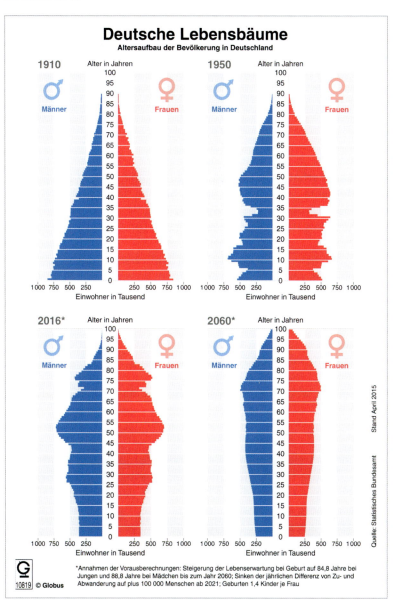

2.1.2 Individualversicherungen

Im Gegensatz zu den gesetzlichen Sozialversicherungen schließt der Kunde einen individuellen Vertrag mit einem Versicherungsunternehmen, welcher gegen Zahlung von Versicherungsprämien das im Vertrag vereinbarte Risiko übernimmt. Während eine Privatperson ihr persönliches Risiko eines Schadens aus einem Unfall oder eines Diebstahls nicht abschätzen kann, ist es den Versicherungsunternehmen jedoch möglich ein durchschnittliches Risiko aller Versicherungsnehmer zu bestimmen und die Prämien nach der Risikostreuung zu berechnen. Der Versicherungsvertrag kommt durch den Antrag des Versicherungsnehmers (= Kunde) und der Annahme durch das Versicherungsunternehmen zustande. In der Regel sind Versicherungsnehmer und die versicherte Person identisch. Durch Aushändigung der Versicherungspolice oder einem Bestätigungsschreiben des Versicherungsunternehmens gilt der Antrag als angenommen. Die Beitragszahlungen muss der Versicherungsnehmers selbst tragen und richten sich dabei nach dem Umfang des abgesicherten Risikos. Mit Ausnahme der privaten Renten- und der Lebensversicherung unterliegen die Versicherungen der Versicherungssteuer, welche derzeit 19 % beträgt.

Vorsorge treffen

Im nachfolgenden Abschnitt werden wir auf einige Individualversicherungen genauer eingehen. Sie lassen sich in Personen-, Sach- und Vermögensversicherungen einteilen:

Personenversicherung: (Person ist versichert.)	– private Rentenversicherung – private Unfallversicherung – Berufsunfähigkeitsversicherung – Lebensversicherung
Sachversicherung: (Sache ist versichert.)	– Hausratversicherung
Vermögensversicherung (Vermögen soll geschützt werden.)	– Haftpflichtversicherung

Private Rentenversicherung

Um den Lebensstandard auch im Alter aufrecht erhalten zu können, ist es notwendig neben der gesetzlichen Rentenversicherung auch eine private Rentenversicherung abzuschließen. Der Generationenvertrag ist in Gefahr, da immer mehr Rentner durch immer weniger Beitragszahler finanziert werden. Umso notwendiger ist es, sich zusätzlich privat durch Zusatzversicherungen zu schützen.

Die Ansparung erfolgt durch regelmäßige monatliche Zahlungen während der Erwerbstätigkeit oder auch durch eine Einmalzahlung, wie beispielsweise aus einer Erbschaft oder einem Immobilienverkauf. Neben der Höhe der Einzahlungen und der Einzahlungsdauer wird der Auszahlungsbetrag auch vom allgemeinen Zinsniveau beeinflusst. Daher ist der zu sparende Betrag um so geringer je früher ein Vertrag durch den Versicherungsnehmer abgeschlossen wird.. Mit dem Renteneintritt werden die monatlichen Teilbeträge (= Rente) an den Versicherungsnehmer ausgezahlt. Die ausbezahlte Rente unterliegt dabei der Einkommenssteuer und den Sozialabgaben für die Kranken- und Pflegeversicherung.

Die Riester-Rente, als private Zusatzversicherung, wird unter bestimmten Bedingungen staatlich gefördert.

Exkurs Riester-Rente:

Die Riester-Rente wurde 2002 vom Staat eingeführt, um eine private Grundversorgung zu gewährleisten. Die pflichtversicherte Person schließt einen auf ihren Namen lautenden zertifizierten[1] Altersvorsorgevertrag ab und verpflichtet sich Mindesteigenbeträge zu leisten. Diese betragen 4 % der jährlichen beitragspflichtigen Einnahmen des Versicherungsnehmers des Vorjahres abzüglich der Grundzulage, maximal 2.100,00 €. Der Beitrag kann in der Steuererklärung als Sonderausgabe geltend gemacht werden.

Der Staat gewährt auf Antrag durch den Versicherungsnehmer Zulagen, einerseits die Grundzulage in Höhe von derzeit 154,00 € und andererseits die Kinderzulage von 300,00 € pro Kind.

Nachteilig ist die Riester-Rente für Arbeitnehmer mit einem höheren Einkommen, da die Zulage dann einen prozentual geringen Anteil ausmacht und sie sichert im Alter nur eine Grundversorgung, welche bei Bezug von staatlichen Leistungen gegengerechnet wird.

Private Unfallversicherung

Während die gesetzliche Unfallversicherung nur für Unfälle während der Arbeit und dem Arbeitsweg aufkommt, sichert die private Unfallversicherung alle Unfälle des Privatlebens ab. Sie dient vor allem dem Schutz von langfristigen Folgen, da die Behandlungskosten des Unfalls von der Krankenversicherung abgedeckt sind. Die Ausgestaltung des Versicherungsvertrages ist vielfältig, vereinbarte Leistungen können beispielsweise Zuschüsse zu Heilkosten, Tagesgelder für die vorübergehende Arbeitsunfähigkeit oder auch Einmalzahlungen bei Arbeitsunfähigkeit sein.

---

[1] Im AltZertG sind die genehmigten Anbieter der Altersvorsorgeverträge festgelegt.

Berufsunfähigkeitsversicherung

Die Ursachen der Berufsunfähigkeit sind vielfältig und können sowohl während der Arbeitstätigkeit als auch im privaten Bereich entstehen. Der Abschluss einer Berufsunfähigkeitsversicherung ist vor allem für Berufsanfänger sinnvoll, da diese kaum durch die gesetzliche Rentenversicherung abgesichert sind und vollständig das finanzielle Risiko dem Wegfall des Erwerbseinkommen tragen.

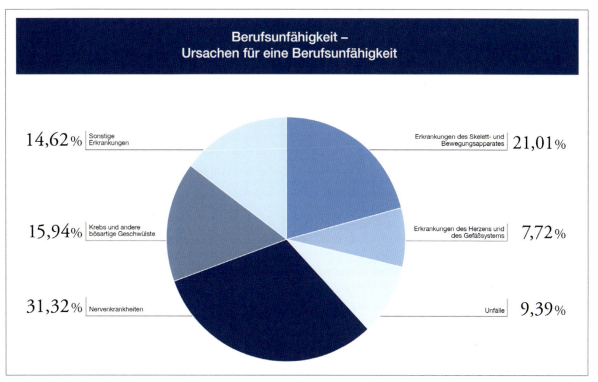

Abbildung mit freundlicher Genehmigung: ©MORGEN & MORGEN GmbH, 05/2017

Die Vertragsausgestaltungen sind auch hier vielfältig, in der Regel wird in dem Versicherungsvertrag eine monatliche Rente bei einer Berufsunfähigkeit von 50 % vereinbart. Die Versicherungsdauer kann auf ein bestimmtes Alter, z. B. 40 Jahre beschränkt werden und sollte nicht über das Renteneintrittsalter hinausgehen, da die Zahlungen mit Beginn des Rentenbezugs enden. Der monatliche Auszahlungsbetrag wird in der Regel auch nicht dem vollen Nettoeinkommen entsprechen, sondern nur einen durchschnittliche Lebensstandard decken. Die Höhe des Versicherungsbeitrages ist abhängig vom Alter des Versicherungsnehmers, den Vorerkrankungen und der Berufsgruppe. Die Berufsunfähigkeitsversicherung tritt nur für den angegebenen, erlernten Beruf ein. Die Berufsunfähigkeitsversicherung wird oftmals mit der Renten- oder Lebensversicherung gekoppelt.

Lebensversicherung

Die Lebensversicherung sichert in erster Linie die Hinterbliebenen den Tod des Versicherungsnehmers ab. Sie lässt sich in die Kapitallebens- und die Risikolebensversicherung unterscheiden. Der Versicherungsnehmer schließt mit dem Versicherungsunternehmen einen Vertrag über eine bestimmte Versicherungssumme ab. Vor Ausstellung der Police und damit der Annahme des Antrags sieht die Versicherungsgesellschaft eine ausführliche ärztliche Untersuchung vor, um eventuelle Erkrankungen auszuschließen. Die Beitragshöhe ist abhängig von der Versicherungssumme, dem Eintrittsalter und von der Laufzeit.

Der monatliche Beitrag der Risikolebensversicherung ist oftmals sehr günstig, da das Unternehmen nur im Falles des Todes des Versicherungsnehmers eintreten muss.

Die Kapitallebensversicherung hingegen sichert einerseits den Tod des Versicherungsunternehmers ab und wird andererseits beim Erreichen eines bestimmten Alters an den Versicherungsnehmer ausgezahlt. Sie ist vergleichbar mit der Rentenversicherung. Sofern die Auszahlung der Versicherungssumme nach dem 60. Lebensjahr erfolgt und die Versicherung eine Laufzeit von mehr als zwölf Jahren aufweist, ist der Auszahlungsbetrag nur zur Hälfte zu versteuern.

Vorsorge treffen

Hausratversicherung

Die Hausratversicherung schützt den kompletten Hausrat, d. h. alle Gegenstände in der Wohnung, und oftmals auch Sportgegenstände, Fahrräder bzw. Motorräder im Keller. Einschränkungen existieren aber bei wertvollen Gegenständen wie hochwertigen Fahrräder und Sportgeräten, Sparanlagen, Antiquitäten und Schmuck. Für Sammlungen von Briefmarken, Münzen und Gemälden muss oft eine Zusatzversicherung mit einer gesonderten Verwahrung vereinbart werden, da diese Dinge von der normalen Hausratversicherung ausgeschlossen werden. Der Versicherungsnehmer kann sich komplett oder in Teilen gegen Einbruch und Vandalismus, Sturm, Hagel, Blitz, Feuer oder Leitungswasser versichern. Die meisten Versicherungsunternehmen schließen Überschwemmungen aus oder verlangen eine erhöhte Risikoprämie dafür, da diese Gefahr in den letzten Jahren stark zugenommen hat. Die Gegenstände sind zum Neuwert[2] versichert, wobei der Versicherungswert von der Versicherungsgesellschaft aufgrund verschiedener Kriterien wie der Wohnfläche und dem Gebäudezustand festgelegt wird. Zahlreiche Versicherungsunternehmen legen mindestens 650 € je qm fest.[3]

Ist der Versicherungswert zu niedrig, spricht man von einer Unterversicherung. Im Schadensfall ersetzt die Versicherungsgesellschaft dann nur einen Teil des Schadens. Daher sollte die Police regelmäßig dem Lebensstandard angepasst werden.

Haftpflichtversicherung

Die Haftpflichtversicherung kann den Vermögensversicherungen zugeordnet werden, das heißt sie sichert das Vermögen gegenüber Schadensansprüche von Dritten. Schäden können durch die Person selbst in der Freizeit oder dem Beruf, aber auch durch Tiere oder durch Kraftfahrzeuge verursacht werden, so dass verschiedene Arten der Haftpflichtversicherung existieren. Im nachfolgenden Text soll auf die zwei wichtigsten Haftpflichtversicherungen kurz eingegangen werden.

- **Privathaftpflichtversicherung**
  Die Versicherung schützt den Versicherungsnehmer gegen Schäden, die er oder die minderjährigen Kinder im Alltag und in der Freizeit verursachen könnten. Das kann beispielsweise eine versehentlich umgestoßene, wertvolle Vase bei einer Geburtstagsparty von Freunden sein oder auch eine zerbrochene Fensterscheibe des Nachbarn beim Ballspielen.

- **Kraftfahrzeughaftpflichtversicherung**
  Personen, die mit ihrem Fahrzeug am öffentlichen Straßenverkehr teilnehmen wollen, sind verpflichtet eine Haftpflichtversicherung abzuschließen. Fremdschäden, d. h. Personenschäden und Sachschäden, aufgrund eines Unfalles werden dabei abgedeckt.

Die Haftpflichtversicherung wird in der Praxis noch freiwillig durch die Teilkasko, beziehungsweise bei Neuwagen oder finanzierten Fahrzeugen durch die Vollkaskoversicherung, ergänzt. Die Teilkaskoversicherung kommt für eigene entstandene Schäden, wie durch Wildunfälle und Hagel oder durch eine zerbrochene Fensterscheibe aufgrund eines Steinschlages auf. Die Vollkasko übernimmt neben den Leistungen der Teilkasko auch verursachte Unfallschäden am eigenen Fahrzeug und entstandene Schäden durch Vandalismus. Die Höhe der Versicherungsprämie wird in Abhängigkeit des Wohnortes, dem Fahrzeugtyp und dem Alter des Fahrzeughalters bestimmt und jedes Jahr durch die Versicherungsgesellschaften angepasst.

2.1.3 Sozialversicherungen

Die Sozialversicherung haben wir bereits in der neunten Jahrgangsstufe kennengelernt. Sie ist eine gesetzliche Versicherung, die den zweiten Teil der Abzüge vom Bruttoentgelt bildet. Sie wird prozentual vom Bruttoentgelt berechnet und je zur Hälfte vom Arbeitnehmer und Arbeitgeber getragen. Eine Ausnahme stellt die Unfallversicherung dar, die der Arbeitgeber alleine trägt. Der Arbeitgeber führt die Beiträge stellvertretend für die einzelnen Träger an die Krankenkassen ab.

---

[2] Zum Neuwert bedeutet, dass der Versicherungsnehmer durch die Versicherungsgesellschaft den Wert zum Neukauf der Gegenstände erhält.

[3] Quelle: www.hausratversicherung.net/ratgeber/versicherungssumme

Die Zweige der Sozialversicherungen beruhen im Gegensatz zu den Privatversicherungen, wo jeder sein individuelles Risiko bezahlt, auf dem Prinzip der Solidarität. Dieses Prinzip ist abgeleitet vom Wort „solidarisch" (= füreinander einstehen, sich gegenseitig helfen). So werden die Beiträge prozentual vom Einkommen (= Beitragszahlung nach der Leistungsfähigkeit) erhoben. Benötigt ein Arbeitnehmer eine Leistung aus einer Sozialversicherung, erhält er die Höhe, die er benötigt (= Zahlung der Leistungen nach der Bedürftigkeit).

Gesetzliche Rentenversicherung (RV)

Die gesetzliche Rentenversicherung wurde 1889 im Zuge der bismarckschen Sozialgesetzgebung eingeführt. Sie sichert die Mitglieder im Alter sowie im Falle von Berufs- und Erwerbsunfähigkeit und – im Falle des Todes – deren Hinterbliebene. Die Träger der gesetzlichen Rentenversicherung sind seit dem 01.10.2005 die Deutsche Rentenversicherung BUND, die Deutsche Rentenversicherung Regional sowie die Deutsche Rentenversicherung Knappschaft-Bahn-See. Pflichtversichert sind alle Personen, die in einem beruflichen, unselbstständigen Beschäftigungsverhältnis stehen  oder sich in der Berufsausbildung befinden – mit Ausnahme der Beamten –, ohne Rücksicht auf die Höhe ihres Einkommens. Die Finanzierung der gesetzlichen Rentenversicherung erfolgt hauptsächlich durch Beiträge der Beitragszahler. Arbeitnehmer und Arbeitgeber tragen die Beiträge entsprechend dem jeweils gültigen Beitragssatz bis zur Beitragsbemessungsgrenze je zur Hälfte. Die Leistungen der Rentenversicherung sind Rente wegen Alters, Rente wegen verminderter Erwerbsfähigkeit sowie Rente wegen Todes für die Hinterbliebenen.

Arbeitslosenversicherung (AV)

Mit dem Gesetz über Arbeitsvermittlung und Arbeitslosenversicherung vom 16.07.1927 wurde nach der Kranken-, Renten- und Unfallversicherung als weitere Säule die Absicherung des Risikos der Arbeitslosigkeit eingeführt. Träger der gesetzlichen Arbeitslosenversicherung ist die Bundesagentur für Arbeit mit ihren regionalen Arbeitsagenturen. Die Arbeitslosenversicherung ist eine Pflichtversicherung. Versichert sind alle Personen, die einer bezahlten, mehr als geringfügigen Beschäftigung nachgehen. Das betrifft Arbeiter ebenso wie Angestellte oder Auszubildende. Für besondere Personengruppen, z. B. Beamte, Soldaten  oder Personen, die das 65. Lebensjahr vollendet haben, besteht hingegen Versicherungsfreiheit. Die Versicherungspflicht tritt kraft Gesetzes ein, wenn die gesetzlichen Voraussetzungen (Drittes Buch des Sozialgesetzbuches) dafür vorliegen. Die Beiträge zur Arbeitslosenversicherung zahlen der Arbeitnehmer und der Arbeitgeber je zur Hälfte bis zur Beitragsbemessungsgrenze. Die Leistungen der Arbeitslosenversicherung sind umfangreich und reichen von der Zahlung des Arbeitslosengeldes über die Beratung und Vermittlung von Auszubildenden bis hin zur Umschulung und Förderung von beeinträchtigten Personen im Berufsleben.

Pflegeversicherung (PV)

Die Pflegeversicherung sichert das finanzielle Risiko der Pflegebedürftigkeit ab. Sie soll es dem Pflegebedürftigen ermöglichen, ein selbstbestimmtes Leben zu führen. Mit der Einführung der gesetzlichen Pflegeversicherung zum 01.01.1995 wurde die fünfte Säule im System der deutschen Sozialversicherung geschaffen. Die Schaffung der Pflegeversicherung war notwendig, weil der Anteil der älteren Menschen an der Bevölkerung in Deutschland ständig wächst. Damit nimmt auch die Zahl der Pflegebedürftigen ständig zu. Träger der gesetzlichen Pflegeversicherung sind die Pflegekassen, die zu den jeweiligen Krankenkassen gehören. Die Beiträge werden von Versicherten und Arbeitgebern je zur Hälfte geleistet. Kinderlose Arbeitnehmer über 23 Jahre müssen allerdings seit dem 01.01.2005 einen Zuschlag von 0,25 % alleine tragen. Der Teil des Entgelts, der die Beitragsbemessungsgrenze übersteigt, wird nicht zur Beitragsberechnung herangezogen. Die Pflegeversicherung teilt die Pflegebedürftigen in Pflegestufen ein und gewährt verschiedene Sach- und Geldleistungen, wie Pflegegeld, Krankenbett und häusliche Pflege. Als pflegebedürftig gelten Versicherte, die wegen einer körperlichen, geistigen oder seelischen Krankheit oder Behinderung dauerhaft, d. h. voraussichtlich mindestens für sechs Monate, in erheblichem Maße Hilfe bei den Verrichtungen des täglichen Lebens brauchen.

Gesetzliche Unfallversicherung (UV)

Jedes Jahr ereignen sich in Deutschland viele Millionen Arbeits- und Wegeunfälle. Hinzu kommen zahlreiche Fälle von anerkannten Berufskrankheiten und Berufsschulunfällen. Für die Betroffenen bedeutet dies oft einschneidende Veränderungen ihrer Lebensgestaltung. Die gesetzliche Unfallversicherung (erstmals 1884 eingeführt) soll im Falle eines (Arbeits-)Unfalls die Gesundheit und Erwerbstätigkeit wiederherstellen. Sie hat die Aufgabe, Arbeitsunfälle und Berufskrankheiten sowie arbeitsbedingte Gesundheitsgefahren zu verhüten, bei Arbeitsunfällen oder Berufskrankheiten die

Gesundheit und die Leistungsfähigkeit wiederherzustellen und die Versicherten oder ihre Hinterbliebenen durch Geldleistungen zu entschädigen. Wichtigste Aufgabe der Unfallversicherung ist die Unfallverhütung. Die Träger der gesetzlichen Unfallversicherung sind die Berufsgenossenschaften der verschiedenen Branchen, die Landesunfallkassen (z. B. Bau-BG, die BG für den Einzelhandel, Feuerwehrunfallkassen, Unfallkasse Post und Telekom) sowie die Unfallversicherungsträger der öffentlichen Hand (z. B Gemeindeunfallversicherungsverband). Der Beitrag zur gesetzlichen Unfallversicherung wird – anders als bei den anderen Arten der Sozialversicherung – allein vom Arbeitgeber bzw. von den entsprechenden Gebietskörperschaften (Bund, Länder, Gemeinden) getragen. Die Beitragshöhe richtet sich dabei nach der Gefahrenklasse, in die ein Betrieb eingestuft ist. Faustregel: Je gefährlicher die Arbeit, desto höher der Beitragssatz. Alle Arbeiter, Angestellten und Auszubildenden sind automatisch über ihren Arbeitgeber versichert.

Gesetzliche Krankenversicherung (KV)

Die gesetzliche Krankenversicherung ist die älteste Säule der Sozialversicherung. Sie wurde 1883 im Zuge der bismarckschen Sozialgesetzgebung eingeführt. Aufgabe der gesetzlichen Krankenversicherung ist es, die Gesundheit der Versicherten zu erhalten, wiederherzustellen oder ihren Gesundheitszustand zu bessern. Die Krankenversicherung beruht wie alle übrigen Sozialversicherungszweige auf dem **Prinzip der Solidarität**, d. h., alle Versicherten bilden eine Gemeinschaft. Im Krankheitsfall bekommen alle Mitglieder die gleichen erforderlichen Leistungen – ohne Rücksicht darauf, wie

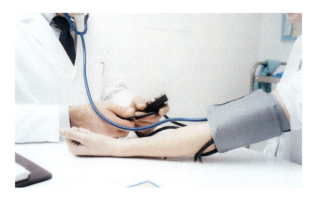

hoch das Einkommen und die Beiträge des Einzelnen sind. Die Träger der gesetzlichen Krankenversicherung sind die Krankenkassen. Versicherte können frei wählen, bei welcher Kasse sie sich versichern lassen möchten. Es gibt z. B. die Allgemeine Ortskrankenkasse (AOK), Betriebskrankenkasse (BKK),

Innungskrankenkasse (IKK), Ersatzkassen wie die Barmer (BEK) oder Deutsche Angestellten Krankenkasse (DAK) sowie Spezialkassen wie die Landwirtschaftliche Krankenkasse und die Seekrankenkasse. Pflichtversichert sind in der gesetzlichen Krankenversicherung alle Arbeitnehmer, deren Bruttogehalt eine bestimmte Höchstgrenze nicht überschreitet, alle Auszubildenden, Rentner und Arbeitslosen sowie Studenten. Überschreitet ein Arbeitnehmer die Versicherungspflichtgrenze, kann er sich freiwillig versichern.

Auch Selbstständige und Beamte können sich in der gesetzlichen KV freiwillig versichern. Eine Besonderheit der gesetzlichen Krankenversicherung ist die kostenlose Familienversicherung für Ehepartner und Kinder ohne bzw. mit geringem Einkommen. Die Finanzierung der gesetzlichen Krankenversicherung erfolgt durch Beiträge, die vom Arbeitgeber und vom Versicherten je zur Hälfte getragen werden. Die Höhe dieser Beiträge richtet sich nach deren beitragspflichtigen Einnahmen (Bruttogehalt) bis zu einer bestimmten Beitragsbemessungsgrenze, die jedes Jahr angepasst wird. Zusätzlich müssen die Arbeitnehmer einen Zusatzbeitrag für das Krankentagegeld und den Zahnersatz entrichten, der sich je nach Krankenkasse unterscheidet.

Leistungen der gesetzlichen Krankenversicherung sind Sach- und Geldleistungen, die (teilweise unter Berücksichtigung von Zuzahlungen) von der Krankenkasse übernommen werden, wie Maßnahmen zur Förderung der Gesundheit (Aufklärung, Vorsorgeleistungen), Maßnahmen zur Früherkennung von Krankheiten (Leistungen für Vorsorgeuntersuchungen), Krankenbehandlung, Krankenhausbehandlung, Krankengeld, Fahrtkosten, Leistungen bei Schwangerschaft und Mutterschaft (einschließlich Mutterschaftsgeld).

Die Krankenbehandlung umfasst ärztliche und zahnärztliche Behandlungen, Versorgung mit Arznei-, Verbands- und Heilmitteln sowie Brillen und Körperersatzstücken, häusliche Krankenpflege usw. Die Krankenbehandlung wird ohne zeitliche Begrenzung gewährt. Wird der Arbeitnehmer krank und kann er daher seine Arbeitsleistung nicht erbringen, hat er aufgrund des Entgeltfortzahlungsgesetzes Anspruch auf Zahlung des Arbeitsentgelts durch den Arbeitgeber bis zur Dauer von sechs Wochen.

Beiträge der Sozialversicherungen im Jahr 2017[4]

AV	KV	PV	RV
3,0 % für AN + AG	14,6 % für AN + AG, Zusatzbeitrag für AN je nach Krankenkasse	2,55 % für AN + AG, Zusatzbeitrag für kinderlose AN über 23 Jahre: 0,25 %	18,7 % für AN + AG

---

[4] Die Beitragssätze zu den Sozialversicherungen ändern sich jährlich.

Vorsorge treffen

2.2 Lernsituation 6: Wir legen Geld für die Zukunft an

Lena und Lisa haben monatlich noch Geld übrig und möchten dieses für das Alter ansparen, jedoch sind sie sich unsicher hinsichtlich der Art und Weise der Geldanlage. Lena ist eher ein vorsichtiger Mensch und wäre bereit, 50,00 € zu sparen, Lisa steht dem Thema Geldanlage völlig unvoreingenommen gegenüber und hätte monatlich 25,00 € zur Verfügung.

1. Macht euch mit der Situation vertraut, indem ihr euch zunächst orientiert. Stellt sicher, dass euch klar ist, was eure Aufgabe ist. **(Orientierung und Information)**
2. Plant euer weiteres Vorgehen, indem ihr euch Gedanken macht, was in dieser konkreten Situation zu tun ist, und notiert diese stichpunktartig. **(Planung)**
3. Erstellt für Lena eine Galerie zu den möglichen Anlageformen. **(Durchführung)**
4. Hängt eure erstellten Galerieplakate aus und beurteilt diese hinsichtlich der Gestaltung und des Inhaltes. Korrigiert ggf. eure Aufzeichnungen. **(Bewertung)**
5. Reflektiert eure Ergebnisse und heftet ein Fotoprotokoll oder eine Zusammenfassung der Galerie in eurem Hefter ab. **(Reflexion)**
6. Plane, wie viel Geld du in deiner Ausbildung für Sparanlagen zur Verfügung hast, und prüfe kritisch mögliche Anlagemöglichkeiten. **(Reflexion)**

2.2.1 Kapitalanlage

Bei der Wahl nach der perfekten Anlage steht der Sparer dem Spannungsverhältnis zwischen Sicherheit, Rentabilität und Verfügbarkeit gegenüber. Dieses Spannungsverhältnis wird auch als magisches Dreieck der Kapitalanlage bezeichnet.

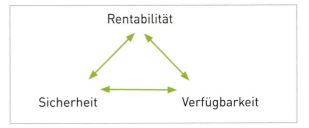

Der Gesichtspunkt Sicherheit stellt die Frage, ob das anlegte Geld vollständig zurückgezahlt wird. Soll eine Geldanlage sicher sein, müssen Anleger in der Regel bei der Verfügbarkeit oder der Rendite Zugeständnisse machen. Bundesanleihen und Sparbriefe, welche der deutschen Einlagensicherung unterliegen, erfüllen diesen Aspekt. Ist dem Anleger der Gesichtspunkt Verfügbarkeit, d. h. die schnelle Umwandlung der Geldanlage in Bargeld sehr wichtig, so eignen sich vor allem sichere Tagesgeld- oder Termingeldkonten. Auch Aktien oder Aktienfonds sind schnell verfügbar, können jedoch aufgrund von schwankenden Kursen eventuell nur mit Verlust schnell veräußert werden. Aktien und

Aktienfonds sind Kapitalanlagen, die als besonders rentabel gelten. Diese Anlagen können einen hohen Ertrag beziehungsweise einen großen Wertzuwachs erzielen, sind jedoch gleichzeitig auch immer mit Wertschwankungsrisiken verbunden.

2.2.2

2.2.3 Anlage auf Bankkonten

Gelder, die einer Bank leihweise zur Verfügung gestellt werden, bezeichnet man als Einlagen. oder Passivgeschäfte. Diese durchaus beliebten Anlageformen können in die Sicht-, Termin- und Spareinlagen eingeteilt werden.

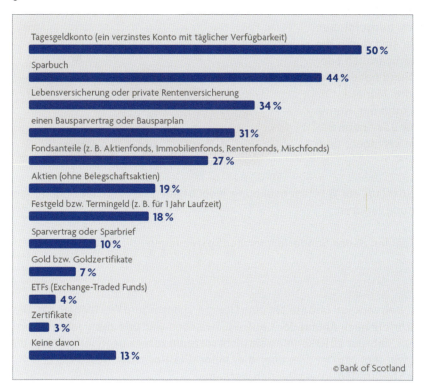

Sichteinlagen

Einlagen auf Giro- oder Kontokorrentkonten werden als Sichteinlagen bezeichnet. Diese sind täglich verfügbar, dienen in erster Linie dem bargeldlosen Zahlungsverkehr und werden daher in der Regel nicht oder nur mit einem sehr geringen Zinssatz verzinst. Für die Kontoführung und die Abwicklung der Kontobewegungen, welche auf den Kontoauszügen dokumentiert sind, verlangen die meisten Kreditinstitute eine Kontoführungsgebühr. Die Eröffnung eines Jugendgirokontos und die zahlreichen Einsatzmöglichkeiten der Bankkarte haben wir bereits in der Jahrgangsstufe 7 behandelt.[5]

Da die Sichteinlagen vor allem in der Niedrigzinsphase nicht vergütet werden, hat sich als Sonderform das Tagesgeldkonto entwickelt. Dieses ist ein verzinstes Konto ohne festgelegte Laufzeit, welches der Geldanlage dient und über dessen Guthaben täglich verfügt werden kann. In der Regel wird durch die Banken ein Mindestanlagebetrag festgelegt.

Termineinlagen

Termineinlagen dienen der vorübergehenden Anlage nicht benötigter Geldmittel. Die meisten Kreditinstitute setzen einen Mindestanlagebetrag von 5.000,00 € voraus und gewähren dafür einen höheren Zinssatz als beim Girokonto. Es lassen sich Festgelder und Kündigungsgelder unterscheiden.

Festgelder sind Einlagen mit einem fest vereinbarten Zinssatz, die zu einem bestimmten Zeitpunkt, z. B. nach Ablauf von 90 Tagen, fällig werden und nicht extra durch den Kunden gekündigt werden müssen. Kündigungsgelder hingegen sind zunächst unbefristete Anlagen, deren Zinssatz in der Regel variabel ist und den Entwicklungen des Geldmarktes angepasst wird. Der Kunde muss bevor er über seine Geldmittel verfügen kann, eine vereinbarte Kündigungsfrist zwischen einem und 12 Monaten einhalten.

---

[5] siehe Lernsituation 7, Band 1

Spareinlagen

Zur langfristigen Geldanlage dienen Spareinlagen, die von den Kreditinstituten in zahlreichen Varianten angeboten werden. Neben dem klassischen Sparbuch existieren Sparkonten, deren Zinssatz variabel oder ansteigend ausgestaltet ist oder Sparverträge die über eine gesonderte Prämie verfügen.

Spareinlagen richten sich in erster Linie an Privatpersonen und dürfen nicht am bargeldlosen Zahlungsverkehr teilnehmen. Sie sind durch die Ausfertigung einer Urkunde, dem Sparbuch oder einer Sparkarte, gekennzeichnet und haben eine Kündigungsfrist von mindestens drei Monaten. Innerhalb dieser Kündigungsfrist kann der Kunde ohne Zahlung eines Strafzinses nur über einen Betrag bis zu 2.000,00 € pro Monat verfügen, dem Kündigungsfreibetrag.

Spareinlagen sind eine sichere Geldanlage zur Vermögensbildung, jedoch haben sie durch die anhaltende Niedrigzinsphase stark an Bedeutung verloren.

Der Sparbrief und das Bausparen zählen zu den Sonderformen der Spareinlagen.

Sparbrief

Sparbriefe werden von Kreditinstituten verkauft und stellen eine Übergangsform zum Wertpapier dar. Die Banken verpflichten sich die Sparbriefe nach Ablauf der Laufzeit, zwischen vier und zehn Jahren, zum Nennwert zurück zu kaufen. Bis zum Februar 2015 konnten sie nicht vorzeitig zurück gegeben werden, da sie nicht an der Börse gehandelt wurden. Nun ist dies über die Online-Plattform der BÖAG Börsen AG möglich. Es können drei Arten von Sparbriefen unterschieden werden:

- Der normalverzinsliche Sparbrief: Der Verkauf erfolgt zum Nennewert und der Kunde erhält eine jährliche Zinszahlung auf einem separaten Konto ausgezahlt.
- Der aufgezinste Sparbrief: Der Sparbrief wird hier ebenfalls zum Nennwert verkauft, jedoch werden die Zinsen nicht ausgezahlt, sondern mit angespart und verzinst.
- Der abgezinste Sparbrief: Der Verkaufswert liegt bei diesem Sparbrief unter dem Nennwert. Nach Ablauf des Sparbriefes erhält der Kunde durch Einbehaltung der Zinsen und Zinseszinsen den Nennwert zurückgezahlt.

Bausparen

Der Bausparvertrag wird zwischen dem Kunden und einer Bausparkasse abgeschlossen. Die Mitglieder der Bausparkasse erwerben durch ihre anfänglichen Sparbeiträge einen Anspruch auf ein späteres zinsgünstiges Darlehen, das zur Finanzierung eines Hausbaus, den Erwerb einer Eigentumswohnung oder den Aus- und Umbau genutzt werden kann. Das Zwecksparen entfällt, wenn die Laufzeit mindestens sieben Jahre beträgt. Mit Abschluss eines Bausparvertrages wird eine Abschlusssumme fixiert, die Bausparsumme, auf die eine Abschlussgebühr von 1% bis 1,5% zu zahlen ist. Häufig sind zusätzlich noch jährliche Kontoführungsgebühren zu entrichten. Zeitlich gliedert sich der Bausparvertrag in eine anfängliche Ansparphase, in der die Bausparer Sparleistungen erbringen und in die spätere Kreditphase, in der das Bauspardarlehen nach der Zuteilung in Anspruch genommen werden kann. Die Zuteilung erfolgt in der Regel wenn zwischen 40 und 50% der Bausparsumme angespart wurden. Das Bausparen ist beliebt, da der Zinssatz für die gesamte Laufzeit festgeschrieben ist und der Vertrag jederzeit gekündigt werden kann. Zudem fördert der Staat die Sparleistungen unter bestimmten Bedingungen durch die Wohnungsbauprämie[6].

---

[6] siehe Kapitel staatliche Förderung in der Kapitalanlage

2.2.4 Anlage in Wertpapieren

Neben dem Zahlungsverkehr gehört auch der Handel mit Wertpapieren zum Dienstleistungsgeschäft der Kreditinstitute.

Papiere die einen bestimmten Wert darstellen, so genannte Urkunden, und unter Vorlage des Papiers ein Recht geltend gemacht werden kann, sind Wertpapiere. Wertpapiere, die als Geldanlage dienen und über die Bank gehandelt werden, nennen wir Effekte. Diese lassen sich in die Gläubiger- und Teilhaberpapiere einteilen.

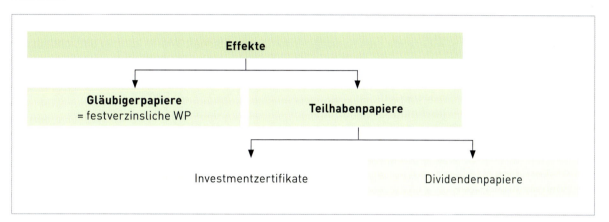

Gläubigerpapiere

Bei Gläubigerpapieren stellt der Kunde sein Geld dem Gläubiger, in der Regel Banken, dem Land, dem Bund oder großen Unternehmen, gegen eine regelmäßige Zinszahlung für eine mittel- oder langfristige Zeit zur Verfügung. Da der Schuldner die Kreditsumme in kleine Beträge aufteilt und auf Urkunden festhält, werden diese Papiere auch als Schuldverschreibungen bezeichnet. Der Anleger erhält zum einen die Urkunde auf der das Recht verbrieft ist, den so genannten Mantelbogen und zum anderen Zinsscheine, die Coupons, um seine jährlichen Zinseinnahmen geltend zu machen.

Schuldverschreibungen lassen sich beispielsweise in Anleihen, Kommunalobligationen oder auch Pfandbriefe eingeteilt je nach dem wer diese emittiert[7].

Durch die Ausgabe von Anleihen finanzieren Gemeinden, Land und Bund größere Ausgaben, die durch die laufenden Steuereinnahmen nicht gedeckt werden können.

Kommunalobligationen werden beispielsweise von Sparkassen und Genossenschaftsbanken ausgegeben, um das Kapital an Gemeinden und Länder zum Bau von Schulen oder Straßen weiter zu reichen. In erster Linie geben Hypothekenbanken Pfandbriefe heraus. Das Geld aus dem Verkauf wird zur Finanzie-

---

7 emittiert leitet sich vom lateinischen Wort „emittere" ab, welches übersetzt ausgeben bedeutet.

Vorsorge treffen

rung von Grundstücken und Gebäuden wieder vergeben, wobei die Grundstücke und Gebäude die Sicherheit (den Pfand) darstellen.

Von den Gläubigerpapieren sind die Teilhaberpapiere abzugrenzen, bei denen der Anleger einen kleinen Teil beispielsweise am Unternehmen besitzt. Zu den Teilhaberpapieren zählen die Aktien und die Investmentfonds.

- **Aktien**
  Die Rechtsform Aktiengesellschaft (kurz AG) gibt an, dass das Eigenkapital auf viele Geldgeber aufgeteilt ist. Aktien sind die Urkunden, die einen Teil des Eigentums, ausgedrückt durch den Nennwert der Aktie, am Unternehmen verbriefen. Der Nennwert beträgt mindestens 1,00 € und die Summe aller Nennwerte bildet das Grundkapital (= gezeichnetes Kapital) der Aktiengesellschaft. Aktien können hinsichtlich der Übertragbarkeit, dem Ausgabezeitpunkt und dem Recht aus der Aktie unterschieden werden.

nach der Übertragbarkeit	Inhaberaktien = häufigste Aktienform Sie werden durch Einigung und Übergabe übertragen. Das Rech aus dem Wertpapier kann vom jeweiligen Eigentümer geltend gemacht werden.	Namensaktien = lauten auf dem Namen des Aktionärs Der Name des Aktieneigentümers wird im Aktienregister des Unternehmens eingetragen und kann nur durch Indossament[9] weitergegeben werden. Der Aktiengesellschaft muss die Eigentumsübertragung gemeldet werden.
nach dem Ausgabezeitpunkt	alte Aktien = Aktien die bei Gründung ausgegeben wurden bzw. vor der Kapitalerhöhung vorhanden sind	neue Aktien = Aktien die zur Kapitalerhöhung ausgegeben werden
nach dem Recht aus der Aktie	Stammaktie = normal Aktienform	Vorzugsaktien = verfügen über besondere Rechte für den Aktionär

Aktien sind eine Geldanlage, welche aufgrund ihres hohen Risikos zu einer hohen Rendite führen kann und können schnell in Liquidität umgewandelt werden. Sie werden an der Börse gehandelt, das heißt über die Kreditinstitute an der Börse gekauft oder verkauft.
Der Kauf- bzw. Verkaufswert (= Kurs) wird von verschiedenen Einflusskriterien beeinflusst.

- **Investmentzertifikate**
  Wem Aktien zu riskant sind oder nur mit kleinen Beträgen anlegen möchte, kann in Investmentzertifikate oder auch Investmentfonds sein Vermögen anlegen. Die Fondsanteile werden von Investmentgesellschaften geführt, die Anteilsscheine über das Fondsvermögen herausgeben. Das Geld der Sparer wird durch die Investmentgesellschaft gesammelt und anschließend breit in Aktien oder in anderen Wertpapieren angelegt. Aufgrund dieser Streuung, bei in Deutschland zugelassene Aktienfonds müssen mindestens 16 Einzeltitel enthalten sein, minimiert sich das Risiko des Totalausfalles, aber auch die Rendite. Je nachdem in was die Investmentgesellschaften das Geld investieren, lassen sich verschiedene Arten unterscheiden. Die wichtigsten sind:
  - **Aktienfonds**
    Das Geld wird in Aktien investiert, wobei durch die Streuung Kursschwankungen einzelner Titel aufgefangen werden.

---

8 Indossament = schriftliche Erklärung des Eigentümers zur Weitergabe an den neuen Eigentümer
9 Die Grundlagen des Aktienhandels sind auf der Internetseite http://wwsw.aktien-fuer-anfaenger.de/ einfach erklärt.

- **Rentenfonds**
  Kunden die trotz einer angemessenen Rendite auf Sicherheiten achten, werden sich für Rentenfonds entscheiden. Hierbei wird das Geld in festverzinsliche Wertpapiere angelegt.
- **Immobilienfonds**
  Der Anlagegenstand sind hier verschiedene Gebäude.
- **Rohstofffonds**
  Die Investmentgesellschaften legen das Vermögen in verschiedene Rohstoffe z. B. Silber, Kupfer, Aluminium oder Öl und Erdgas an. Das Risiko wird durch die einzelnen Rohstoffländer und politischen Entscheidungen beeinflusst.

2.2.5 Staatliche Förderung in der Altersvorsorge

Arbeitnehmersparzulage

Die Zahlung von Vermögenswirksamen Leistungen durch den Arbeitgeber ist in vielen Bereichen der Wirtschaft heute selbstverständlich und variiert je nach Branche zwischen 6,65 € und 40,00 €. Diese Leistungen sind lohn- und einkommenssteuerpflichtig. Ob die Leistung vom Staat gefördert wird, ist abhängig vom Einkommen des Arbeitnehmers und der Anlageform.

Förderungsfähige Anlageformen sind das Bausparen, das Sparen in einen Fondssparplan sowie in die betriebliche Altersvorsorge.

Die höchste staatliche Förderung kann mit einem Bausparvertrag erzielt werden. Hier werden vermögenswirksame Leistungen in Höhe von maximal 470,00 € pro Jahr mit 9 % gefördert, sofern der Anleger ein zu versteuerndes Einkommen von 20.000,00 € (Alleinstehende) beziehungsweise 40.000,00 € (Verheiratete) nicht überschreitet und eine Sperrfrist von sieben Jahren einhält. Innerhalb der Sperrfrist darf dem Bausparvertrag kein Geld entnommen werden.

Beim Fondssparplan und dem Sparen in die betriebliche Altersvorsorge werden maximal 400,00 € pro Jahr mit 20 % gefördert, sofern das zu versteuernde Einkommen 17.900,00 € (Alleinstehende) beziehungsweise 35.800,00 € (Verheiratete) nicht übersteigt. Auch hier ist die Sperrfrist von sieben Jahren einzuhalten. Der Fondssparplan ist sehr beliebt, da er in der Vergangenheit im Durchschnitt die höchste Rendite aller Anlageformen für Vermögenswirksame Leistungen erzielte. Insgesamt können bis zu 870,00 € Vermögenswirksame Leistungen förderungsfähig sein, da die beiden Zulagen (8 % und 20 %) parallel in Anspruch genommen werden dürfen.

Wohnungsbauprämie

Neben der Zahlung der Arbeitnehmersparzulage können Bausparer auch von der Wohnungsprämie profitieren. Diese wird vom Staat in Höhe von 8,8 % auf einen jährlichen Maximalsparbeitrag von derzeit 512,00 € (Alleinstehende) bzw. 1.024,00 € (Verheiratete) für Personen ab 16 Jahren gewährt, deren zu versteuerndes Einkommen 25.600,00 € (Alleinstehende) bzw. 51.200,00 € (Verheiratete) nicht übersteigt. Die Prämienzahlung erfolgt jährlich auf Antrag bei der Bausparkasse, sofern die Sparleistung ohne Einbezug der vermögenswirksamen Leistungen mindestens 50,00 € beträgt und das geförderte Guthaben im Anschluss für wohnwirtschaftliche Zwecke verwendet wird. Ausnahme bilden Jugendliche bis zum 25. Lebensjahr, die die Prämie auch bei nicht wohnwirtschaftlicher Verwendung erhalten.

2.2.6 Freistellungsauftrag

Für alle Geldanlagen sollte ein Freistellungsauftrag beim jeweiligen Kreditinstitut beziehungsweise der Bausparkasse gestellt werden, da Einkünfte aus Kapitalvermögen der Steuerpflicht unterliegen. Zu den Kapitalerträgen zählen Zinsen, Dividenden sowie Gewinne aus Aktien und Fondsverkäufen. Der Freibetrag beträgt 801,00 € bzw. für Verheiratete 1.602,00 €..

Lernbereich 10.2: Wettbewerbsfähig bleiben

Kapitel 3

3.1 Unser Unternehmen stellt sich vor
3.2 Lernsituation 7: Wir entwerfen ein Marketingkonzept

3 Lernbereich 10.2: Wettbewerbsfähig bleiben

3.1 Unser Unternehmen stellt sich vor

Bereits in unserem Band 1 (Jahrgangsstufe 7) haben wir die Berger & Thaler Sportswear OHG kennengelernt.

Die **Berger & Thaler Sportswear OHG** hat sich auf die Herstellung und den Vertrieb von Sportmode (Trikots, Trainings- und Freizeitanzüge, komplette Teamlinien) spezialisiert. Aufgrund des guten Wachstums in den letzten Jahren hatten die beiden Inhaber, Renate Berger und Helmut Thaler, auch über eine Expansion nachgedacht und sich schließlich für den Standort Rosenheim entschieden. Mit der als Großhandelsunternehmen geführten Chiemgauer Sportmoden GmbH haben sie sich in der Zwischenzeit einen guten Namen in der Region München/Oberbayern gemacht. Ziel des Unternehmens ist es, sich im gesamten Bundesgebiet und dem benachbarten Ausland zu etablieren.

Die Berger & Thaler Sportswear OHG stellt sich vor:	
Inhaber	Renate Berger Helmut Thaler
Standort	Wirsingstraße 7, 97424 Schweinfurt
Kontakt	Telefon: 09721 9923-0 Fax: 09721 9923-12 Webseite: www.bergerthaler.com
Bank	VR-Bank Schweinfurt BLZ 790 690 10 Kontonummer 246694 IBAN DE12 7906 9010 0000 2466 94 BIC GENODEF1ATE
Steuer	Steuernummer: 296/945/33004 Umsatzsteuer-Identifikationsnummer: DE 219832875
Gründung	2. Mai 2006
Unternehmenszweck	Herstellung und Verkauf von Sportmode und Sportartikeln
Produktionsprogramm	- Trikots - Trainings- und Freizeitanzüge - komplette Teamlinien, von der Sporthose und dem Trikot über den Trainings- bis zum Präsentationsanzug
Handelswaren	- Sportzubehör (Taschen, Schuhe usw.) und Fanartikel
Verkaufsgebiet	Deutschland
Kundenzielgruppe	hauptsächlich Groß- und Einzelhandelsgeschäfte, aber auch Endverbraucher
Zahl der Mitarbeiter	250

Das Organigramm des Unternehmens

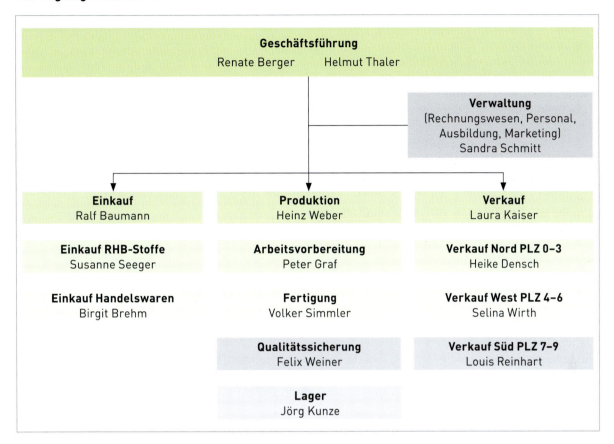

Den Absatz von Produkten im Inland strategisch planen

Lernbereich 10.2.1: Den Absatz von Produkten im Inland strategisch planen

Kompetenzerwartungen
Die Schülerinnen und Schüler

- werten vorliegende Ergebnisse der Marktforschung hinsichtlich Kundenwünschen, Kaufkraft und Kundenverhalten aus, um den Einstieg in einen neuen Markt zu planen.
- konzipieren einen kreativen Marketingmix für den neuen Markt und achten auch auf nachhaltige Kundenbindung. Sie arbeiten dabei kooperativ im Team und berücksichtigen bei Entscheidungen die Notwendigkeit von Kompromissen.

3.2 Lernsituation 7: Wir entwerfen ein Marketingkonzept

Freitag, 14:00 Uhr bei der Berger & Thaler Sportswear OHG; „Jour fixe": Immer freitags kurz nach der Mittagspause treffen sich die Inhaber, Renate Berger und Helmut Thaler, mit den Abteilungsleitern des Unternehmens zu einer Besprechungsrunde. Der einzige TOP des heutigen Nachmittags ist die Unzufriedenheit der Geschäftsführung mit der Umsatzentwicklung ihrer Produkte.

Produktgruppe	Umsatzanteil (in %)	Entwicklung des Umsatzes im Vergleich zum Vorjahr (in %)		
		vor 3 Jahren	vor 2 Jahren	letztes Jahr
Trikots	37,6	+ 13,5	+ 6,4	+ 1,2
Freizeit-, Trainingsanzüge	22,6	+ 4,2	+ 2,1	– 1,6
Teamlinien	33,8	+ 3,2	+ 0,4	– 4,9

Frau Berger: Einen schönen Nachmittag zusammen ... obwohl, wenn man sich diese Zahlen anschaut, vergeht einem das Wort ‚schön'. Ich habe heute eigentlich nur ein Thema: Wie können wir diesen beängstigenden Zahlen entgegenwirken? Sie wissen, die ISPO in München Mitte des Jahres ist die große Plattform, um sich wieder den Kunden zu präsentieren. Wir müssen bis dahin ein überzeugendes Marketingkonzept entwickelt haben, um wieder viele Kunden in unser Boot zu bekommen. Machen Sie sich Gedanken, es steht Ihnen unser gesamtes absatzpolitisches Instrumentarium zur Verfügung.

Herr Thaler: Sie sehen, wir machen über 90 % unseres Umsatzes mit unseren eigenen Produkten. Handelswaren spielen nur eine untergeordnete Rolle. Es ist also von extremer Wichtigkeit, dass wir herausfinden, was die Kunden denken, warum sie bei uns kaufen, aber natürlich auch, was sie stört. Denn nur ein zufriedener Kunde ist ein nachhaltiger Kunde.

Frau Berger: Und genau in diesem Zusammenhang hatten wir Frau Schmitt und ihr Team beauftragt, den Markt zu beobachten. Liegen da schon Ergebnisse vor?

Frau Schmitt: Ja, wir haben nochmals von vielen Kunden die Bestätigung erhalten, dass mittlerweile das Trikot auch ein Modetrikot geworden ist. Vor allem in der sportlichen Damenwelt sind trendige Modelle gefragt. Gerade auch Jugendliche tragen Trikots gerne in der Freizeit. Unsere Produkte werden oft als altbacken bezeichnet. Darüber hinaus werden Trikots auch viel von Vereinen nachgefragt; aber das ist sehr von Sponsoren abhängig und da hat man in Deutschland auch schon bessere Zeiten erlebt. Ein absoluter Trend im Moment ist jegliche Betätigung im Outdoor-Bereich, vom Nordic Walking bis zum Bergwandern. Es gibt zwar einige Kunden, die dafür unsere Freizeitanzüge tragen, aber gegen die Wettbewerber, die sich auf Outdoor-Mode spezialisiert haben, haben wir ganz klar das Nachsehen. Dennoch, gerade bei qualitativ hochwertigen Produkten ist das Potenzial auf jeden Fall vorhanden. Und wo unendlicher Nachholbedarf besteht, ist bei der funktionalen Unterwäsche: kälte- und wasserabweisend, aber dennoch atmungsaktiv. Darauf angesprochen, zeigten sich viele Kunden begeistert. Und zwar nicht nur die Jugendlichen zwischen 14 und 19, sondern auch Erwachsene im Alter zwischen 50 und 65 Jahren.

Herr Thaler: Na also, da haben wir doch schon mal einen Anhaltspunkt.

Herr Baumann: Sie wissen ja, dass ein Großteil unserer Produkte Baumwolle als Rohstoff hat – und obwohl Baumwolle immer teurer wird, können wir uns Preiserhöhungen in dieser schwierigen Zeit nicht leisten, worüber wir uns, denke ich, einig sind. Wir müssen also unseren Kunden gegenüber ganz sensibel mit preispolitischen Maßnahmen sein und immer wieder auf unser Preisbewusstsein hinweisen. Wir sollten also gerade bei Produkten, die der Wettbewerb teilweise sogar billiger anbietet, dem Kunden andere kaufentscheidende Punkte kommunizieren.

Frau Kaiser: Kommunikation ist ein gutes Stichwort. Wir treten zu unseren Kunden bisher eigentlich nur auf Messen oder bei persönlichen Besuchen in Kontakt und verteilen dort unsere Kataloge und Flyer. Und warum? Weil wir den Groß- und Einzelhandel als unsere wichtigsten Kunden ansehen. Aber was spricht dagegen, den Endverbraucher selbst anzusprechen? Und da gibt es viele Möglichkeiten. Darüber hinaus wissen Sie doch alle, dass gerade das Einkaufen im Internet immer stärker zunimmt. Auf unserer Webseite kann man sich gerade mal über unser Unternehmen und unsere Produkte informieren.

Frau Thaler: Sie haben recht. Aber dazu müssten wir eine ganze Stange Geld in die Hand nehmen.

Frau Kaiser: Ja, was sich aber wieder zurückzahlen wird.

Herr Thaler: Meine Damen und Herren, Sie haben gehört, es gibt viel zu tun! Einige gute Ansatzpunkte für ein neues durchgreifendes Marketingkonzept liegen schon vor. Wir müssen es nur noch umsetzen.

1. Macht euch mit der Situation vertraut, indem ihr euch zunächst orientiert: Betrachtet hierzu die erhaltenen Informationen zum Thema „Marketing". Informiert euch bei Bedarf auch im Internet. Stellt sicher, dass euch klar ist, was eure Aufgabe ist. **(Orientierung und Information)**
2. Plant euer weiteres Vorgehen, indem ihr euch Gedanken macht, was in dieser konkreten Situation zu tun ist, und notiert diese stichpunktartig. **(Planung)**
3. Erstellt für die Berger & Thaler Sportswear OHG ein umfassendes Marketingkonzept mithilfe von PowerPoint. **(Durchführung)**
4 Präsentiert eure Ergebnisse im Klassenplenum. Bewertet eure Konzepte zusammen mit dem Lehrer und den Mitschülern. Nehmt Kritikpunkte zur Vollständigkeit und inhaltlichen Richtigkeit auf, ergänzt eure Ausarbeitungen und korrigiert Fehler. **(Bewertung)**
5. Reflektiert eure Präsentation, indem ihr konstruktives Feedback eures Lehrers und der Gruppenmitglieder annehmt und Schlüsse für zukünftige Präsentationen zieht. **(Reflexion)**

Den Absatz von Produkten im Inland strategisch planen

3.2.1 Grundlagen des Marketings

Stell dir folgende Situation vor: Frau Klein und Herr Groß, beide Außendienstmitarbeiter unterschiedlicher Smartphone-Hersteller, sind zufällig auf der gleichen Insel mitten in der Südsee im Urlaub. Was Frau Klein und Herrn Groß natürlich sofort auffällt: Kein Inselbewohner hat ein Smartphone.

Traurig benachrichtigt Herr Groß sofort sein Unternehmen: „Überhaupt keine Chance für den Absatz von Smartphones; keiner hat ein Smartphone."

Im Gegensatz dazu ruft Frau Klein freudestrahlend bei ihrem Unternehmen an: „Keiner hat ein Smartphone; das bedeutet für uns beste Möglichkeiten für den Absatz von Smartphones."

Du wirst dich sicher fragen, warum beide so unterschiedlich reagieren. Während Herr Groß die Tatsache, dass niemand ein Smartphone besitzt, als gegeben und somit unveränderbar ansieht, steht für Frau Klein die Frage im Vordergrund, warum keiner der Inselbewohner ein Smartphone besitzt. Sie betrachtet also das Problem aus der Perspektive des Kunden bzw. des Marktes – was, ins Englische übersetzt, „Marketing" heißt.

> Unter Marketing kann man also alle Maßnahmen verstehen, um ein Produkt oder eine Dienstleistung kunden- bzw. marktgerecht anzubieten, mit dem Ziel, auf einem bestehenden Markt den Umsatz zu erhalten oder zu vergrößern bzw. sich auf einem neuen Markt zu etablieren.

Um dieses Ziel zu erreichen, kann ein Unternehmen eine Vielzahl unterschiedlicher Maßnahmen einsetzen. Diese müssen folgende Fragen beantworten:

- Wie gestalte ich das Produkt/die Dienstleistung und wie stelle ich das Sortiment bzw. das Produktionsprogramm zusammen? **(Produkt- und Sortimentspolitik)**
- Zu welchem Preis biete ich das Produkt/die Dienstleistung an? **(Preispolitik)**
- Auf welche Art und Weise trete ich mit dem Produkt/der Dienstleistung zu meinen Kunden in Kontakt? **(Kommunikationspolitik)**
- Wie gelangt das Produkt/die Dienstleistung zum Kunden? **(Distributionspolitik)**

Die Kombination der einzelnen Marketingmaßnahmen nennt man „Marketingmix". Dieser ist natürlich immer vom jeweiligen Unternehmen und dessen Produkten abhängig.

3.2.2 Marktforschung

Um allerdings die o. g. Marketingmaßnahmen möglichst zielgerichtet einsetzen zu können, muss sich das Unternehmen zuerst sehr genau über die Kunden informieren. Dies erfolgt mithilfe der Marktforschung.

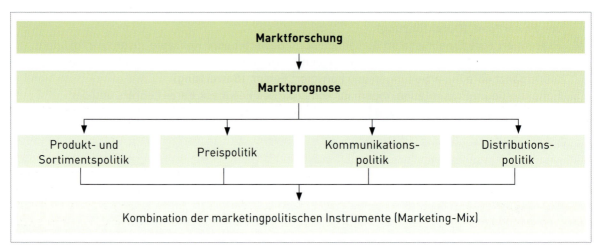

Unter Marktforschung versteht man dabei die systematische Untersuchung des Absatzmarktes. Untersuchungsgegenstand können dabei folgende Faktoren sein:

- Merkmale der potenziellen Kunden (Alter, Geschlecht, Einkommen usw.)
- Konkurrenz (Anzahl, Größe, Marketingmaßnahmen der Konkurrenz)
- Marktanteil
- usw.

Die Marktforschung kann auf zwei unterschiedliche Weisen erfolgen:

Bei der **Marktanalyse** werden zu einem bestimmten Zeitpunkt Daten erhoben, bei der **Marktbeobachtung** interessiert die Veränderung dieser Daten im Zeitablauf.

Aufbauend auf den Ergebnissen der Marktanalyse bzw. Marktbeobachtung versucht das Unternehmen, zukünftige Entwicklungen zu prognostizieren **(Marktprognose)**. Die Marktprognose bildet dann die Grundlage für den Einsatz der marketingpolitischen Instrumente.

Bei den Methoden der Marktforschung werden zwei Möglichkeiten unterschieden:

1. **Primärforschung:** Die Daten werden erstmals speziell für den Marktforschungszweck erhoben. Dies kann durch mündliche (Interview oder per Telefon) oder schriftliche Befragungen erfolgen. Werden diese Erhebungen in regelmäßigen Zeitabständen mit immer der gleichen „Test"-Gruppe (Person, Familie, Unternehmen) durchgeführt, so spricht man von Panel-Verfahren.
2. **Sekundärforschung:** Bereits vorhandene Daten werden ausgewertet. Hierbei kann man zwischen unternehmensinternen (Umsätze, Preise usw.) und unternehmensexternen (Einkommen der Haushalte, Altersstruktur, Trends usw.) Daten unterscheiden.

3.2.3 Produkt- und Sortimentspolitik

Grundsätzlich sprechen wir in einem Produktionsunternehmen von Produktpolitik und in einem Handelsunternehmen von Sortimentspolitik.[1]

Bei unserem Unternehmen, der Berger & Thaler Sportswear OHG, die Sportmode selbst herstellt, geht es vor allem um folgende Fragen:

- Welche Produkte sollen angeboten werden? **(Produktionsprogramm)**
- Welche neuen Produkte sollen in das Produktionsprogramm aufgenommen werden? **(Produktinnovation)**
- Wie soll das einzelne Produkt gestaltet werden? **(Produktgestaltung)**
- Wie wird das einzelne Produkt im Zeitablauf verändert bzw. weiterentwickelt? **(Produktvariation)**
- Welche Produkte müssen vom Markt genommen werden? **(Produktelimination)**
- Werden mit einem Produkt zusätzliche Leistungen angeboten? **(Produktservice)**

Produktlebenszyklus

Grundsätzlich muss sich jedes Unternehmen immer vor Augen halten, dass kein Produkt sich für unbegrenzte Zeit am Markt hält. Jedes Produkt durchläuft einen Lebenszyklus. Dieser Produktlebenszyklus stellt die Umsatz- und Erfolgsentwicklung eines Produktes von seiner Entwicklung über die Einführung bis zur Marktentfernung grafisch dar.

Die **Einführungsphase** beginnt mit dem Eintritt des Produktes in den Markt. In dieser Phase dauert es einige Zeit, bis die Kunden ihr bisheriges Konsumverhalten geändert haben und das Produkt am Markt eingeführt ist. In diesem Stadium werden zunächst Verluste oder nur geringe Gewinne erwirtschaftet, da das Absatzvolumen niedrig ist und die Aufwendungen für die Markteroberung hoch sind. Handelt es sich

---

[1] Bereits in Band 3 (Jahrgangsstufe 9), S. 74–80, haben wir uns intensiv mit der Sortimentspolitik des Großhandelsunternehmens Chiemgauer Sportmoden GmbH beschäftigt.

Den Absatz von Produkten im Inland strategisch planen

um ein wirklich neues Produkt, gibt es zunächst noch keine Wettbewerber. Der Umsatz steigt in der Einführungsphase allmählich an.

Die **Wachstumsphase** tritt ein, wenn die Absatzmenge und somit auch der erzielte Umsatz rasch ansteigen. Die Mehrheit der infrage kommenden Kunden beginnt zu kaufen, sodass die Gewinne allmählich ansteigen. Die Chance auf hohe Gewinne lockt aber auch neue Konkurrenten auf den Markt. In der Produktpolitik werden in der Regel die Produktqualität verbessert, neue Ausstattungsmerkmale entwickelt und das Design aktualisiert.

In der **Reifephase** hat sich das Produkt einen festen Platz auf dem Markt erobert und der Gewinn erreicht seinen Höhepunkt. Der immer größeren Anzahl an Konkurrenten kann das Unternehmen z. B. durch vermehrte Werbung und Steigerung der Attraktivität des Produktes durch verbesserte Ausstattung, Verpackung und Kundendienstleistungen begegnen. Um den gering steigenden Umsatz weiter zu steigern, reagieren Unternehmen in ihrer Produktpolitik mit Änderungen der Produktaufmachung („Facelifting") oder sie suchen neue Märkte (z. B. neue Zielgruppen, Ausland). Diese absatzpolitischen Maßnahmen erhöhen die Kosten, sodass der Gewinn sich zwangsläufig rückläufig entwickelt.

Der Umsatz und der Gewinn gehen in der **Sättigungsphase** ständig zurück. Die Pionierunternehmen orientieren sich bereits auf anderen Märkten, sodass oft nur die traditionsbewusste „späte Mehrheit" gewohnheitsmäßig bedient wird. Die Konkurrenz bringt preiswertere oder verbesserte Substitutionsprodukte auf den Markt. Der Umsatz ist auf hohem Niveau, kann aber leicht oder stärker fallen. Das Unternehmen wird durch Produktverbesserungen, beispielsweise Produktvariation oder Produktdifferenzierung, versuchen gegenzusteuern. Der Umsatz stagniert und wird sich zum Ende der Sättigungsphase rückläufig entwickeln.

In der **Rückgangsphase** (bzw. Degeneration) sinkt die Absatzmenge stark ab und Gewinne lassen sich in der Regel nicht mehr erwirtschaften. Die Anzahl der Wettbewerber sinkt und das Produktprogramm wird systematisch verringert. Als Ursachen für einen Rückgang der Absatzzahlen können der technische Fortschritt, ein veränderter Verbrauchergeschmack oder Änderungen in der Einkommensverteilung, die ihrerseits zu Verschiebungen der Bedarfsstrukturen führt, infrage kommen.

Produktionsprogramm

Genauso wie bei der Sortimentspolitik von Sortimentsbreite und -tiefe gesprochen wird, so unterscheidet man auch bei der Produktpolitik zwischen der Breite und Tiefe des Produktionsprogramms.

Bekleidung	Produktbereich
Trikots	Produktgruppe
Fußballtrikots	Produkt
regionaler Verein	Artikel
Größe, Farbe	Sorte

Die Breite gibt dabei an, welche Produktgruppen hergestellt werden sollen, die Tiefe, welche Artikel und Sorten eines Produktes hergestellt werden sollen. Für ein Produktionsunternehmen ist die Entscheidung über Breite und Tiefe des Produktionsprogramms von elementarer Bedeutung; will es sich verbreitern, also neue Produktgruppen aufnehmen, so sind damit meist hohe Kosten im Bereich Forschung und Entwicklung und eine Umstellung gewohnter Produktionsabläufe verbunden.

Aus diesem Grund muss sich ein Produktionsunternehmen Folgendes vor Augen führen: Ein schmales und flaches Produktionsprogramm führt zur Spezialisierung und damit zur Herstellung in großen Serien bzw. zur Massenproduktion. Das bedeutet, dass man zu geringen Kosten produzieren und das Produkt preisgünstig anbieten kann. Andererseits hat ein breites und tiefes Produktionsprogramm den Vorteil, dass man sehr schnell und individuell auf Trends und Änderungen der Kundenwünsche eingehen kann.

Arten der Produktpolitik

Bei der **Produktinnovation** wird ein neues Produkt in das Produktionsprogramm aufgenommen. Dies kann zum einen durch mehr Tiefe realisiert werden (Produktdifferenzierung): Die Berger & Thaler Sportswear OHG könnte z. B. das Trikot des FC Musterhausen, das bisher nur in der Kurzarmausführung hergestellt wird, künftig auch als Langarmtrikot produzieren. Ferner wäre denkbar, ein Ausweichtrikot in einer anderen Farbausführung herzustellen. Ziel der Produktdifferenzierung ist vor allem, auf spezielle Kundenwünsche besser eingehen zu können.

Daneben besteht auch die Möglichkeit, durch ein neues Produkt mehr Breite in das Produktionsprogramm zu bringen (Produktdiversifikation): Die Berger & Thaler Sportswear OHG bietet künftig Funktionsunterwäsche an. Diese gibt es bisher im Produktionsprogramm noch gar nicht. Ziel der Produktdiversifikation ist zum einen die Risikostreuung. Das bedeutet, dass das Unternehmen nicht von einer Produktgruppe oder wenigen Produktgruppen abhängig sein möchte. Darüber hinaus könnte ein weiterer Grund darin bestehen, dass das Unternehmen sich an einem Wachstumsmarkt beteiligen möchte.

Werden an einem bestehenden Produkt nur verschiedene Eigenschaften verändert, spricht man von **Produktvariation**. Breite und Tiefe des Produktionsprogramms bleiben davon unberührt. Ein Beispiel dafür wäre, dass bei einer Trainingsjacke der Reißverschluss durch einen Klettverschluss ersetzt wird. Auch könnten ein neuer, trendigerer Schnitt oder aber modernere Farben Grund für die Veränderung des Produktes sein.

Wie weiter oben beim Produktlebenszyklus schon gesehen, kommt jedes Produkt (oder jede Produktgruppe) irgendwann einmal in die Sättigungs- und Rückgangsphase. Es ist eine wichtige Aufgabe jedes Unternehmens, diese Produkte dann aus dem Produktionsprogramm zu nehmen **(Produktelimination)**.

Gerade bei hochwertigen technischen Produkten werden zusätzlich angebotene Leistungen immer wichtiger **(Produktservice)**. Zum Produktservice zählen vor allem:

- Aufbau und Montage
- Wartung
- Beratung
- Produktschulungen

So spielt bei der Berger & Thaler Sportswear OHG der Produktservice eine eher untergeordnete Rolle; die Beratung als Servicedienstleistung ist in der heutigen Zeit eine Selbstverständlichkeit, kann aber dennoch gegenüber reinen Onlineanbietern als Vorteil angesehen werden. Betrachtet man allerdings den Markt für computergestützte Warenwirtschaftssysteme, so könnte genau dieser Punkt „Produktservice" für viele Kunden kaufentscheidend sein.

3.2.4 Preispolitik

Bei der Preispolitik werden alle Entscheidungskriterien für die Festlegung des Verkaufspreises berücksichtigt, die sich aus der Anzahl der Anbieter und Nachfrager und der eigenen Kostensituation zusammensetzt.

Der Markt als Treffpunkt für Angebot und Nachfrage

Am Markt treffen sich Anbieter und Nachfrager. Dabei geht der Begriff „Markt" weit über den umgangssprachlichen Wochenmarkt hinaus. Wir sprechen im wirtschaftlichen Zusammenhang immer dann von einem Markt, wenn ein Verkäufer (= Anbieter) und ein Käufer (= Nachfrager) eine Ware oder Dienstleistung tauschen möchten. So existieren ein Arbeitsmarkt, ein Kapitalmarkt, ein Rohölmarkt usw.

Auf diesem Markt verfolgen die Anbieter und Nachfrager nun grundsätzlich unterschiedliche Ziele. Die Anbieter wollen ihre Waren bzw. Dienstleistungen zu möglichst hohen Preisen verkaufen und dabei einen möglichst hohen Gewinn erzielen. Sie werden also normalerweise umso mehr verkaufen, je höher der Preis ist. Steigt also der Preis, dann steigt auch das Angebot.

Neben dem Preis gibt es aber noch weitere Einflussfaktoren auf das Angebot:

- Preise für ähnliche Produkte
- Konkurrenzsituation
- Kosten
- gesetzliche Rahmenbedingungen
- unter Umständen saisonale Einflüsse
- Zielsetzung des Unternehmens
- technische Entwicklung
- usw.

Die Nachfrager dagegen wollen die Waren bzw. Dienstleistungen möglichst günstig einkaufen. Sie werden im Normalfall umso mehr kaufen, je niedriger der Preis ist. Steigt also der Preis, wird die Nachfrage sinken. Auch auf die Nachfrage wirken sich noch weitere Faktoren aus:

- verfügbares Einkommen der Nachfrager
- Preise für ähnliche Güter
- Mode und Trends
- Zukunftserwartungen der Nachfrager
- usw.

Der Preis, zu dem die Ware schließlich den Besitzer wechselt und der damit Angebot und Nachfrage ausgleicht, heißt „Gleichgewichtspreis".

Diese Form der Preisfindung gibt es aber nur im Marktmodell der „vollkommenen Konkurrenz", die sich durch sehr viele Anbieter und Nachfrager kennzeichnet. Wegen der Menge der Marktteilnehmer ist keiner der Beteiligten in der Lage, den Markt durch eigene Handlungen zu seinen Gunsten zu beeinflussen und so den Wettbewerb zu manipulieren.

Preisbildung auf einem Markt

Wie wir gerade gesehen haben, verfolgen Anbieter und Nachfrager unterschiedliche Ziele. Der Markt dient dabei dem „Interessenausgleich" der beiden Parteien. Zur Veranschaulichung wird dabei ein einfaches Marktmodell herangezogen, für das folgende Annahmen gelten:

- Das Gut ist homogen. Das bedeutet, dass die gehandelten Güter vollkommen gleichartig sind, also in Qualität, Farbe, Größe, usw. völlig übereinstimmen.
- Der Markt ist transparent. Das bedeutet, dass alle Marktteilnehmer über alle Preise an allen Marktorten informiert sind.
- Die Marktteilnehmer haben keine Präferenzen. Das bedeutet, dass weder für den Verkäufer noch für den Käufer ein besseres Geschäft möglich ist.
- Es gibt viele Anbieter und viele Nachfrager. Das bedeutet, dass keine der beiden Seiten eine Marktmacht hat.

Ein Markt mit diesen Bedingungen ist in der Realität höchstens an einer Börse zu finden. Dennoch kann mit diesem vereinfachten Marktmodell der Mechanismus der Preisbildung deutlich gemacht werden.

Für Smartphones werden verschiedene Preise festgelegt und das Verhalten von Anbietern (= Verkäufern) und Nachfragern (= Käufern) wird beobachtet.

Markt für Smartphones			
Preis	nachgefragte Menge	angebotene Menge	Umsatz
200,00 €	200	80	80
250,00 €	180	100	100
300,00 €	160	120	120
350,00 €	140	140	140
400,00 €	120	160	120
450,00 €	100	180	100
500,00 €	80	200	80

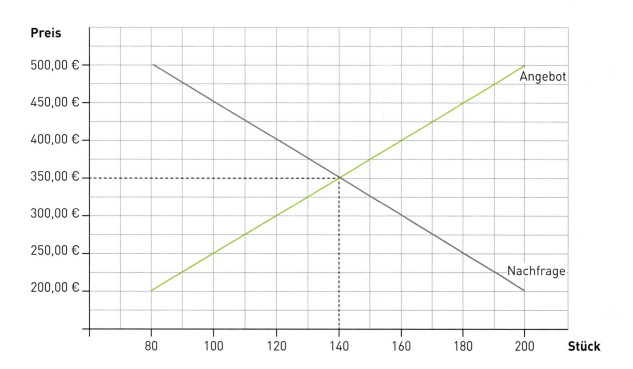

Wie aus der Grafik ersichtlich, stellt sich bei einem Preis von 350,00 € und 140 nachgefragten bzw. angebotenen Smartphones ein Gleichgewicht ein.

Ist der Preis höher, werden mehr Smartphones angeboten als nachgefragt. Wir sprechen dann von einem Angebotsüberhang, was bedeutet, dass einige Anbieter ihre Smartphones nicht verkauft bekommen. Im Beispiel bedeutet das bei einem Preis von 400,00 €: Es werden 160 Stück angeboten, aber nur 120 Stück nachgefragt. Das bedeutet einen Angebotsüberhang von 40 Stück, die nicht verkauft werden können. Das Gleiche – nur in die andere Richtung – gilt natürlich auch für den Fall eines zu niedrigen Preises (Nachfrageüberhang).

In der Realität werden oft eine oder mehrere der oben genannten Bedingungen nicht erfüllt. Wir sprechen dann von unvollkommenen Märkten[2].

---

[2] Zum Verständnis der Wichtigkeit einer exakten Verkaufspreiskalkulation sind die Ausführungen zum vollkommenen Markt ausreichend. Auf die Preisbildung auf unvollkommenen Märkten wird deswegen an dieser Stelle nicht näher eingegangen.

Den Absatz von Produkten im Inland strategisch planen

So sind Güter oftmals nicht homogen. Das heißt, sie unterscheiden sich in Farbe, Größe, Form oder sonstigen Zusatzleistungen. Viele Unternehmen versuchen sich gerade durch die Einzigartigkeit ihres Produktes von den Wettbewerbern abzuheben.

Auch haben viele Nachfrager Vorlieben (Präferenzen) für bestimmte Anbieter, wenn sie lieber im Bekleidungsgeschäft XY als im Modegeschäft Z kaufen, weil sie die Verkäuferin sympathischer oder das Ambiente schöner finden. Und schließlich sind nicht immer viele Anbieter und Nachfrager auf einem Markt zu finden.

Gibt es nur wenige Anbieter eines Gutes, so sprechen wir von einem Oligopol. Jeder dieser wenigen Anbieter hat eine gewisse Marktmacht und kann durch seine Preisentscheidung das Marktgeschehen beeinflussen. Senkt er den Verkaufspreis seines Produktes, läuft die Nachfrage vermehrt zu ihm. Alle anderen Anbieter müssen nun irgendwie darauf reagieren. Jede Aktion eines Anbieters führt somit zu einer Gegenreaktion der anderen Anbieter. Daraus kann sich ein scharfer Wettbewerb und Preiskampf unter den Oligopolisten entwickeln. Andererseits besteht aber auch die Gefahr, dass sich die wenigen Anbieter absprechen und gemeinsam einen Preis festlegen, an den sie sich alle halten und der ihnen hohe Gewinne einbringt. Als Beispiel für ein Oligopol kann der Markt für Kraftstoff genannt werden. Es gibt nur wenige Anbieter (Mineralölkonzerne), aber viele Nachfrager (Auto- und Lkw-Fahrer). Im Extremfall kann es auch vorkommen, dass nur ein einziger Anbieter für ein Gut existiert. Dies bezeichnet man dann als Monopol. Da es keinerlei Konkurrenten für diesen Anbieter gibt, zu denen die Käufer bei einem zu hohen Preis wechseln würden, kann er quasi den Preis setzen und die Menge anbieten, die für ihn und seinen Gewinn ideal sind. Den interessierten Käufern bleibt nichts anderes übrig, als das Gut für den Preis beim Monopolisten zu kaufen. Dennoch kann auch er nicht beliebig am Markt agieren; denn viele Güter sind durch andere ersetzbar und bei einem zu hohen Preis nimmt man lieber ein ähnliches Produkt, das günstiger ist.

Alle oben gemachten Ausführungen sollen verdeutlichen, dass ein Unternehmen auf einem Markt mit Konkurrenz seinen Verkaufspreis sehr genau kalkulieren muss.

Arten der Preispolitik

Grundsätzlich sind drei Arten der Preispolitik denkbar. Zum einen kann ein Unternehmen den Preis an seinen eigenen Kosten orientieren. Andererseits sind oftmals gerade kleine Unternehmen gezwungen, ihre Preise an die in unmittelbarer Nähe ansässige Konkurrenz anzupassen. Schließlich besteht noch die Möglichkeit, die Preise entsprechend der Nachfrage zu bilden (vergleiche z. B. einmal den Preis für einen Blumenstrauß während des Jahres mit dem Preis kurz vor Valentinstag oder Muttertag).

Egal, welche der drei genannten Arten ein Unternehmen wählt, es stehen ihm mehrere Preisstrategien zur Auswahl: Bei der **Hochpreispolitik** nutzt das Unternehmen seinen preispolitischen Spielraum voll aus und bietet den höchstmöglichen am Markt erzielbaren Preis an. Das Unternehmen nutzt dabei ganz bewusst das Verhalten der Kunden aus, ein teures Produkt zu kaufen. Dies kann seine Ursachen darin haben, dass der Kunde zeigen will, dass er sich das teure Produkt leisten kann (Snob-Effekt). Aber auch die Tatsache, dass andere dieses Produkt besitzen, kann für viele Kunden Grund genug sein, dieses teure Produkt auch haben zu wollen (Mitläufer-Effekt). Gerade im Bekleidungssektor wird aber auch ein hoher Preis als Maßstab für seine Qualität herangezogen. Beispiele hierfür sind Sportbekleidung von adidas, Nike oder Puma. Aber auch in anderen Branchen ist die Hochpreispolitik nicht unüblich, z. B. bei Autos von Ferrari oder Uhren von Rolex.

Genau in die andere Richtung zielt die **Niedrigpreispolitik**. Das Unternehmen wird sich dabei immer ganz nah oder an der Preisuntergrenze orientieren. Der angebotene Preis liegt dabei unterhalb des Preises der

Wettbewerber und ist somit Alleinstellungsmerkmal. Sehr oft verfolgen Unternehmen damit das Ziel, Wettbewerber vom Markt zu verdrängen. Beispiele hierfür sind insbesondere der Onlinehandel (Fluggesellschaft Ryanair, Accor Hotels), aber auch der Möbelhersteller IKEA und die Lebensmitteldiscounter Aldi und Norma.

Eine weitere Preisstrategie ist die **Mischkalkulation**. Hier bietet ein Unternehmen bestimmte Produkte aus marktstrategischen Gründen unterhalb der eigenen Kosten an. Die dadurch entstandenen Verluste werden durch entsprechend höhere Gewinne bei anderen Produkten wieder ausgeglichen. Ein Beispiel hierfür sind die Flatrates vieler Telefonanbieter. Hier verursachen Kunden, die diesen Service häufig nutzen, weitaus mehr Kosten als Einnahmen. Diese Verluste werden aber von Kunden, die den Service nur selten nutzen, wieder ausgeglichen.

Eine häufig anzutreffende Preisstrategie ist die **Preisdifferenzierung**. Hierbei bietet ein Unternehmen aus räumlichen, zeitlichen oder persönlichen Gründen für ein Produkt unterschiedliche Preise an:

- **Räumlich:** In verschiedenen Regionen werden unterschiedliche Preise angeboten, z. B. Preis für ein Einfamilienhaus in München und Bad Neustadt.
- **Zeitlich:** In Zeiten geringerer Auslastung werden niedrigere Preise angeboten, z. B. Tag- und Nachttarif bei Strom oder Telefon.
- **Persönlich:** Es gibt unterschiedliche Preise für verschiedene Personengruppen, z. B. Eintrittspreise für Schüler, Studenten, Rentner oder unterschiedliche Tarife für Privat- und Geschäftskunden.

Schließlich kann ein Unternehmen die Art, seine **Konditionen** zu gestalten, als preispolitisches Instrument heranziehen. Die Gestaltung der Konditionen umfasst dabei vor allem die Preisnachlässe.

Rabatt (= sofortiger Abzug vom Listenpreis)

Mengenrabatt	Preisnachlass für die Abnahme großer Mengen (z. B. „ab 100 Stück erhalten Sie 10 % Rabatt")
Wiederverkäuferrabatt	Preisnachlass meist an Einzelhändler für den Weiterverkauf von Waren
Treuerabatt	Preisnachlass für Stammkunden (z. B. „als langjähriger Kunde erhalten Sie 10 % Rabatt")
Personalrabatt	Preisnachlass für Mitarbeiter des Unternehmens (z. B. „unsere Mitarbeiter erhalten 20 % Rabatt")
Sonderrabatt	Preisnachlass zu besonderen Anlässen (z. B. Jubiläum, Aktionen)
Naturalrabatt	Preisnachlass, der in Form von Waren gewährt wird; als Draufgabe (Kunde erhält eins zusätzlich) oder als Dreingabe (Kunde zahlt eins weniger)
Einführungsrabatt	Preisnachlass in der Einführungsphase eines neuen Produktes

Gutschrift (= nachträglicher Preisnachlass)

Bonus	Preisnachlass, der beim Erreichen einer bestimmten Umsatzzahl gutgeschrieben wird (z. B. „Sie erhalten 1 % Bonus auf alle Ihre Umsätze pro Jahr")
Gutschrift	Preisnachlass aufgrund einer Mängelrüge
Skonto	Preisnachlass bei der Bezahlung innerhalb einer bestimmten Frist (z. B. „Sie erhalten bei Zahlung innerhalb von 14 Tagen 2 % Skonto")

3.2.5 Kommunikationspolitik

Ein ganz wesentlicher Bereich innerhalb des Marketings ist die Kommunikationspolitik. Hier geht es darum, wie das Unternehmen mit den Kunden in Kontakt tritt bzw. die Kunden über sich und seine Produkte informiert. Ziel des Unternehmens ist es, das Kaufverhalten der Kunden positiv zu beeinflussen. Hierbei stehen den Unternehmen folgende Instrumente zur Verfügung:

- Salespromotion (Verkaufsförderung)
- Public Relations (Öffentlichkeitsarbeit)
- Sponsoring und Product-Placement
- Absatzwerbung

Salespromotion (Verkaufsförderung)
Ziel der Verkaufsförderung ist die kurzfristige Erhöhung des Absatzes des Produktes direkt am Ort des Verkaufs. Gefördert wird dabei sowohl der Kunde (z. B. durch Gutscheine, Produktproben oder Gewinnspiele) als auch der Verkäufer (z. B. durch Schulungen und Prämien).

Public Relations (Öffentlichkeitsarbeit)
Ziel der Öffentlichkeitsarbeit ist es, ein positives Image durch eine überzeugende und glaubhafte Darstellung des Unternehmens in der Öffentlichkeit zu erzeugen und somit indirekt den Verkauf der eigenen Produkte zu erhöhen. Maßnahmen sind z. B. die Veröffentlichung der Geschäftsberichte, Pressekonferenzen, Betriebsbesichtigungen und ein „Tag der offenen Tür".

Sponsoring und Product-Placement
Sponsoring und Product-Placement sind Sonderformen der Öffentlichkeitsarbeit. Bei beiden stellt das Unternehmen einem Team oder einer Institution Geld zur Verfügung und erhält dafür eine Gegenleistung. Das Sponsoring ist sehr oft im Sport anzutreffen und die Gegenleistung erfolgt meist durch Trikotwerbung. Product-Placement ist oft in Film und Fernsehen anzutreffen. Dabei werden Produkte oder Firmennamen in Spielfilmen so platziert, dass der Betrachter es nicht als störend empfindet (z. B. im Film „Fack ju Göhte" Produkte von Bahlsen, Samsung, BMW und McDonald's).

Zum einen verfolgen sowohl Sponsoring als auch Product-Placement das Ziel, das Unternehmen bekannter zu machen; zum anderen versprechen sich die Unternehmen davon, dass sich das positive Image einer Mannschaft bzw. eines Films auf das Unternehmen überträgt.

Absatzwerbung
Grundsatz: Das wohl wichtigste Instrument der Kommunikationspolitik ist die Absatzwerbung. Sehr oft wird sogar das ganze Marketing mit Werbung gleichgesetzt. Doch wie wir sehen, ist die Werbung nur ein kleiner (aber auch wesentlicher) Bestandteil des Marketings.

Während die Öffentlichkeitsarbeit das Unternehmen als Ganzes bewirbt, informiert die Werbung ganz gezielt über die Produkte des Unternehmens. Dabei versucht die Werbung, den Kunden so zu beeinflussen, um ihn zum Kauf des Produktes anzuregen. Dies erfolgt teils auf der informativen, meist jedoch auf der emotionalen Ebene und läuft immer nach einem bestimmten Schema ab – der AIDA-Formel.

Attention = Aufmerksamkeit erzeugen

Interest = Interesse wecken

Desire = (Kauf-)Wunsch erzeugen

Action = Aktion, dies bedeutet zum Kauf bewegen

3.2.6 Distributionspolitik

Die Distributionspolitik umfasst alle Entscheidungen, die im Zusammenhang mit dem Weg eines Produktes zum Kunden stehen. Bei der Wahl des Absatzweges stehen einem Unternehmen der direkte und der indirekte Absatz zur Verfügung. Von einem direkten Absatz spricht man dann, wenn das Unternehmen seine Produkte selbst vertreibt. Von indirektem Absatz ist die Rede, wenn das Unternehmen den Vertrieb seiner Produkte über selbstständige Absatzorgane organisiert.

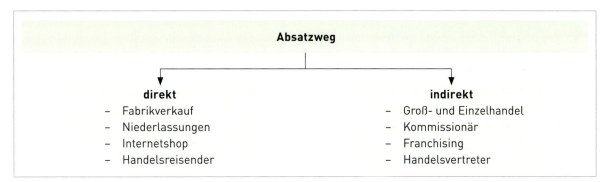

Beim direkten Absatz werden also die Produkte direkt vom Hersteller an den Endverbraucher verkauft.

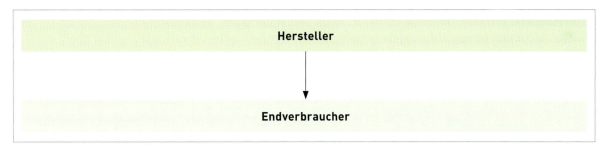

Dieser Absatzweg wird insbesondere dann gewählt, wenn es sich um ein beratungsintensives Investitionsgut (z. B. komplexe Spezialmaschine oder Maschinenanlage) handelt. Die Beratungs- und Servicequalität stellen für den Endverbraucher oft das ausschlaggebende Kaufargument dar. Für Beratung und Verkauf setzt das Unternehmen einen Handelsreisenden ein, der direkt beim Unternehmen als Mitarbeiter eingestellt ist. Aber auch Produkte, bei denen sich die Nachfrager regional konzentrieren, werden oft direkt verkauft; entweder direkt ab Werk oder durch mehrere eigene Niederlassungen in den betroffenen Regionen.

In den letzten Jahren hat der Internethandel immer mehr zugenommen, d. h., die Unternehmen verkaufen ihre Produkte über eigene Internetshops direkt an den Endverbraucher. Der Vorteil liegt auf der Hand: Ohne Einschaltung eines Zwischenhändlers können die Produkte kostengünstiger angeboten werden. Allerdings steht dem der Nachteil gegenüber, dass der Endverbraucher das Produkt nicht „in echt" vor sich hat.

Demgegenüber werden beim indirekten Absatz selbstständige Absatzhelfer zwischen den Hersteller und den Endverbraucher geschaltet.

Den Absatz von Produkten im Inland strategisch planen

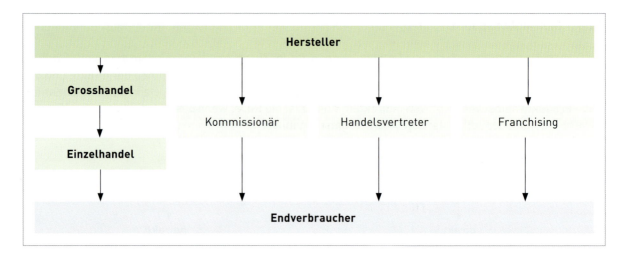

Bei vielen Produkten des täglichen Bedarfs wird der **Handel** zwischengeschaltet. Dieser übernimmt dann Aufgaben der Vertriebsabteilung des Herstellers, insbesondere die Sortimentsbildung. Dies erspart dem Endverbraucher viel Zeit und Geld (stell dir nur einmal vor, du müsstest alle Produkte, die du am Wochenende im Supermarkt gekauft hast, direkt beim Hersteller kaufen). Von Nachteil für den Hersteller ist natürlich, dass kein direkter Kundenkontakt besteht. Darüber hinaus will der Handel natürlich auch Geld verdienen, sodass die Produkte teurer als im Direktabsatz verkauft werden.

Beim **Handelsvertreter** handelt es sich um einen selbstständigen Gewerbetreibenden, der im Namen und auf Rechnung seines Auftraggebers handelt. Der Handelsvertreter vermittelt und schließt die Geschäfte ab. Als Vergütung erhält er eine umsatzabhängige Provision.

Beim **Kommissionär** handelt es sich um einen selbstständigen Gewerbetreibenden, der im eigenen Namen für die Rechnung seines Auftraggebers handelt. Für diesen kauft und verkauft er Produkte, ohne dass die Produkte in sein Eigentum übergehen. Als Vergütung erhält er eine umsatzabhängige Kommission.

Beim **Franchising** überträgt der Franchisegeber (= Hersteller) dem Franchisenehmer (= selbstständiger Gewerbetreibender) den Vertrieb seiner Produkte unter Verwendung eines gemeinsamen Warenzeichens bzw. Namens, einer gemeinsamen Marke und sehr oft einer gleichartigen Ausgestaltung der Verkaufsräume. Der Franchisegeber verpflichtet sich, dem Franchisenehmer die für den Absatz der Produkte erforderlichen Kenntnisse zu vermitteln, ihn zu beraten und zu unterstützen. Dafür zahlt der Franchisenehmer eine Vergütung, die meistens in Prozent vom Umsatz festgelegt wird. Dies setzt einen Bekanntheitsgrad des Herstellers voraus. Bekannte Franchisegeber sind McDonald's, Burger King, TUI usw.

Die Vorteile für beide Seiten liegen auf der Hand: Der Franchisegeber spart teure Investitionen in ein eigenes Vertriebsnetz, der Franchisenehmer nutzt das Wissen, das Know-how und den Bekanntheitsgrad des Franchisegebers.

Aufgaben zum Lernbereich 10.2

Aufgabe 1
Frau Bär, die Geschäftsführerin des Sportartikelgroßhandels Mittermayer GmbH in Ingolstadt, plant, das Absatzgebiet auf den fränkischen Raum zu erweitern. Aus diesem Grund wurde zuerst ein Marktforschungsunternehmen damit beauftragt, in diesem Gebiet Interviews durchzuführen.

1. Erkläre, um welche Art der Marktforschung es sich handelt und welche Methode angewandt wird.

2. Auf Grundlage dieser Marktforschung wird eine Marktprognose erstellt. Erkläre, warum eine möglichst genaue Marktprognose für die Mittermayer GmbH so wichtig ist.

Nach einigen Wochen liegen die Ergebnisse der Marktuntersuchung vor:

HAUSMITTEILUNG

Sehr geehrte Frau Bär,

die Ergebnisse liegen nun vor. Zusammengefasst ergibt sich folgende Situation:
- No-Name-Produkte erobern weitere Marktanteile zulasten der Markenartikel.
- Das Durchschnittsalter der Bevölkerung im Absatzgebiet hat sich erhöht, da viele Jugendliche abwandern.

3. Leite für jedes genannte Untersuchungsergebnis sowohl eine produktpolitische als auch eine preispolitische Marketingmaßnahme ab, indem du das Marketinginstrument benennst und dazu eine für die Mittermayer GmbH passende Umsetzung vorschlägst.

Aufgrund der Ergebnisse der Marktuntersuchung hat Frau Bär beschlossen, mithilfe einer groß angelegten Werbekampagne die möglichen Kunden aus Franken über ihre Absichten zu informieren.

4. Die Werbung muss dabei einem bestimmten Grundsatz folgen. Erkläre genau.

5. Daneben gibt es noch weitere Möglichkeiten der Kommunikationspolitik. Erkläre diese mithilfe eines jeweils geeigneten Beispiels.

Aufgabe 2
Du bist Mitarbeiter der Marketingabteilung des Trikotherstellers Lüwo GmbH in Mühldorf am Inn. In den letzten beiden Jahren musste das Unternehmen starke Umsatzeinbußen gegenüber der Konkurrenz verzeichnen. Eine Studie ergab, dass die negative Umsatzentwicklung vor allem auf die Werbestrategie der Lüwo GmbH zurückzuführen ist. Deine Abteilung ist dadurch stark unter Erfolgsdruck geraten, sogar mit personellen Konsequenzen wurde gedroht, wenn sich nicht sofort etwas ändere.

Für morgen hat dein Abteilungsleiter, Herr Meier, alle Mitarbeiter zu einer Dienstbesprechung geladen, um die aktuellen Werbemaßnahmen zu analysieren und darüber zu diskutieren (vgl. Anlage).

1. Beurteile vier (selbst gewählte) Werbemaßnahmen der Lüwo GmbH. Notiere hierzu Stärken bzw. Schwächen der einzelnen Werbemaßnahme und entscheide, ob sie weitergeführt werden sollen oder nicht.

Anlage
Auflistung (auszugsweise) der Werbemaßnahmen im Jahr 2016 der Lüwo GmbH:

Gesamtausgaben 2016:	570.000,00 €
Tageszeitung: *ständige Werbeanzeigen in mehreren Tageszeitungen im Absatzgebiet*	79.000,00 €
Werbung per Post: *Infobroschüren und Werbeflyer für Haushalte in Deutschland*	43.000,00 €
Fernsehen: *einige Werbespots in ausgewählten Sendern im Absatzgebiet*	124.000,00 €
Plakatwerbung: *Werbeplakate an Bushaltestellen im Landkreis Mühldorf am Inn*	32.000,00 €
Online- oder Internetwerbung: *Kosten für die Erstellung und Wartung der sehr einfach gestalteten Webseite, ansonsten keine Internetwerbung*	10.000,00 €
Sonstige Maßnahmen, insbesondere Sportsponsoring: – *Trikotwerbung bei mehreren Fußballvereinen in der Region Mühldorf am Inn* – *Sponsoring der regional erfolgreichsten Eishockeymannschaft (Dritte Liga)* – *Werbung bei verschiedenen Motorsportveranstaltungen in Deutschland*	163.000,00 €

2. Für den Verkauf ihrer Produkte stehen der Lüwo GmbH mehrere Wege der Distribution zur Verfügung. Eine Möglichkeit ist das Franchising.

    Erkläre kurz die Grundzüge des Franchisings.
    Beurteile, ob es eine sinnvolle Möglichkeit für die Lüwo GmbH ist, als Franchisegeber ein Vertriebsnetz aufzubauen.

Aufgabe 3

Die **Schweinfurter Küchenwerkstatt e. K.** stellt sich vor:	
Inhaberin	Franziska Brandl
Standort	Industriepark 123, 97424 Schweinfurt
Unternehmenszweck	Planung, Verkauf und Montage von hochpreisigen Küchen nach individuellem Kundenwunsch
Team	Angestellte: fünf Arbeiter: zwanzig Auszubildende: zwei
Absatz	Das Absatzgebiet liegt überwiegend in Süddeutschland. Der Absatz erfolgt über einen Handelsreisenden hauptsächlich an Möbelhäuser und kleine Küchenfachgeschäfte.
Umsätze	2013: 8,6 Mio. € 2014: 8,3 Mio. € 2015: 7,7 Mio. € 2016: 6,5 Mio. €
Werbeausgaben	2013: 160.000,00 € 2014: 164.000,00 € 2015: 170.000,00 € 2016: 175.000,00 €

Den Absatz von Produkten im Inland strategisch planen

Situation 1
In der Geschäftsleitung der Schweinfurter Küchenwerkstatt e. K. macht man sich wegen der Umsatzentwicklung der letzten Jahre ernsthafte Sorgen. Ein Unternehmensberater wird eingeschaltet. Nach intensiven Untersuchungen kommt er zu dem Urteil, zum einen über das Sortiment nachzudenken und zum anderen durch strukturierte Werbung den Bekanntheitsgrad in der Öffentlichkeit zu steigern.

1. Beschreibe und beurteile zunächst die Entwicklung der Umsatzzahlen und der Werbeausgaben der letzten Jahre.

2. Gib zwei Gründe an, die den Umsatzrückgang in den letzten Jahren verursacht haben können.

Situation 2
Als erste sortimentspolitische Maßnahme beschließt die Geschäftsleitung, eine völlig neuartige Stehküche, „Young Future", auf den Markt zu bringen. Sie zeichnet sich vor allem dadurch aus, dass die Küche nur noch aus den notwendigsten Küchengeräten und einer kleinen Essgelegenheit mit Sitzhockern besteht. Das Produkt soll überwiegend junge Leute bis 30 Jahre ansprechen.

3. Um die Absatzaussichten des neuen Produktes zu erkunden, soll im Vorfeld eine Marktforschung durchgeführt werden. Erkläre die Möglichkeiten der Primär- und der Sekundärforschung mit je einem Beispiel.

4. In diesem Zusammenhang ist in den einzelnen Teamsitzungen immer wieder von Sortimentsbreite und Sortimentstiefe die Rede. Erkläre die beiden Begriffe und führe jeweils ein passendes Beispiel an.

Situation 3
Aufgrund der positiven Marktprognose für die neuartige Stehküche „Young Future" soll nun die strukturierte Werbung in Angriff genommen werden.

5. Arbeite einen konkreten Werbeplan für die Stehküche aus. Begründe jeweils deine Entscheidung.

6. Erstelle und begründe in übersichtlicher Form das Werbebudget. Berücksichtige hierbei, dass die Werbeausgaben den Betrag aus 2016 nicht übersteigen dürfen. (Nimm hierzu die Informationen der **Anlage 1** zur Hilfe.)

7. Gerade die Werbung im Internet ist immer stärker im Kommen. Unterbreite der Schweinfurter Küchenwerkstatt drei Möglichkeiten, wie sie ihren Internetauftritt optimal gestalten könnte.

8. Neben der Werbung gibt es noch weitere kommunikationspolitische Maßnahmen. Beschreibe zwei Möglichkeiten mithilfe eines passenden Beispiels.

Anlage 1

Tageszeitung	Seitenpreis (einfarbig) ca. 20.000,00 €
Jugendzeitschriften	Seitenpreis ca. 25.000,00 €
Fernsehzeitschriften	Seitenpreis ca. 20.000,00 €
Fachzeitschriften	Seitenpreis ca. 30.000,00 €
Flyer	Preis je 1.000 Stück inkl. Verteilung ca. 300,00 €
Plakatwerbung	Großfläche/14 Tage/je Stelle 100,00 € Produktionskosten je 1.000 Stück ca. 10.000,00 €
Werbebriefe	1 000 Werbebriefe ca. 50,00 € plus Porto
Kinowerbung	je Kino ca. 500,00 € pro 60-Sekunden-Filmspot Produktionskosten ca. 40.000,00 €
Fernsehwerbung	zwischen 10.000,00 € und 40.000,00 € pro 30-Sekunden-Spot Produktionskosten ca. 40.000,00 €
Rundfunkwerbung	ca. 2.500,00 € pro 30-Sekunden-Spot Produktionskosten ca. 3.000,00 €

Lernbereich 10.2.1

Situation 4
Eine weitere Möglichkeit des Marketings besteht in der Preispolitik.

9. Erkläre, welche Art der Preispolitik die Schweinfurter Küchenwerkstatt e. K. betreibt.

10. Eine weitere Maßnahme der Preispolitik ist die Preisdifferenzierung. Erkläre drei unterschiedliche Möglichkeiten der Preisdifferenzierung und gib jeweils ein passendes Beispiel an.

Lernbereich 10.2.2: Mit Unternehmen im EU-Binnenmarkt Handel treiben

Kapitel 4

4.1 Lernsituation 8: Wir handeln mit dem EU-Ausland

4 Lernbereich 10.2.2: Mit Unternehmen im EU-Binnenmarkt Handel treiben

Kompetenzerwartungen
Die Schülerinnen und Schüler

- bestellen Waren aus dem EU-Binnenmarkt und berücksichtigen dabei Chancen und Risiken der Globalisierung. Sie füllen Bestellformulare aus, überprüfen den Wareneingang anhand des Lieferscheins und kontrollieren die Eingangsrechnung.
- bearbeiten Kundenbestellungen aus dem EU-Binnenmarkt, indem sie Auftragsbestätigungen, Lieferscheine und Ausgangsrechnungen ausfüllen.
- buchen Ein- und Ausgangsrechnungen bei innergemeinschaftlichem Erwerb und innergemeinschaftlicher Lieferung.
- zahlen Eingangsrechnungen per Überweisung und überwachen Zahlungseingänge. Sie buchen die Zahlungsaus- und -eingänge

4.1 Lernsituation 8: Wir handeln mit dem EU-Ausland

Auf der internationalen Sportmesse ISPO in München haben Renate Berger und Helmut Thaler auch aufgrund ihres neuen Marketingkonzeptes viele neue vielversprechende Kontakte hergestellt – auch zu potenziellen Kunden und Lieferanten im Ausland.

Aus diesem Grund wurde auch die Verkaufsabteilung der Berger & Thaler Sportswear OHG neu organisiert. Zukünftig wird Heike Densch den kompletten Bereich Nord- und Westdeutschland PLZ 0–6 bearbeiten. Selina Wirth übernimmt dafür den Handel mit den neu gewonnenen Kunden und Lieferanten im Ausland.

Lena Zagerl, Schülerin der zehnten Klasse der Wirtschaftsschule, absolviert gerade ein Praktikum bei der Berger & Thaler Sportswear OHG und unterstützt Selina Wirth bei der Bearbeitung von Bestellungen und Aufträgen.

Lena: Guten Morgen, Frau Wirth.
Frau Wirth: Guten Morgen, Lena. Schön, dass du mal wieder bei uns bist.
Lena: Ja. Wissen Sie, ich beginne ja nach meinem Abschluss eine Ausbildung bei Ihnen als Industriekauffrau; und da habe ich gedacht, da kann noch ein Praktikum ja nicht schaden.
Frau Wirth: Da hast du recht. Und das Gute ist, dass du dich bei uns ja schon auskennst. Du warst im letzten Jahr auch schon in den Abteilungen Ein- und Verkauf und kennst dich deswegen ja bestens aus.
Lena: Ja, aber wie ich sehe, ist die Berger & Thaler Sportswear OHG ja jetzt international.
Frau Wirth: Richtig, bei der letzten ISPO haben wir da richtig viele gute Kontakte geknüpft. Und da wir jetzt unser Produktionsprogramm um hochwertige Funktionshemden und -hosen erweitern wollen, haben wir auch einen sehr interessanten Lieferanten aus Spanien. Gott sei Dank sprechen die dort Deutsch. Und damit du dann auch gleich diesen Bereich besser kennenlernst, darfst du sofort mal eine Bestellung und einen Auftrag bearbeiten.
Lena: Klasse. Aber muss ich da etwas Besonderes beachten?

Mit Unternehmen im EU-Binnenmarkt Handel treiben

Frau Wirth: Eigentlich läuft das genauso ab wie bei einem Ein- oder Verkauf in Deutschland. Es gibt nur ein paar Punkte, die du beachten musst. Also, du musst auf jeden Fall auf der Rechnung immer die Umsatzsteuer-Identifikationsnummer des Kunden angeben. Das ist wichtig, denn die Umsatzsteuer wird grundsätzlich im Empfängerland erhoben; und deswegen rechnen wir grundsätzlich ins EU-Ausland ohne Umsatzsteuer ab. Die Steuer wird dort erhoben. Umgekehrt müssen natürlich Lieferanten auch unsere Umsatzsteuer-Identifikationsnummer angeben.

Lena: Okay, das habe ich verstanden. Wie sieht es dann mit dem Buchen dieser Vorgänge aus? Muss ich da auch andere Konten verwenden?

Frau Wirth: Richtig. Ich habe dir einmal zwei Beispiele zurechtgelegt, an denen du dich orientieren kannst.

Lena: Alles klar! Und wenn ich Fragen habe, wende ich mich einfach an Sie.

Frau Wirth: Ach ja, bevor ich es vergesse: Bei der Merino Lana S. A. wollten wir erst einmal 20 Stück bestellen.

Smith Sportsworld Ltd.

Smith Sportsworld Ltd.
134 Narrow Street
Greenwich SE10 4BZ
Tel. +44 (0) 870 608 420
Fax +44 (0) 870 608 4215
Email: ps@smith_sportsworld.com
www.smith_sportsworld.com
VAT Nr. GB 57823812

JE/PS
28 March 20XX

Berger & Thaler Sportswear OHG
Ms Renate Berger
Wirsingstraße 7
97424 Schweinfurt
Germany

Dear Ms Berger,

thank you for your quotation of 23 February 20XX. On the basis of the terms stated in your quotation we now wish to place the following order:

10 Sports bags "BTS Exclusiv" colour red-white to a total price over GBP 310,00.

We look forward to receiving your acknowledgement of this order shortly.

We trust the goods will be delivered punctually and in good condition and look forward to placing further orders with your company.

Yours sincerely,

Smith Sportsworld Ltd.

Paul Smith
Paul Smith
Managing Director

Bank details:
The Royal Bank of Scotland
BIC: CPBKGB22
IBAN: GB90 CPBK 0890 7922 4466

Merino Lana S.A.

Merino Lana S.A. • 30008 Murcia • Espana

Berger & Thaler Sportswear OHG
Frau Renate Berger
Wirsingstraße 7
97424 Schweinfurt
Deutschland

Merino Lana S.A.
Avda. Plaza de Santiago, 45
30008 Murcia

Kunden-Nr.: –
Unser Zeichen: AG
Ihr Zeichen: –

Angebot Nr.: –

Datum: 06.04.20XX

Angebot

Sehr geehrte Frau Berger,

vielen Dank für Ihre Anfrage auf der ISPO München. Gerne senden wir Ihnen nachfogendes Angebot zu:

Merino Langarmshirt mit Reißverschluss (ML 339) 28,95 € pro Stück

Die genaue Beschreibung entnehmen Sie bitte unserem beigelegten Katalog.
Wir hoffen, dass unser Angebot Ihren Vorstellungen entspricht und freuen uns auf Ihre Bestellungen.

Mit freundlichen Grüßen

Merino Lana S.A.

Antonio Garcia
Antonio Garcia
Verkaufsleiter

Conexion bancaria:
Banco Popular Espanol, S.A.
BIC: POPUESMM
IBAN: ES92 0075 3455 2100 0007 7665

Lernbereich 10.2.2

Mit Unternehmen im EU-Binnenmarkt Handel treiben

1. Macht euch mit der Situation vertraut, indem ihr euch zunächst orientiert: Wiederholt zuerst eure Kenntnisse zum Thema „Einkauf und Verkauf in Deutschland". Betrachtet anschließend die erhaltenen Informationen zum Thema „Europa und innergemeinschaftlicher Handel". Informiert euch bei Bedarf auch im Internet. Stellt sicher, dass euch klar ist, was eure Aufgabe ist. **(Orientierung und Information)**
2. Plant euer weiteres Vorgehen, indem ihr euch Gedanken macht, was in dieser konkreten Situation zu tun ist, und notiert diese stichpunktartig. **(Planung)**
3. Bearbeitet (in arbeitsteiligen Gruppen) die beiden Vorgänge zum Ein- und Verkauf im EU-Binnenmarkt. Füllt dabei alle erforderlichen Formulare aus. Schließt beide Vorgänge auch in der Buchhaltung ab. **(Durchführung)**
4. Präsentiert eure Ergebnisse im Klassenplenum. Bewertet eure Vorgehensweise zusammen mit dem Lehrer und den Mitschülern. Nehmt Kritikpunkte zur Vollständigkeit und inhaltlichen Richtigkeit auf, ergänzt eure Ausarbeitungen und korrigiert Fehler. **(Bewertung)**
5. Reflektiert eure Ergebnisse, indem ihr konstruktives Feedback eures Lehrers und der Gruppenmitglieder annehmt und Schlüsse für zukünftige Präsentationen zieht. **(Reflexion)**

4.1.1 Die Europäische Union

Die Europäische Union (EU) ist durch den Vertrag von Maastricht (1992) im Jahre 1993 aus der Europäischen Gemeinschaft (EG) hervorgegangen.[1] Hauptziel der EG war die Schaffung eines einheitlichen Europäischen Binnenmarktes. Dieser sollte durch einen großen und transparenten Markt die Produktivität innerhalb der Gemeinschaft erhöhen, die Konkurrenzfähigkeit europäischer Produkte verbessern und den Wohlstand der Gemeinschaft heben. Heute gehören der Europäischen Union folgende 28 Mitgliedsstaaten an (Stand: 1. Juli 2013): Belgien, Bulgarien, Dänemark, Deutschland, Estland, Finnland, Frankreich, Griechenland, Irland, Italien, Kroatien, Lettland, Litauen, Luxemburg, Malta, Niederlande, Österreich, Polen, Portugal, Rumänien, Schweden, Slowakei, Slowenien, Spanien, Tschechien, Ungarn, Vereinigtes Königreich, Zypern.

In den meisten Mitgliedsstaaten ist der Euro die offizielle Währung. Nur wenige Mitgliedsstaaten haben noch ihre eigene Währung: Vereinigtes Königreich (Britisches Pfund), Schweden (Schwedische Krone), Dänemark (Dänische Krone), Bulgarien (Bulgarischer Lew), Kroatien (Kroatische Kuna), Polen (Polnischer Zloty), Rumänien (Rumänischer Leu), Tschechien (Tschechische Krone) und Ungarn (Ungarischer Forint).

Der Europäische Binnenmarkt beruht auf den vier Grundfreiheiten, die als Grundsätze für das Zusammenleben aller Menschen der Europäischen Union gelten:

- **Freier Personenverkehr:** Es fallen alle Kontrollen zwischen den EU-Mitgliedsstaaten weg. Darüber hinaus wird jedem EU-Bürger ermöglicht, sich in jedem Land der EU niederzulassen und zu arbeiten.
- **Freier Dienstleistungsverkehr:** Jeder Bürger und jedes Unternehmen der EU können ihre Dienstleistungen innerhalb der EU anbieten.
- **Freier Warenverkehr:** Zölle im grenzüberschreitenden Verkehr innerhalb der EU fallen weg.
- **Freier Kapitalverkehr:** Regelungen für den Geld- und Kapitalverkehr innerhalb der EU sollen vereinheitlicht werden. Angestrebt wird ein gemeinsames Finanzsystem.

4.1.2 Exkurs: Währungsrechnen

Der Wechselkurs

Wie wir bereits wissen, wird in 19 Mitgliedsstaaten innerhalb der EU mit der gemeinsamen Währung Euro gezahlt. Aber wie verhält es sich z. B. beim Warenverkehr mit dem Vereinigten Königreich oder mit all den Ländern, die nicht der EU angehören?

Hier muss erst die ausländische Währung in Euro und umgekehrt umgerechnet werden. Dies geschieht mit dem Wechselkurs. Der Wechselkurs ist also der Preis einer Währung ausgedrückt in einer anderen Währung (z. B. 1,0711 USD je Euro)[2]. Der Markt, auf dem sich der Wechselkurs durch Angebot und Nachfrage bildet, ist der Devisenmarkt.

Auszug aus einer Wechselkurstabelle (Stand: 12.06.20xx)

1,00 € entspricht ...					
		Sortenkurs		**Devisenkurs**	
Land	**Währung**	**Ankauf**	**Verkauf**	**Geld**	**Brief**
England	GBP	0,8187	0,8867	0,8402	0,8414
Schweiz	CHF	1,0454	1,0993	1,0781	1,0828
USA	USD	1,0019	1,0932	1,0711	1,0736

---

1 Auf die detaillierte geschichtliche und politische Entstehung wird an dieser Stelle verzichtet.
2 Man spricht in diesem Zusammenhang von der Mengennotierung; d. h. der Preis einer Einheit der inländischen Währung (Euro) in Einheiten der ausländischen Währung (US-Dollar). Die Mengennotierung ist im Euroraum üblich. Daneben gibt es auch noch die Preisnotierung; d. h. der Preis einer Einheit der ausländischen Währung in Einheiten der inländischen Währung. Die Preisnotierung soll im Folgenden nicht betrachtet werden.

Mit Unternehmen im EU-Binnenmarkt Handel treiben

Die Sortenkurse sind Preise für ausländisches Bargeld, die Devisenkurse für den bargeldlosen Zahlungsverkehr. Um nun in Erfahrung zu bringen, welchen Kurs man verwenden muss, ist folgende Frage entscheidend:

> **Was macht die Bank mit dem Euro?**
> Kauft die Bank Euro an, so muss beim Bargeld der Ankaufskurs, beim bargeldlosen Zahlungsverkehr der Geldkurs genommen werden; beim Verkauf von Euro entsprechend der Verkaufs- bzw. der Briefkurs.

Beispiel 1
Wir beabsichtigen, nach New York in Urlaub zu fliegen, und benötigen hierfür 1.500,00 USD:
Die Bank kauft unsere Euro an und tauscht sie in US-Dollar.

 Ankaufkurs

Beispiel 2
Nach unserer Rückreise möchten wir die restlichen 100,00 USD wieder zurücktauschen:
Die Bank kauft die US-Dollar an und verkauft uns dafür Euro.

 Verkaufskurs

Beispiel 3
Ich überweise einem Freund in der Schweiz 300,00 CHF: Die Bank kauft meine Euro an und schreibt dem Konto meines Freundes Schweizer Franken gut.

 Geldkurs

Beispiel 4
Ein Unternehmen hat eine Maschine für 25.000,00 GBP nach England verkauft: Die Bank des Unternehmens kauft die Britischen Pfund an und überweist auf das Konto des Unternehmens Euro.

 Briefkurs

Rechnen mit fremden Währungen
Die Berger & Thaler Sportswear OHG hat auf der ISPO in München mit einem Lieferanten für Baumwolle aus New York Geschäftsbeziehungen aufgenommen. Die erste Lieferung erfolgt bereits drei Wochen später, der Rechnungsbetrag beläuft sich auf 1.590,00 USD.

Erster Schritt: Wahl des richtigen Wechselkurses
Die Berger & Thaler Sportswear OHG bezahlt in Euro; ihre Bank kauft also die Euro an und überweist an den amerikanischen Lieferanten US-Dollar.   **Geldkurs**

Zweiter Schritt: Berechnung mithilfe des Dreisatzes
1 € = 1,0736 USD

X € = 1590,00 USD

$$X = \frac{1590{,}00 \text{ USD} \times 1{,}00 \text{ €}}{1{,}0736 \text{ USD}} = 1481{,}00 \text{ €}$$

Antwort: Das Konto der Berger & Thaler Sportswear OHG wird mit 1.481,00 € belastet.

4.1.3 Besonderheiten beim Handel innerhalb des EU-Binnenmarktes

Wir haben uns schon in den beiden vorangegangenen Jahrgangsstufen sehr intensiv mit der Beschaffung und dem Verkauf von Waren beschäftigt.[3] Aus diesem Grund wollen wir uns an dieser Stelle nur noch auf Besonderheiten des Handels innerhalb des EU-Binnenmarktes beschränken.

Um den Binnenmarkt klar abzugrenzen, werden auch unterschiedliche Bezeichnungen im Handel mit Staaten des Binnenmarktes und allen anderen Ländern (sogenannten Drittländern) verwendet:

	Binnenmarkt (z. B. Frankreich und Italien)	**Drittland** (z. B. Schweiz und USA)
Einkauf	innergemeinschaftlicher Erwerb	Einfuhr
Verkauf	innergemeinschaftliche Lieferung	Ausfuhr

Mit der Verwirklichung des Europäischen Binnenmarktes sind zum 1. Januar 1993 aufgrund des freien Warenverkehrs die Zollförmlichkeiten an den Binnengrenzen der Gemeinschaft abgeschafft worden. Für die Unternehmen hat sich die Abwicklung innergemeinschaftlicher Handelsgeschäfte insgesamt deutlich vereinfacht und kann im Grundsatz wie ein Handel im Inland betrachtet werden. Allerdings müssen auch beim innergemeinschaftlichen Handel einige Besonderheiten beachtet werden:

Wegfall von Zollformalitäten

Grundsätzlich fallen Zollformalitäten an den Binnengrenzen weg, allerdings nur, wenn die Waren auf direktem Wege zwischen zwei Orten der Gemeinschaft befördert werden. Verlassen solche Gemeinschaftswaren auf dem Transportweg das Gebiet der Gemeinschaft (z. B. bei Versendungen aus Deutschland über die Schweiz nach Italien), so muss bei der Wiedereinfuhr in die Gemeinschaft (im Beispiel also an der italienisch-schweizerischen Grenze) gegenüber dem italienischen Zoll nachgewiesen werden, dass es sich tatsächlich um Gemeinschaftswaren handelt.

Harmonisierung technischer Normen

Ein Hindernis für den freien Warenverkehr stellten neben den Zollgrenzen in der Vergangenheit insbesondere die unterschiedlichen technischen Vorschriften in den Mitgliedsstaaten dar. Um diese Hindernisse zu beseitigen, sind für zahlreiche Produkte (insbesondere technische Waren) von der EU harmonisierte Vorschriften geschaffen worden. Waren, die diesen Vorgaben entsprechen, können grundsätzlich innerhalb der gesamten EU in Verkehr gebracht werden. Dies gilt z. B. für die Produkte mit CE-Kennzeichnung.

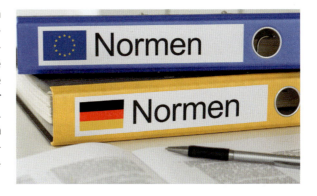

Wenn keine Harmonisierung erreicht wurde, gilt das Prinzip der gegenseitigen Anerkennung, d. h., wer sein Produkt im Herkunftsland rechtmäßig in Verkehr bringt, ist dazu auch grundsätzlich EU-weit befugt.

---

[3] Vgl. hierzu Band 2 (Jahrgangsstufe 8) Lernbereiche 8.3.1 und 8.3.3 sowie Band 3 (Jahrgangsstufe 9) Lernbereiche 9.2.2 und 9.2.3.

Mit Unternehmen im EU-Binnenmarkt Handel treiben

Sonderregelungen für verbrauchsteuerpflichtige Waren
Für den innergemeinschaftlichen Handel mit Waren, die besonderen Verbrauchsteuern unterliegen (Mineralölerzeugnisse, Tabakwaren, Branntwein, Wein, Schaumwein, Bier, Kaffee), gelten besondere Regelungen. Ein besonderes Verfahren gewährleistet, dass die Verbrauchsteuer im Ergebnis nur im Bestimmungsland erhoben wird.

Umsatzbesteuerung von innergemeinschaftlichen Warenlieferungen
Bei der Umsatzbesteuerung innergemeinschaftlicher Warenverkäufe wird grundsätzlich zwischen Lieferungen an zum Vorsteuerabzug berechtigte Unternehmen und solchen unterschieden, die für private Abnehmer (die nicht zum Vorsteuerabzug berechtigt sind) bestimmt sind. Warenlieferungen an vorsteuerabzugsberechtigte Unternehmen in andere EU-Staaten werden ohne Ausweis der im Versendungsland geltenden Umsatzsteuer vorgenommen. Die Umsatzbesteuerung erfolgt dann im Empfangsland auf der Grundlage des dort für die jeweilige Ware geltenden Steuersatzes.

Umsatzsteuersätze in der EU (Stand: März 2016)		
EU-Staat	**Allgemeiner Satz (in %)**	**Ermäßigter Satz (in %)**
Belgien	21	6 bzw. 12
Bulgarien	20	9
Dänemark	25	–
Deutschland	**19**	**7**
Estland	20	9
Finnland	24	10 bzw. 14
Frankreich	20	2,1 bzw. 5,5 bzw. 10
Griechenland	23	6 bzw. 13
Irland	23	4 bzw. 8 bzw. 9 bzw. 13,5
Italien	22	4 bzw. 5 bzw. 10
Kroatien	25	5 bzw. 13
Lettland	21	12
Litauen	21	5 bzw. 9
Luxemburg	17	3 bzw. 8
Malta	18	5 bzw. 7
Niederlande	21	6
Österreich	20	10 bzw. 13
Polen	23	5 bzw. 8
Portugal	23	6 bzw. 13
Rumänien	20	5 bzw. 9
Schweden	25	6 bzw. 12
Slowakei	20	10
Slowenien	22	9 bzw. 5
Spanien	21	4 bzw. 10
Tschechien	21	10 bzw. 15
Ungarn	27	5 bzw. 18
Vereinigtes Königreich	20	5
Zypern	19	5 bzw. 9

Um die Unterscheidung zwischen umsatzsteuerpflichtigen und privaten Abnehmern zu ermöglichen, ist EU-weit die sogenannte Umsatzsteuer-Identifikationsnummer (USt-IdNr.) eingeführt worden. Diese wird vom jeweiligen Bestimmungsland vergeben und weist die Umsatzsteuerpflicht des Käufers nach. Alle innergemeinschaftlichen Lieferungen müssen nach § 18 a UStG bis zum 25. Tag nach Ablauf eines Kalendermonates an das Bundeszentralamt für Steuern gemeldet werden (Zusammenfassende Meldung).

Die INCOTERMS (International Commercial Terms)

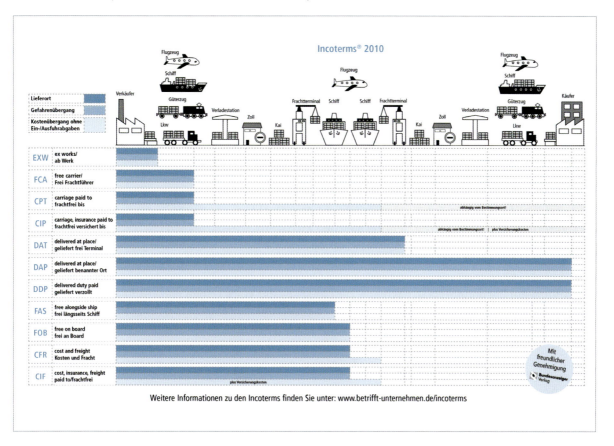

Im nationalen Handel sind die beiden Lieferbedingungen „ab Werk" und „frei Haus" üblich. Bei internationalen Geschäften müssen Waren häufig über weite Strecken und durch mehrere Länder transportiert werden. Damit sind meist auch höhere Transportkosten und ein höheres Transportrisiko verbunden. Aus diesem Grund gewinnen vertragliche Vereinbarungen, die eine Teilung der Transportkosten und des Gefahrenübergangs beinhalten, immer mehr an Bedeutung. Um sich im weltweiten Warenhandel auf besondere Handelsbedingungen zu beziehen, wurden von der ICC (Internationale Handelskammer) die internationalen Handelsklauseln „Incoterms" herausgegeben. Sie regeln die wesentlichen Käufer- und Verkäuferpflichten, insbesondere bei grenzüberschreitenden Warengeschäften.

Genauso wie bei der Klausel „ab Werk" muss der Käufer bei EXW (ex works) Kosten und Gefahr ab dem vertraglich festgelegten Ort (z. B. Lager des Verkäufers) tragen. Umgekehrt trägt der Verkäufer bei DDP (delivered duty paid) alle Kosten und die Gefahr bis zum vertraglich festgelegten Ort (z. B. Lager des Käufers). Dies entspricht der im nationalen Geschäft üblichen Klausel „frei Haus". Gerade bei einem Transport per Schiff oder Flugzeug sind andere Klauseln anzutreffen.

4.1.4 Zahlungsabwicklung beim Handel innerhalb des EU-Binnenmarktes

Die Risiken des internationalen Handels liegen auf der Hand: Große Entfernungen, teilweise unterschiedliche Währungssysteme, Rechtsordnungen und Handelsbräuche sowie unvorhersehbare politische und wirtschaftliche Ereignisse in Krisenregionen können die Vertragsabwicklung stören. Im Laufe der Jahre haben sich deswegen aus dem täglichen Geschäft international anerkannte Zahlungsbedingungen entwickelt. Zu unterscheiden sind ungesicherte und gesicherte Zahlungsbedingungen.

Ungesicherte Zahlungsbedingungen

- **Vorauszahlung/cash before delivery oder advance payment**: Die Bezahlung erfolgt vor der Lieferung der Ware. Gerade bei ausländischen Kunden, über deren Bonität man nicht Bescheid weiß, oder bei Lieferungen in unsichere Länder (vor allem Osteuropa) wird oft die Vorauszahlung verlangt.
- **Anzahlung/down payment**: Ein Teil des kompletten Rechnungsbetrages muss bereits vor der Lieferung erfolgen. Gründe hierfür sind die gleichen wie bei der Vorauszahlung.
- **Zahlung bei Lieferung/cash on delivery (c.o.d.)**: Die Ware muss bei Lieferung sofort bezahlt werden, z. B. per Nachnahme. „Cash" bedeutet dabei nicht nur Bargeld, sondern auch eine quittierte Banküberweisung.
- **Zahlung auf Rechnung/clean payment**: Die Lieferung der Ware erfolgt ohne Sicherheit. Der Lieferant vertraut darauf, dass der Kunde innerhalb des gesetzten Zahlungsziels (z. B. „zahlbar innerhalb von 30 Tagen") bezahlt.

Gesicherte Zahlungsbedingungen[4]

- **Dokumente gegen Zahlung/documents against payment (d/p)**: Der Lieferant versendet die Ware auf einem Transportweg, der nicht unmittelbar beim Kunden endet, sondern z. B. im Lager eines Spediteurs (oder beim Export in einen Drittstaat in einem Zolllager). Der Kunde kann die Ware nur gegen Vorlage bestimmter Dokumente (z. B. Lagerschein oder Konnossement) übernehmen.
- **Dokumentenakkreditiv/letter of credit (l/c)**: Beim Akkreditiv erhält der Lieferant den Rechnungsbetrag von einer Bank, sobald er bestimmte formgerechte Dokumente vorlegt. Als Dokumente sind Transport- und Versicherungsdokumente, Gesundheitszeugnisse usw. vorstellbar.

4.1.5 Buchungen beim Handel innerhalb des EU-Binnenmarktes

Wie wir weiter oben schon gelernt haben, wird die Umsatzsteuer im jeweiligen Bestimmungsland erhoben.

Innergemeinschaftliche Lieferung

Der Verkauf in einen EU-Mitgliedsstaat (innergemeinschaftliche Lieferung) ist in Deutschland umsatzsteuerfrei, aber im anderen EU-Land steuerpflichtig. Bei der Buchung der innergemeinschaftlichen Lieferung ist es zwingend notwendig, die USt-IdNr. unseres Kunden zu erfassen, da alle innergemeinschaftlichen Lieferungen in die Zusammenfassende Meldung eingehen. Die USt-IdNr. ist zwingende Voraussetzung für die Steuerbefreiung in Deutschland. Die Buchung erfolgt über das Ertragskonto „5155 Steuerfreie innergemeinschaftliche Lieferungen".

---

[4] Die gesicherten Zahlungsbedingungen werden an dieser Stelle nur kurz vorgestellt, vertiefte Kenntnisse sind nicht erforderlich.

Mit Unternehmen im EU-Binnenmarkt Handel treiben

Chiemgauer Sportmoden GmbH · Industriepark 123 · 83024 Rosenheim

Sport Fuchs
Wiener Straße 14
4040 Linz
Österreich

Rechnungs-Nr.: 443 CSM 20XX
Auftragsdatum: 02.05.20XX
Kunde: 240311
Lieferdatum: 07.05.20XX
Lieferbedingung: DDP
Ihre USt-IdNr.: AT U245180331

Datum: 07.05.20XX

Rechnung

Pos.	Art.-Nr.	Artikelbezeichnung	Anzahl	Einheit	Einzelpreis (€)	Gesamtpreis (€)
1	2280 CSM 1903	Fußballtrikot „Real Madrid", Größe L	10	Stück	44,95	449,50
		Warenwert netto				449,50
		0 % USt.				0,00
		Rechnungsbetrag				**449,50**

Zahlungsbedingungen:
Bei Zahlung innerhalb 14 Tagen 2 % Skonto vom Warenwert,
innerhalb von 30 Tagen ohne Abzug.

Der Buchungssatz lautet:

Buchungssatz				Betrag (in €)	
2400	FO	an		449,50	
		5155	Steuerfreie igL		449,50

Für die Bezahlung der Rechnung per Banküberweisung lautet der Buchungssatz wie folgt:

Buchungssatz				Betrag (in €)	
2800	BK	an		449,50	
		2400	FO		449,50

Innergemeinschaftlicher Erwerb
Der Einkauf in einem EU-Mitgliedsstaat (innergemeinschaftlicher Erwerb) ist in Deutschland umsatzsteuerpflichtig. Allerdings ist die Umsatzsteuerverrechnung beim innergemeinschaftlichen Erwerb zwischen den beteiligten Unternehmen eine „Null-Lösung". Der deutsche Unternehmer hat eine Umsatzsteuerschuld gegenüber dem deutschen Finanzamt und macht gleichzeitig einen Vorsteuerabzug geltend. Der Einkauf wird erfolgswirksam auf das Aufwandskonto „6085 Steuerfreier innergemeinschaftlicher Erwerb" gebucht. Ebenso wird die Steuer auf die dafür speziell eingerichteten Konten „2602 Abziehbare Vorsteuer aus innergemeinschaftlichem Erwerb" und „4802 Umsatzsteuer aus innergemeinschaftlichem Erwerb" gebucht.

Mit Unternehmen im EU-Binnenmarkt Handel treiben

Steiner Software GmbH

Steiner Software GmbH, Landstraße 12, 1401 Wien

Computerfachgeschäft Niemann e. K.
Friedberger Straße 56
86176 Augsburg

Ihr Zeichen:
Ihre Nachricht:
Unser Zeichen:
Unsere Nachricht:

Lieferschein/Rechnung

Kundennummer	Lieferschein	Auftrag	Lieferdatum	Rechnungsdatum
240073	367-20XX-ST	418/20XX	28.06.20XX	28.06.20XX

Pos.	Anzahl	Artikelbezeichnung	Einzelpreis	Gesamtpreis
1	10	Office Softwarepaket	544,95 €	5.449,50 €

Gesamtpreis		5.449,50 €
Rabatt	20 %	1.089,90 €
Rechnungsbetrag netto		4.359,60 €
USt.	0 %	0,00 €
Rechnungsbetrag brutto		**4.359,60 €**

Zahlungsbedingung:
Zahlbar innerhalb von 30 Tagen.

Bankverbindung: Volksbank Wien AG
AT84 4000 0000 3587 5149
BIC: VBOEATWW
USt-IdNr.: AT U3674549

Die Buchungssätze lauten:

Buchungssatz			Betrag (in €)	
6085 Steuerfreier igE	an		4.359,60	
		4400 VE		4.359,60

Buchungssatz			Betrag (in €)	
2602 VORST igE	an		828,32	
		4802 UST igE		828,32

Die Bezahlung an den Lieferanten per Banküberweisung lautet wie folgt:

Buchungssatz			Betrag (in €)	
4400 VE	an		4.359,60	
		2800 BK		4.359,60

Mit Unternehmen im EU-Binnenmarkt Handel treiben

Aufgaben zum Lernbereich 10.2.2

Aufgabe 1 Währungsrechnen

Land	Währung	Ankaufskurs	Verkaufskurs	Geldkurs	Briefkurs
Japan	JPY	118,000	130,3000	119,7523	120,7066
Dänemark	DKK	7,1000	7,8000	7,1800	7,2100
England	GBP	0,8187	0,8867	0,8402	0,8414
Schweiz	CHF	1,0454	1,0993	1,0781	1,0828
USA	USD	1,0019	1,0932	1,0711	1,0736

1. Familie Becker (Vater, Mutter, zwei Kinder) hat einen Urlaub nach New York gebucht.
   a) Vor der Abreise tauscht Frau Becker 1.500,00 € in USD um. Wie viel US-Dollar bekommt sie?
   b) In den USA besucht die Familie einen Erlebnispark. Der Eintritt kostet für Erwachsene 20,00 USD und für Kinder 15,00 USD. Herr Becker bezahlt mit seiner Kreditkarte (der Betrag wird überwiesen). Mit wie viel Euro belastet die deutsche Hausbank das Konto der Beckers?
   c) Bei der Rückreise hat Herr Becker noch 112,50 USD in seinem Geldbeutel. Wie viel Euro bekommt er dafür?

2. Auf der Messe werden Waren an einen Messebesucher aus der Schweiz und an einen aus den USA verkauft. Die Preise wurden jeweils in der ausländischen Währung vereinbart. Der Schweizer hat 9.800,00 CHF und der Amerikaner 22.500,00 USD zu zahlen. Welcher Eurobetrag wird unserem Bankkonto gutgeschrieben?

3. Vor seiner Rückkehr aus der Schweiz tauscht Herr Hofer 3.500,00 CHF in Euro um.

4. Ein deutscher Textilgroßhändler bezieht Seide aus Japan. Als Rechnungspreis wurde ein Betrag von 1.350.000,00 JPY vereinbart. Mit welchem Betrag wird der Großhändler von seiner Bank belastet?

5. Herr Fröhlich, Geschäftsführer der Fröhlich Maschinenbau GmbH, beabsichtigt, eine Geschäftsreise nach England zu unternehmen. Vor seiner Abreise deckt er sich über seine Bank mit der entsprechenden Währung ein. Er kauft 3.500,00 GBP. Erstelle für Herrn Fröhlich die Abrechnung der Bank.

6. Ein international tätiges Handelsunternehmen kauft in der Schweiz 40 Spezialbohrer zum Gesamtpreis von 29.000,00 CHF. Anschließend werden 15 Bohrer mit einem Preisaufschlag von 15,00 % nach Japan verkauft. Die Rechnung wird vereinbarungsgemäß in der japanischen Währung ausgestellt.
   a) Wie viel Euro kostet ein Bohrer?
   b) Über welchen Betrag lautet die Rechnung an den Abnehmer in Japan

7. Familie Müller (Vater, Mutter, zwei Kinder) unternimmt eine Reise nach London.
   a) Vor der Abreise tauscht Frau Müller 2.300,00 € in Britische Pfund um. Wie viel Britische Pfund bekommt sie?
   b) In London macht die Familie eine Stadtrundfahrt. Die Tour kostet für Erwachsene 15,00 GBP und für Kinder 7,00 GBP. Sohn Philipp überlegt: „Wow, das ist ja billig. Bei uns in München kostet die Stadtrundfahrt für die ganze Familie 50,00 €." Hat Philipp recht?
   c) Während des Urlaubs geben die Müllers weitere 1.650,00 GBP aus. Nach der Rückkehr tauscht Herr Müller die restlichen Pfund wieder um. Wie viel Euro bekommt er dafür?

Mit Unternehmen im EU-Binnenmarkt Handel treiben

8. Frau Schneider ist Handelsreisende. Von ihren letzten Reisen hat sie noch folgendes Bargeld übrig: 4.500,00 JPY, 600,00 DKK, 39,00 CHF und 900,00 USD. Ihre nächste Reise führt sie nach England. Aus diesem Grund geht sie zur Bank und wechselt das ganze ausländische Geld. Wie viel Britische Pfund bekommt sie?

9. Nach seiner Rückkehr aus Kopenhagen tauscht Herr Huber 1.350,00 DKK in Euro um.

Aufgabe 2 Buchungen im innergemeinschaftlichen Handel

1. Wir verkaufen Handelswaren auf Ziel an einen Kunden in Rom für netto 50.000,00 €.

2. Wir verkaufen dem Kunden Artos S. A. aus Athen Waren im Wert von netto 8.500,00 € gegen Banküberweisung.

3. Wir beziehen Handelsware auf Rechnung vom Lieferanten Obermaier aus Linz im Warenwert von netto 56.000,00 €. Die Eingangsrechnung und die anfallende Umsatzsteuer sind zu buchen.

4. Wir verkaufen Handelswaren auf Rechnung an den Kunden Splash Ltd. in Birmingham für netto 32.000,00 €.

5. Wir kaufen von der Firma Maurice S. A. aus Paris Handelswaren im Wert von netto 3.500,00 € auf Ziel. (Beachte, dass Umsatzsteuer angefallen und die Vorsteuer abziehbar ist.)

6. Wir liefern dem Kunden Martisek aus Prag Handelswaren im Warenwert von netto 12.000,00 € gegen Banküberweisung.

Lernbereich 10.2.3: Investitionsgüter finanzieren

Kapitel 5

5.1 Lernsituation 9: Wir entscheiden über die Finanzierung anstehender Investitionen
5.2 Lernsituation 10: Wir führen eine Bonitätsprüfung durch
5.3 Lernsituation 11: Wir schreiben unseren neuen Geschäftswagen ab

5 Lernbereich 10.2.3: Investitionsgüter finanzieren

Kompetenzerwartungen
Die Schülerinnen und Schüler

- sondieren den Investitionsbedarf, der notwendig ist, um die Wettbewerbsfähigkeit zu erhalten. Sie erfassen gleichzeitig die Notwendigkeit der fortlaufenden Anpassung an die globalen Marktgegebenheiten und Konjunkturerwartungen.
- entscheiden sich zwischen verschiedenen Investitionsmöglichkeiten hinsichtlich möglicher Chancen und Risiken. Dabei lassen sie auch moralische, ökologische und soziale Aspekte miteinfließen.
- berechnen, welcher Teil des finanziellen Bedarfs durch Eigenkapital gedeckt werden kann und welcher Teil fremdfinanziert werden muss.
- schätzen die Möglichkeiten des Unternehmens zur Kreditsicherung ein. Hierbei berücksichtigen sie auch die Haftung entsprechend der Rechtsform des Unternehmens.
- prüfen die aktuelle Bilanz des Unternehmens und bewerten Veränderungen gegenüber den Bilanzen der vergangenen Jahre im Hinblick auf die Kreditwürdigkeit. Dazu beurteilen sie vorgegebene Bilanzkennziffern im Zeit- und Branchenvergleich.
- vergleichen Angebote zur Finanzierung der Investition und treffen eine Entscheidung. Sie übernehmen Verantwortung für ihre Investitions- und Finanzierungsentscheidungen, die für das Unternehmen und seine Mitarbeiter langfristige Konsequenzen haben können.
- erfassen den Einkauf von Investitionsgütern buchhalterisch. Dabei berücksichtigen sie anfallende Anschaffungsnebenkosten.
- berechnen den Wertverlust eines Investitionsgutes und erstellen Abschreibungspläne.
- buchen die Abschreibungsbeträge und beurteilen die Auswirkungen auf den Gewinn.

5.1 Lernsituation 9: Wir entscheiden über die Finanzierung anstehender Investitionen

Das letzte Geschäftsjahr der Berger & Thaler Sportswear OHG lief absolut zufriedenstellend. Insbesondere seit der ISPO in München im vergangenen Jahr ist die Nachfrage nach Produkten des Unternehmens gerade aus dem europäischen Ausland stark angestiegen. Vor allem der Run auf das neu in das Produktionsprogramm aufgenommene Merino-Shirt für Outdoor-Sportler ist riesengroß. Aber gerade bei diesem Produkt gibt es auch immer mehr Beschwerden seitens der Kunden, weswegen Renate Berger und Helmut Thaler alle Abteilungsleiter zu einer Besprechung der aktuellen Situation geladen haben.

Frau Berger: Guten Morgen, meine Damen und Herren. Ich möchte gar nicht lange um den heißen Brei herumreden. Der Absatz unseres Merino-Shirts läuft richtig gut. Aber Frau Kaiser hat in letzter Zeit immer öfter verschiedene Probleme in Verbindung mit dem Vertrieb dieses Produkts angedeutet. Diese sollten wir nun gemeinsam besprechen, um eine passende Lösung zu finden. Frau Kaiser, welche Schwierigkeiten haben Sie denn?

Frau Kaiser: Ja, danke, Frau Berger. Also in letzter Zeit hat sich ein Schwerpunkt herausgebildet. Wie Sie ja aus den Umfragen wissen, will fast kein Kunde mehr ein Standard-Shirt. Die meisten wollen eine individuelle Duftmarke; also entweder den eigenen Namen, ein eigenes Muster oder bei OutdoorGruppen den Vereinsnamen. Wir haben für die Beflockung ja ein kleines, aber richtig gutes Unternehmen an der Hand. Aber die stoßen mittlerweile an ihre Grenzen. Und deswegen kommt es immer wieder zu Lieferverzögerungen. Und bei diesem Thema sind die Kunden sehr sensibel.

Frau Berger: Okay, was schlagen Sie vor?

Frau Kaiser:	Ich habe schon mit Herrn Weber von der Produktion geredet. Wir glauben, dass wir das Problem nur beheben können, wenn wir die Beflockung in die eigene Hand nehmen.
Herr Weber:	Genau, Flexibilität ist das A und O. Und das schaffen wir nur, wenn wir die Beflockung selbst machen.
Herr Thaler:	Puh, da müssten wir aber eine ganz schön große Stange Geld in die Hand nehmen. Mit einer kleinen Beflockungsmaschine ist es ja dann nicht getan. Und die kostet schon mindestens 25.000,00 €.
Herr Weber:	Ich habe mich da schon mal schlau gemacht. Also wir bräuchten mindestens vier solcher Maschinen.
Herr Baumann:	Unser eigenes Werksgelände ist auch komplett ausgelastet. Aber genau auf der Straßenseite gegenüber ist ein Grundstück mit Werkshalle zu verkaufen. Ich kenne den Makler sehr gut. Der meinte was von 1.450.000,00 €.
Herr Weber:	Bei der Gelegenheit möchte ich nur daran erinnern, dass auch unser Maschinenpark langsam, aber sicher an seine Grenzen kommt. Wir hatten ja schon vor Ihrem Urlaub darüber gesprochen, dass die demnächst ausgetauscht werden müssen. Und da hatten Sie ja gesagt, dass wir das neuere, bessere Modell kaufen wollen.
Herr Thaler:	Stimmt, ich glaube, das waren 730.000,00 €.
Frau Berger:	So fängt ein Geschäftsjahr ja gut an. Was meinen Sie, Frau Schmitt? Können wir das alles auf einmal stemmen?
Frau Schmitt:	Ich habe die Bilanz und die Gewinn- und Verlustrechnung so weit fertig. Ich führe ja sowieso Protokoll von der heutigen Sitzung. Ich denke, ich kann Ihnen da morgen spätestens Bescheid geben.
Frau Berger:	Das hört sich doch gut an. Fassen Sie doch einfach noch einmal alle angestrebten Investitionen zusammen. Und dann erstellen Sie bitte auch gleich einen Überblick über alle möglichen Alternativen, wie wir die erforderliche Summe aufbringen könnten. Aber berücksichtigen Sie bitte, dass wir maximal die Hälfte unseres Gewinns dafür einsetzen wollen.
Frau Schmitt:	Alles klar, wird gemacht.

Aktiva	Bilanz der Berger & Thaler Sportswear OHG zum 31.12.20XX		Passiva
Grundstücke und Gebäude	3.080.000,00 €	Eigenkapital	6.322.000,00 €
Maschinen	1.580.000,00 €	Rückstellungen	2.010.000,00 €
Lagereinrichtung	534.000,00 €	Darlehen	6.444.000,00 €
Fuhrpark	276.000,00 €	Verbindlichkeiten aus L.L.	6.224.000,00 €
BGA	416.000,00 €		
Roh-, Hilfs- und Betriebsstoffe	2.860.000,00 €		
Fertigerzeugnisse	1.145.000,00 €		
Unfertige Erzeugnisse	2.310.000,00 €		
Handelswaren	1.416.000,00 €		
Forderungen aus L.L.	5.962.000,00 €		
Bank	1.356.000,00 €		
Kasse	65.000,00 €		
	21.000.000,00 €		**21.000.000,00 €**

Investitionsgüter finanzieren

Soll	GuV der Berger & Thaler Sportswear OHG zum 31.12.20XX		Haben
Aufwendungen für RHB-Stoffe	39.380.000,00 €	Umsatzerlöse für eigene Erzeugnisse	59.980.000,00 €
Aufwendungen für Handelswaren	5.355.000,00 €	Umsatzerlöse für Handelswaren	5.424.000,00 €
Aufwendungen für Energie	2.344.000,00 €	Erträge aus Vermietung und Verpachtung	473.000,00 €
Löhne und Gehälter	7.040.000,00 €	Zinserträge	51.000,00 €
Sozialabgaben	2.530.000,00 €	Sonstige betriebliche Erträge	72.000,00 €
Fremdinstandhaltungen	1.567.000,00 €		
Abschreibungen	1.050.000,00 €		
Leasing	586.000,00 €		
Büromaterial	467.000,00 €		
Werbung	2.100.000,00 €		
Betriebliche Steuern	1.219.000,00 €		
Zinsaufwendungen	812.000,00 €		
Sonstige betriebliche Aufwendungen	312.000,00 €		
Gewinn	1.238.000,00 €		
	66.000.000,00 €		**66.000.000,00 €**

1. Macht euch mit der Situation vertraut, indem ihr euch zunächst orientiert: Betrachtet hierzu die erhaltenen Informationen zu den Themen. Stellt sicher, dass euch klar ist, was eure Aufgabe ist. **(Orientierung und Information)**
2. Plant euer weiteres Vorgehen, indem ihr euch Gedanken macht, was in dieser konkreten Situation zu tun ist, und notiert sie stichpunktartig. **(Planung)**
3. Führt die notwendigen Arbeitsschritte durch und dokumentiert diese nachvollziehbar. **(Durchführung)**
4. Präsentiert eure Ergebnisse im Klassenplenum. Bewertet eure Vorgehensweise zusammen mit dem Lehrer und den Mitschülern. Nehmt Kritikpunkte zur Vollständigkeit und inhaltlichen Richtigkeit auf, ergänzt eure Ausarbeitungen und korrigiert Fehler. **(Bewertung)**
5. Reflektiert eure Ergebnisse, indem ihr konstruktives Feedback eures Lehrers und der Gruppenmitglieder annehmt und Schlüsse für zukünftige Präsentationen zieht. **(Reflexion)**

5.1.1 Investition und Finanzierung

5.1.1.1 Überblick

Jedes Unternehmen muss dauernd finanzielle Mittel einsetzen, um die Produktion bzw. den Handel seiner Güter und Dienstleistungen ermöglichen zu können. Es verwendet also ständig Geld, um sein Unternehmen zu erhalten, zu erweitern oder zu verbessern. Diese Umwandlung von Geldkapital in Sachkapital[1] (z. B. Grundstücke und Gebäude, Maschinen, Fuhrpark) nennt man Investition.

---

[1] Im erweiterten Sinn gehören neben den Sachinvestitionen auch Finanzinvestitionen (z. B. Aktien, festverzinsliche Wertpapiere, Beteiligungen) und immaterielle Investitionen (z. B. Konzessionen, Lizenzen, Patente).

Um sich einen Überblick über die getätigten Investitionen zu verschaffen, betrachtet man die Bilanz des Unternehmens:

Aktiva	Bilanz der Chiemgauer Sportmoden GmbH zum 31.12.20XX		Passiva
Grundstücke und Gebäude	690.000,00 €	Eigenkapital	356.800,00 €
Lagereinrichtung	24.000,00 €	Darlehen	500.000,00 €
Fuhrpark	65.000,00 €	Verbindlichkeiten aus L.L.	33.200,00 €
BGA	41.000,00 €		
Handelswaren	35.850,00 €		
Forderungen aus L.L.	26.745,00 €		
Bank	5.600,00 €		
Kasse	1.805,00 €		
	890.000,00 €		890.000,00 €

Auf der Aktivseite können alle beschafften Vermögenswerte abgelesen werden. Auf der Passivseite hingegen sind die Quellen der finanziellen Mittel ausgewiesen. Da Aktiv- und Passivseite immer ausgeglichen sind, zeigt die Bilanz also auf beiden Seiten dieselben Mittel, nur unter unterschiedlichen Betrachtungsweisen:

Aktivseite	Passivseite
Verwendung der Mittel	Herkunft der Mittel
Investition	Finanzierung

5.1.1.2 Investition
Die Entscheidung eines Unternehmens zu investieren hat unterschiedliche Anlässe:

- Neuinvestition: Hierunter fällt z. B. die Erstausstattung eines Unternehmens bei der Gründung mit Grundstücken, Gebäude, Maschinen und Büroausstattung.
- Erweiterungsinvestition: Reichen die Vermögenswerte nicht mehr aus, also muss zum bestehenden Fuhrpark ein weiterer Lkw beschafft werden, spricht man von einer Erweiterungsinvestition.
- Ersatzinvestition: Die meisten Vermögenswerte verlieren durch ihren Gebrauch an Wert. So bleibt es nicht aus, dass z. B. Maschinen oder der Fuhrpark mit der Zeit „erneuert" werden müssen. Werden alte Vermögenswerte durch neue, aber gleichwertige Vermögenswerte ersetzt, spricht man von Ersatzinvestitionen.
- Rationalisierungsinvestition: Im Unterschied zur Ersatzinvestition wird bei einer Rationalisierungsinvestition ein neuer, technisch verbesserter Vermögenswert angeschafft, z. B. durch eine leistungsstärkere Maschine. Damit sollen die Produktionskosten durch Einsparung von Personal oder Energie gesenkt werden.

Zählt man alle o. g. Investitionen zusammen, so erhält man die Bruttoinvestitionen eines Unternehmens.

5.1.1.3 Finanzierung

Stehen für ein Unternehmen alle geplanten Investitionen fest, so stellt sich natürlich die Frage, woher die benötigten finanziellen Mittel stammen sollen. Die folgende Darstellung zeigt die unterschiedlichen Finanzierungsarten:

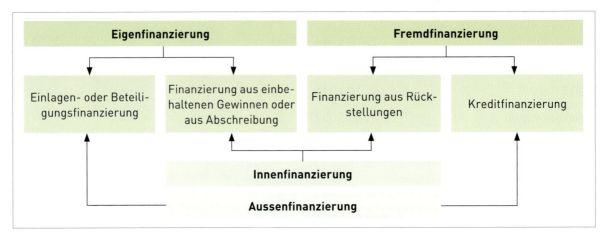

Unterscheidet man nach der Rechtsstellung der Kapitalgeber, so liegt eine Eigen- oder Fremdfinanzierung vor. Entstammen die finanziellen Mittel von den bisherigen oder neu dazukommenden Eigentümern des Unternehmens, so spricht man von Eigenfinanzierung. In der Bilanz sind diese Mittel dem Konto „Eigenkapital" zu entnehmen. Werden die finanziellen Mittel von Kapitalgebern aufgebracht, die dem Unternehmen gegenüber dann eine Gläubigerposition einnehmen, liegt eine Fremdfinanzierung vor.

Nach der Herkunft des Kapitals unterscheidet man zwischen Innen- und Außenfinanzierung. Erfolgt die Beschaffung des Kapitals aus dem Unternehmen selbst, so spricht man von Innenfinanzierung; wird das Kapital von außen zugeführt, nennt man es Außenfinanzierung.

Im Folgenden werden wir uns auf das Unterscheidungsmerkmal Eigen- bzw. Fremdfinanzierung beschränken.

Eigenfinanzierung
Einlagen- und Beteiligungsfinanzierung

Eine Möglichkeit der Eigenfinanzierung ist die Einlagen- oder Beteiligungsfinanzierung. Von ihr spricht man dann, wenn die bisherigen Eigentümer eine zusätzliche Einlage leisten oder neue Eigentümer aufgenommen werden. Das Kapital fließt also in das Eigenkapital des Unternehmens. Eigenkapital ist langfristiges Kapital; das bedeutet, es steht dem Unternehmen unbegrenzt lange zur Verfügung. Da auf das Eigenkapital weder fest vereinbarte Zinsen noch Tilgungsraten anfallen, ist es gerade in schwierigen Situationen vorteilhaft. Darüber hinaus erhöht es die Kreditwürdigkeit des Unternehmens.[2] Bei all den Vorteilen der Einlagen- bzw. Beteiligungsfinanzierung muss aber bedacht werden, dass die Aufnahme neuer Eigentümer zum einen mit einer Einschränkung der Geschäftsführung der bisherigen Eigentümer einhergeht und zum anderen nur dann Aussicht auf Erfolg hat, wenn das Unternehmen Gewinne erwirtschaftet.

Finanzierung aus einbehaltenen Gewinnen

Eine zweite Möglichkeit der Eigenfinanzierung stellt die Finanzierung aus einbehaltenen Gewinnen dar. Man unterscheidet hier zwischen der offenen und der stillen Selbstfinanzierung.

Bei der offenen Selbstfinanzierung werden Teile des ausgewiesenen Gewinnes nicht an die Eigentümer ausgeschüttet, sondern verbleiben im Unternehmen. Bei einer Personengesellschaft (z. B. e. K., OHG) verzichten der Eigentümer bzw. die Eigentümer auf eine Gewinnentnahme. Bei einer Kapitalgesellschaft (z. B. GmbH, AG) erfolgt eine Überführung des nicht ausgeschütteten Gewinns in die Gewinnrücklage. Diese kann freiwillig oder aber aufgrund gesetzlicher Vorschriften vorgeschrieben sein (z. B. muss eine AG eine gesetzliche Rücklage bilden).

---
2 Vgl. hierzu Lernsituation 10

Bei der stillen Selbstfinanzierung werden nicht ausgewiesene Gewinne einbehalten. Das zur Finanzierung benötigte Kapital ist in verdeckter Form in einzelnen Vermögens- oder Schuldenpositionen als stille Reserven enthalten. Diese stillen Reserven entstehen durch die Überbewertung einzelner Vermögenspositionen bzw. durch die Unterbewertung einzelner Schuldenpositionen.[3]

Fremdfinanzierung
Finanzierung aus Rückstellungen

Eine Möglichkeit der Fremdfinanzierung ist die Finanzierung aus Rückstellungen. Rückstellungen werden für zukünftige Verpflichtungen gebildet, wobei die Höhe und die Fälligkeit der Verpflichtung (noch) nicht bekannt sind (z. B. Rückstellungen für Prozesskosten oder auch für Gewährleistungsansprüche). Somit können Rückstellungen vom Zeitpunkt der Bildung bis zu ihrer Auflösung zu Finanzierungszwecken genutzt werden. Gerade Pensionsrückstellungen haben aufgrund ihres langfristigen Charakters eine große Bedeutung.

Kreditfinanzierung

Die wohl in der wirtschaftlichen Realität am häufigsten anzutreffende Möglichkeit der Fremdfinanzierung ist die Kreditfinanzierung. Von ihr spricht man, wenn dem Unternehmen Kapital von außerhalb (meist von Kreditinstituten) für einen vertraglich festgelegten Zeitraum zur Verfügung gestellt wird. Beim Zeitraum kann zwischen kurzfristig (bis zu einem Jahr) und langfristig (länger als ein Jahr) unterschieden werden. Die für ein Unternehmen wichtigsten kurzfristigen Kredite sind der **Kontokorrentkredit** und der **Lieferantenkredit**.

Ein **Lieferantenkredit** entsteht dadurch, dass ein Unternehmen bei einem Lieferanten Waren auf Ziel einkauft.

Sport Busch GmbH • Garbsener Landstraße 66 • 30541 Hannover

Chiemgauer Sportmoden GmbH
Industriepark 123
83024 Rosenheim

Kunden-Nr.: 240077
Unser Zeichen:
Ihr Zeichen:

Rechnungs-Nr.: **312 SB 20XX**

Lieferdatum: 03.04.20XX
Lieferbedingung: ab Werk
Rechnungsdatum: 03.04.20XX

Rechnung/Lieferschein

Pos.	Art.-Nr.	Artikelbezeichnung	Menge	Einzelpreis (€)	Rabatt	Gesamtpreis (€)
1	SB 3456	Fußball „France 2016", Größe 5	100	16,00	–	1.600,00
2	SB 3556	Fußball „DFL Speed", Größe 5	50	14,00	–	700,00
3	SB 3656	Fußball „Tango", Größe 5	50	14,00	–	700,00
		Warenwert netto				3.000,00
		Umsatzsteuer		19 %		570,00
		Rechnungsbetrag brutto				**3.570,00**

Zahlungsbedingungen:
Bei Zahlung innerhalb von 14 Tagen 2 % Skonto, innerhalb von 30 Tagen ohne Abzug.

---

[3] Auf eine detaillierte Betrachtung der stillen Selbstfinanzierung sowie der Finanzierung aus Abschreibungen soll an dieser Stelle verzichtet werden.

Investitionsgüter finanzieren

Die Chiemgauer Sportmoden GmbH muss gemäß den Zahlungsbedingungen den Rechnungsbetrag über 3.570,00 € erst nach 30 Tagen bezahlen. Durch die Gewährung eines Skontos von 2 % wird dieser Kredit allerdings nicht mehr kostenlos. Denn würde die Chiemgauer Sportmoden GmbH innerhalb der ersten 14 Tage bezahlen, so müsste sie nur den folgenden Betrag bezahlen:

Rechnungsbetrag		3.570,00 €
– Skonto	2 %	71,40 €
= Überweisungsbetrag		3.498,60 €

Die Chiemgauer Sportmoden GmbH könnte also bei Zahlung innerhalb von 14 Tagen 71,40 € sparen. Das bedeutet wiederum, dass sie für die restlichen 16 Tage Kreditkosten in Höhe von 71,40 € hätte.

Mithilfe der allgemeinen Zinsformel[4] ergibt sich somit ein Jahreszins für die Inanspruchnahme des Lieferantenkredits:

$$Z = \frac{K \times p \times t}{100 \times 360} \text{ bzw. } p = \frac{Z \times 360 \times 100}{K \times t}$$

$$p = \frac{71{,}40\,€ \times 360 \times 100}{3\,570{,}00\,€ \times 16} = 45\,\%$$

Der **Lieferantenkredit** ist ein sehr teurer Kredit. Folglich lohnt es sich eigentlich fast immer, wenn das Unternehmen einen kurzfristigen Bankkredit (Kontokorrentkredit) aufnimmt, um den Skontoabzug ausnutzen zu können. Nur wenn die Liquidität sehr gering ist und nicht genügend Sicherheiten für einen Bankkredit vorliegen, hat der Lieferantenkredit für ein Unternehmen Bedeutung.

Die zweite Möglichkeit eines kurzfristigen Kredits ist der **Kontokorrentkredit.** Der Kontokorrentkredit dient vor allem dazu, kurzfristige Schwankungen im Kapitalbedarf eines Unternehmens zu überbrücken. Dabei wird dem Kreditnehmer die befristete Möglichkeit eingeräumt, einen Kredit bis zu einer bestimmten Höhe in Anspruch zu nehmen. Dies wird direkt über sein Girokonto abgewickelt. Sollte die vereinbarte Kreditlinie überschritten werden, so fallen noch weitere Kreditkosten in Form von Überziehungszinsen an. Bei Privatpersonen spricht man auch vom sogenannten Dispositionskredit. Auch der Kontokorrentkredit ist ein teurer Kredit (im Durchschnitt 11 %; Stand: Februar 2017) und sollte deshalb auch nur in Ausnahmefällen genutzt werden.

Gerade bei der Umsetzung von geplanten Investitionen ist die langfristige Kreditfinanzierung die häufigste Variante. Die wichtigste Form hierbei ist das **Darlehen.** Ein Darlehen ist die Hingabe eines Geldbetrages mit der Verpflichtung, dass der Darlehensnehmer diesen mit einem geschuldeten Zins bei Fälligkeit dem Darlehensgeber zurückerstattet.

Wir unterscheiden drei verschiedene Darlehensformen: Fälligkeitsdarlehen, Annuitätendarlehen und Ratendarlehen. Diese verschiedenen Darlehensarten sollen im Folgenden anhand eines Beispiels genauer vorgestellt werden:

Die Chiemgauer Sportmoden GmbH beabsichtigt, eine neue Maschine im Wert von 100.000,00 € zu kaufen. Der Kaufpreis soll über ein Darlehen finanziert werden. Die Bank bietet einen Zinssatz von 4 % p. a. bei einer Laufzeit von fünf Jahren an.

Darlehensformen
Fälligkeitsdarlehen
Beim Fälligkeitsdarlehen werden während der Laufzeit nur Zinszahlungen getätigt. Die Tilgung des gesamten Darlehensbetrages erfolgt am Ende der Laufzeit.

---
[4] Vgl. Band 3 Jahrgangsstufe 9, S. 158.

Fälligkeitsdarlehen

Jahr	Tilgung	Zinsen	Gesamt	Restdarlehen
1	–	4 000,00 €	4 000,00 €	100 000,00 €
2	–	4 000,00 €	4 000,00 €	100 000,00 €
3	–	4 000,00 €	4 000,00 €	100 000,00 €
4	–	4 000,00 €	4 000,00 €	100 000,00 €
5	100 000,00 €	4 000,00 €	104 000,00 €	–
Gesamt	100 000,00 €	20 000,00 €	120 000,00 €	

Annuitätendarlehen
Beim Annuitätendarlehen wird während der gesamten Laufzeit eine konstante Annuität (Tilgungs- und Zinszahlungen) getätigt.

Annuitätendarlehen

Jahr	Tilgung	Zinsen	Gesamt	Restdarlehen
1			22.462,71 €[5]	
2			22.462,71 €	
3			22.462,71 €	
4			22.462,71 €	
5			22.462,71 €	
Gesamt			112.313,55 €	

Ratendarlehen
Beim Ratendarlehen sind die jährlichen Tilgungsbeträge gleich hoch. Die Zinszahlungen nehmen aufgrund des von Jahr zu Jahr immer kleiner werdenden Restdarlehens ab.

Ratendarlehen

Jahr	Tilgung	Zinsen	Gesamt	Restdarlehen
1	20.000,00 €	4.000,00 €	24.000,00 €	80.000,00 €
2	20.000,00 €	3.200,00 €	23.200,00 €	60.000,00 €
3	20.000,00 €	2.400,00 €	22.400,00 €	40.000,00 €
4	20.000,00 €	1.600,00 €	21.600,00 €	20.000,00 €
5	20.000,00 €	800,00 €	20.800,00 €	–
Gesamt	100.000,00 €	12.000,00 €	112.000,00 €	

---

[5] Die Berechnung der jährlichen Annuität erfolgt nach der Formel:

$$\text{Annuität} = \frac{S \times q^n \times (q-1)}{q^n - 1}$$

S = Darlehensbetrag
q = 1 + p
p = Zinssatz
n = Laufzeit
Auf eine Aufteilung der jährlichen Annuität wurde aus Vereinfachungsgründen verzichtet.

5.1.2 Sonderformen der Finanzierung

5.1.2.1 Leasing[6]

Leasing bedeutet das mittel- und langfristige Überlassen von Wirtschaftsgütern gegen Zahlung einer Leasingrate. Insofern muss nicht sofort der komplette Anschaffungswert bezahlt werden. Somit bietet das Leasing dem Unternehmen die Möglichkeit, die eigenen Mittel zu schonen und sie für andere Zwecke einzusetzen. Da das Eigenkapital nicht angegriffen wird, bleibt auch die Kreditwürdigkeit erhalten.

Tritt als Leasinggeber das Unternehmen selbst (z. B. BMW AG, Volkswagen AG) auf, so spricht man von direktem Leasing; ist der Leasinggeber eine eigene Leasinggesellschaft (meist Tochterunternehmen eines Kreditinstituts, z. B. Sparkassen, Volksbanken), so nennt man es indirektes Leasing.

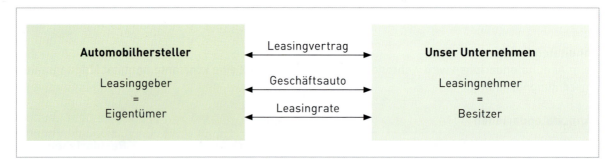

Die Höhe der Leasingrate ist dabei abhängig vom Wertverlust und der Laufzeit des Leasingobjektes. Daneben sind auch Verwaltungsgebühren und Serviceleistungen wie Beratung, Wartung und ggf. Reparaturen in die Leasingrate einkalkuliert. Im Leasingvertrag wird eine feste Grundmietzeit angegeben, in der auch der Vertrag nicht gekündigt werden kann. Danach stellen sich für den Leasingnehmer drei mögliche Alternativen:

- Rückgabe des Leasingobjektes
- Anschlussleasing (Das Leasingobjekt wird weitergeleast.)
- Kauf (Das Leasingobjekt kann zum Restbuchwert gekauft werden.)

Somit bietet das Leasing eine Finanzierungsalternative zur Kreditfinanzierung. Neben der geringeren Liquiditätsbelastung bei der Anschaffung liegen weitere Vorteile auf der Hand:

- Durch die geringen Grundmietzeiten ist man immer auf dem neuesten Stand der Technik.
- Durch feste Leasingraten ist eine klare Kalkulationsgrundlage gegeben.
- Es gibt laufende Beratung und Service durch den Leasinggeber.

Dennoch stellt sich für ein Unternehmen aus rein wirtschaftlicher Sicht die Frage, welche der beiden Alternativen günstiger ist.

Die Chiemgauer Sportmoden GmbH benötigt zur Rationalisierung ihres Versands eine neue Verpackungsmaschine im Wert von 100.000,00 €. Die betriebsgewöhnliche Nutzungsdauer dieser Maschine beträgt acht Jahre. Dem Unternehmen liegen folgende zwei Angebote vor:

---

[6] Im Folgenden wird nur auf das häufiger anzutreffende Financial Leasing eingegangen. Das kurzfristige Operate Leasing bleibt außer Betracht.

Investitionsgüter finanzieren

Alternative II
(Leasingangebot der Leasing AG)

Leasingobjekt: Verpackungsmaschine DB E 280

Objektwert: 100.000,00 €

Vertragsabschlussgebühr: 10 % des Objektwertes

Grundmietzeit: 3 Jahre

Monatsmiete während der Grundmietzeit:
2 % vom Objektwert
(In dieser Zeit ist der Leasingvertrag unkündbar.)

Möglichkeit I bei Vertragsverlängerung:
Jahresmiete 6 % des Objektwertes

Möglichkeit II: Kauf zum Restbuchwert von 75.000,00 €

Alternative I
(Kreditangebot der Hausbank)

Ratendarlehen

Darlehenssumme: 100.000,00 €

Laufzeit: 8 Jahre

Effektivzins: 2,5 %

Berechnung des Ratendarlehens

Ratendarlehen				
Jahr	Tilgung	Zinsen	Gesamt	Restdarlehen
1	12.500,00 €	2.500,00 €	15.000,00 €	87.500,00 €
2	12.500,00 €	2.187,50 €	14.687,50 €	75.000,00 €
3	12.500,00 €	1.875,00 €	14.375,00 €	62.500,00 €
4	12.500,00 €	1.562,50 €	14.062,50 €	50.000,00 €
5	12.500,00 €	1.250,00 €	13.750,00 €	37.500,00 €
6	12.500,00 €	937,50 €	13.437,50 €	25.000,00 €
7	12.500,00 €	625,00 €	13.125,00 €	12.500,00 €
8	12.500,00 €	312,50 €	12.812,50 €	–
Gesamt	100.000,00 €	11.250,00 €	111.250,00 €	

Berechnung des Leasings
Vertragsabschlussgebühr:	10.000,00 €
36 Monatsmieten à 2.000,00 €:	72.000,00 €
Belastung in den ersten drei Jahren:	82.000,00 €

Möglichkeit I: Vertragsverlängerung
5 Jahre à 6.000,00 €:   30.000,00 €
Dies ergibt eine Gesamtbelastung in acht Jahren von 112.000,00 €.

Möglichkeit II: Kauf
Restbuchwert: 62.500,00 €
Dies ergibt eine Gesamtbelastung in acht Jahren von 144.500,00 €.

Fazit
Für beide Möglichkeiten ist das Leasing zwar die teurere Alternative, aber die Chiemgauer Sportmoden GmbH hat noch die weitere Möglichkeit, die Maschine nach drei Jahren zurückzugeben. Sie könnte dann eine Maschine auf dem neuesten Stand der Technik leasen oder kaufen. Darüber hinaus bleibt die Kreditwürdigkeit des Unternehmens erhalten. Je nach Gewichtung wird sich die Chiemgauer Sportmoden GmbH für das Leasing oder die Kreditfinanzierung entscheiden.

5.1.2.2 Factoring

Beim Factoring verkauft ein Unternehmen seine Forderungen gegenüber seinen Kunden vor der Fälligkeit an einen Factor (in der Regel eine Factoring-Gesellschaft oder ein Kreditinstitut). Dadurch stellt das Unternehmen sicher, dass seine Forderungen bezahlt werden. Auch wenn es seinen Kunden ein Zahlungsziel eingeräumt hat, erhält es sein Geld sofort nach dem Verkauf der Forderung. Somit hat dies einen Liquiditätseffekt und kann deshalb zu einer besonderen Form der Fremdfinanzierung gezählt werden.

Der Factor verlangt für seine Dienstleistung eine Gebühr. Diese setzt sich aus mehreren Teilen zusammen: zum einen aus Zinsen aus der Vorfinanzierung noch nicht fälliger Rechnungen, zum anderen auch als Entgelt für die Arbeiten, die mit dem Eintreiben und der Verwaltung von Forderungen entstehen (z. B. Übernahme des Forderungsmanagements beim Unternehmen, Mahnverfahren bei zweifelhaften Forderungen), und schließlich als Gebühr für das Forderungsausfallrisiko.

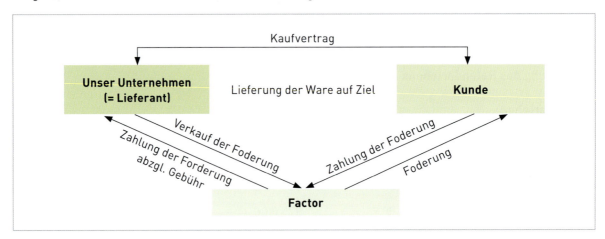

5.2 Lernsituation 10: Wir führen eine Bonitätsprüfung durch

Nach Sichtung und Auswertung der Unterlagen über die geplanten Investitionen haben sich die beiden Eigentümer darauf verständigt, einen Teil der Investitionen aus dem Gewinn des letzten Jahres zu finanzieren. Über den restlichen Betrag in Höhe von 1.600.000,00 € soll ein Darlehen aufgenommen werden. Aus diesem Grund bitten die beiden am Montagmorgen Frau Schmitt zu einem Gespräch.

Frau Berger: Guten Morgen, Frau Schmitt.
Frau Schmitt: Guten Morgen, Frau Berger und Herr Thaler.
Frau Berger: Also, wir haben uns darauf geeinigt, den Restbetrag über ein Darlehen zu finanzieren.
Herr Thaler: Stopp, bei den Beflockungsmaschinen sind wir uns noch nicht so ganz einig. Da liegt uns ein Angebot der Olsen Leasing AG vor. Ich denke, auch das sollten wir doch mal prüfen.
Frau Berger: Stimmt, wobei die 100.000,00 € bei der Kreditsumme ja dann auch nicht mehr so stark ins Gewicht fallen.
Frau Schmitt: Okay – also entweder der komplette Betrag als Darlehen oder aber die Beflockungsmaschinen geleast und über den Restbetrag ein Darlehen.
Frau Berger: Genau. Ich habe auch schon zu mehreren Banken Kontakt aufgenommen. Und die haben uns auch gleich Angebote zugesendet. Aber Sie hatten ja selbst in einer Bank gearbeitet, bevor Sie zu uns kamen. Deswegen wissen Sie ja selbst, dass ohne entsprechende Bonitätsprüfung bei einer Bank gar nichts geht.

Frau Schmitt:	Ja, zumindest in dieser Größenordnung. Aber ich weiß, worauf es ankommt.
Herr Thaler:	Genau. Deswegen seien Sie doch bitte so nett und stellen Sie uns alle benötigten Daten zusammen.
Frau Schmitt:	Kein Problem. Die Bilanz und die GuV liegen ja schon vor. Da kann ich mich dann gleich an die Arbeit machen und die wichtigen Bilanzkennzahlen berechnen. Ich denke, wenn ich die Liquidität zweiten Grades, die Eigenkapitalquote, den Anlagendeckungsgrad II und die Eigen- und Gesamtkapitalrentabilität ausrechne, sollte das reichen.
Frau Berger:	Wir verlassen uns da voll auf Sie und Ihr fachmännisches Urteil.
Frau Schmitt:	Danke. Und darüber hinaus wissen Sie ja auch, dass Banken nur dann Darlehen gewähren, wenn ihnen entsprechende Sicherheiten geboten werden. Ich werde dann auch gleich eine Auflistung erstellen, welche möglichen Alternativen wir da anzubieten hätten.
Frau Berger:	Sehr gut. Ich bringe Ihnen dann später noch die einzelnen Kreditangebote der Banken vorbei. Seien Sie dann bitte so freundlich und berechnen Sie die günstigste Alternative.
Frau Schmitt:	Alles klar, Sie haben spätestens morgen alle notwendigen Unterlagen auf dem Tisch.

Volksbank Raiffeisenbank Schweinfurt eG

Volksbank Schweinfurt eG Zentralgasse 14–21 97421 Schweinfurt

Berger & Thaler Sportswear OHG
Frau Berger
Wirsingstraße 7
97424 Schweinfurt

Ihr Zeichen:	Ber
Ihre Nachricht:	
Unser Zeichen:	Bor/uls
Unsere Nachricht:	
Name:	Peter Bormann
Telefon:	09721 435-15
Telefax:	
E-Mail:	
Datum:	17.02.20XX

Angebot

Sehr geehrte Frau Berger,

vielen Dank für Ihre Anfrage. Wir können Ihnen folgendes Kreditangebot unterbreiten:

Kredithöhe:	**1.600.000,00 €**
Laufzeit:	**8 Jahre**
Zinssatz:	**1,8 % p. a.**
Tilgung:	**in jährlichen Raten zu je 200.000,00 €**

Für Rückfragen stehen wir Ihnen gerne zur Verfügung und freuen uns auf Ihre Rückmeldung.

Mit freundlichen Grüßen

Volksbank Raiffeisenbank Schweinfurt eG

ppa. *Peter Bormann*   i. A. *Andrea Ulsamer*

Peter Bormann   Andrea Ulsamer

Geschäftsräume	**Kontakt**	**Bankdaten**
Zentralgasse 14–21	Tel.: 09721 435-0	VR-Bank Schweinfurt eG
97421 Schweinfurt	Fax: 09721 435-20	BLZ 703 500 00
Amtsgericht Schweinfurt HRB 74713	E-Mail: info@vr-bank-sw.de	BIC GENODEF1ATE
	Internet: www.vr-bank-sw.de	

Investitionsgüter finanzieren

Olsen PrivatBank AG, Jungfernstieg 22, 20354 Hamburg

Berger & Thaler Sportswear OHG
Frau Berger
Wirsingstraße 7
97424 Schweinfurt

Ihr Zeichen:	Ber
Ihre Nachricht:	
Unser Zeichen:	Ols
Unsere Nachricht:	
Name:	Sven Olsen
Telefon:	040 32168-12
Telefax:	
E-Mail:	
Datum:	12.02.20XX

Angebot

Sehr geehrte Frau Berger,

vielen Dank für Ihre Anfrage. Wir können Ihnen folgendes Angebot unterbreiten:

Alternative I:
- Kredithöhe: 1.600.000,00 €
- Laufzeit: 8 Jahre
- Zinssatz: 1,4 % p. a.
- Tilgung: Rückzahlung in einem Betrag am Ende der Laufzeit

Alternative II:
- Kredithöhe: 1.500.000,00 €
- Laufzeit: 8 Jahre
- Zinssatz: 1,4 % p. a.
- Tilgung: Rückzahlung in einem Betrag am Ende der Laufzeit

Hinzu kommt das Leasing von vier Maschinen (in Zusammenarbeit mit der Olsen Leasing AG):

- Objekt: 4 x Beflockungsmaschine Typ Erkmann A 400 L 14
- Objektwert: 100.000,00 €
- Abschlussgebühr: 10 % des Objektwertes
- Grundmietzeit: 4 Jahre – in dieser Zeit ist der Leasingvertrag unkündbar
  Monatsmiete während der Grundmietzeit 2 % vom Objektwert

Nach der Grundmietzeit bestehen drei Möglichkeiten:

- Alternative I: Rückgabe des Objektes
- Alternative II: Vertragsverlängerung zu einer Jahresmiete von 6 % des Objektwertes
- Alternative III: Kauf des Objektes zum Restbuchwert in Höhe von 50.000,00 €

Für Rückfragen stehen wir Ihnen gerne zur Verfügung und freuen uns auf Ihre Rückmeldung.

Mit freundlichen Grüßen

Olsen PrivatBank AG

Sven Olsen
Sven Olsen

Jungfernstieg 22 • 20354 Hamburg
Tel.: 040-32168 0 • Fax: 040 32168 150
E-Mail: info@olsen-hh.de • Internet: www.olsen-hh.de
BLZ: 200 430 15 • BIC: OLBADEHHXXX
Amtsgericht Hamburg HRB 12246

1. Macht euch mit der Situation vertraut, indem ihr euch zunächst orientiert: Betrachtet hierzu die erhaltenen Informationen zu den Themen. Stellt sicher, dass euch klar ist, was eure Aufgabe ist. **(Orientierung und Information)**
2. Plant euer weiteres Vorgehen, indem ihr euch Gedanken macht, was in dieser konkreten Situation zu tun ist, und notiert sie stichpunktartig. **(Planung)**
3. Führt die notwendigen Arbeitsschritte durch und dokumentiert diese nachvollziehbar. **(Durchführung)**
4. Präsentiert eure Ergebnisse im Klassenplenum. Bewertet eure Vorgehensweise zusammen mit dem Lehrer und den Mitschülern. Nehmt Kritikpunkte zur Vollständigkeit und inhaltlichen Richtigkeit auf, ergänzt eure Ausarbeitungen und korrigiert Fehler. **(Bewertung)**
5. Reflektiert eure Ergebnisse, indem ihr konstruktives Feedback eures Lehrers und der Gruppenmitglieder annehmt und Schlüsse für zukünftige Präsentationen zieht. **(Reflexion)**

5.2.1 Der Kreditvertrag

Überblick

Ein Kreditvertrag kommt durch zwei übereinstimmende Willenserklärungen zustande: auf der einen Seite der Kreditnehmer, der den Kredit bei einem Kreditinstitut beantragt, auf der anderen Seite das Kreditinstitut, das den Kredit bewilligt.

Dabei wird das Kreditinstitut nur dann Geld verleihen, wenn es sich sicher sein kann, dass es das verliehene Geld vom Kreditnehmer auch wieder zurückerhält. Somit wird das Kreditinstitut den Kreditnehmer vor Abschluss des Kreditvertrages genau überprüfen. Dies erfolgt im Rahmen einer Bonitätsprüfung. Dabei wird der Kreditnehmer zum einen auf seine Kreditfähigkeit geprüft, d. h., ob er die Voraussetzungen mitbringt, rechtswirksame Kreditverpflichtungen einzugehen. Bei Privatpersonen ist hierfür das Vorliegen der Geschäftsfähigkeit[7] erforderlich. Bei Unternehmen liegt die Kreditfähigkeit vor, wenn der Eigentümer selbst oder eine von ihm bevollmächtigte Person den Kreditvertrag abschließt.

Als zweiten Schritt wird das Kreditinstitut den Kreditnehmer auf seine Bonität bzw. Kreditwürdigkeit überprüfen, d. h. die Fähigkeit, die aufgenommenen Schulden auch zurückzahlen zu können. Bei Privatpersonen werden hier z. B. die berufliche Qualifikation, das Beschäftigungsverhältnis und Einkommensnachweise herangezogen. Bei Unternehmen dienen dazu vor allem die Bilanz und die GuV und daraus zu ermittelnde Kennzahlen.

Da aber die Rückzahlung (Tilgung) des Kredits in der Zukunft liegt, wird das Kreditinstitut immer entsprechende Sicherheiten für den Fall fordern, dass die Schulden doch nicht mehr zurückgezahlt werden können. Im Folgenden werden wir uns auf den Kreditvertrag mit einem Unternehmen konzentrieren und neben den einzelnen Kreditsicherungsmöglichkeiten insbesondere verschiedene Kennzahlen aus der Bilanz und der GuV näher betrachten.

Bilanzanalyse

Gerade bei der Beurteilung der Frage, ob ein Kreditinstitut einem Unternehmen einen Kredit einräumt, also es als kreditwürdig einstuft, spielen die Zahlen des Unternehmens eine wichtige Rolle. Zwei wichtige Informationsquellen, aus denen die relevanten Zahlen abgelesen werden können, sind die Bilanz und das Gewinn- und Verlustkonto (GuV). Die Auswertung der Zahlen erfolgt mithilfe verschiedener Kennzahlen. Um sie vergleichbar zu machen, gibt es unterschiedliche Möglichkeiten:

- Vergleich der aktuellen Daten mit denen vorangegangener Perioden (Zeitvergleich)
- Vergleich der aktuellen Daten mit den Daten anderer Unternehmen der gleichen Branche (Branchenvergleich)
- Vergleich der aktuellen Daten mit den Zielvorgaben (Planungsdaten) aus der vorangegangenen Periode (Soll-Ist-Vergleich)

---

[7] Vgl. Band 1, Jahrgangsstufe 7, S. 79–82.

Im Folgenden sollen nun einige Bilanzkennzahlen etwas näher vorgestellt werden:

Aktiva	Bilanz der Chiemgauer Sportmoden GmbH zum 31.12.20XX		Passiva
Grundstücke und Gebäude	690.000,00 €	Eigenkapital	356.800,00 €
Lagereinrichtung	24.000,00 €	Darlehen	500.000,00 €
Fuhrpark	65.000,00 €	Verbindlichkeiten aus L.L.	33.200,00 €
BGA	41.000,00 €		
Handelswaren	35.850,00 €		
Forderungen aus L.L.	26.745,00 €		
Bank	5.600,00 €		
Kasse	1.805,00 €		
	890.000,00 €		**890.000,00 €**

Soll	GuV der Chiemgauer Sportmoden GmbH zum 31.12.20XX		Haben
Aufwendungen für Handelswaren	987.400,00 €	Umsatzerlöse für Handelswaren	1.433.600,00 €
Personalaufwand	282.000,00 €	Sonstige betriebliche Erträge	58.400,00 €
Abschreibungen	62.400,00 €		
Zinsen	12.500,00 €		
Sonstige betriebliche Aufwendungen	24.500,00 €		
Gewinn	123.200,00 €		
	1.492.000,00 €		**1.492.000,00 €**

Liquidität

Unter der Liquidität versteht man die Fähigkeit, seinen kurzfristigen Verbindlichkeiten nachkommen zu können. Allerdings handelt es sich um statische Daten des Bilanzstichtages und gerade das Umlaufvermögen ändert sich ja ständig (so kann man aus der Bilanz nicht ablesen, ob z. B. am Folgetag ein größerer Betrag zur Darlehenstilgung fällig wird). Dennoch werden die folgenden Liquiditätskennzahlen oft zur Beurteilung der Kreditwürdigkeit herangezogen.

$$\text{Liquidität 1. Grades} = \frac{\text{Flüssige Mittel (= Bank + Kasse)}}{\text{kurzfristiges Fremdkapital}}$$

$$\text{Liquidität 2. Grades} = \frac{\text{Flüssige Mittel + Forderungen}}{\text{kurzfristiges Fremdkapital}}$$

$$\text{Liquidität 3. Grades} = \frac{\text{Umlaufvermögen}}{\text{kurzfristiges Fremdkapital}}$$

Die Liquidität ersten Grades greift etwas zu kurz, denn es werden nur die Konten „Bank" und „Kasse" berücksichtigt. Auch die Forderungen sind in der Regel nach spätestens 30 Tagen fällig, sodass auch sie bei der Beurteilung der Zahlungsfähigkeit eingerechnet werden sollten (Liquidität zweiten Grades). Die Berücksichtigung des gesamten Umlaufvermögens (Liquidität dritten Grades) dient nur als weiterer Anhaltspunkt, denn zum aktuellen Zeitpunkt ist ja nicht bekannt, ob und wie viel der gelagerten Handelswaren verkauft werden können.

Somit dient vor allem die Liquidität zweiten Grades als geeignetste Kennzahl. Ein Wert von 1 bzw. 100 % wird allgemein als ausreichend gewertet. Dies bedeutet, dass alle kurzfristigen Verbindlichkeiten durch kurzfristig fällige liquide Mittel abgedeckt sind.

Für unser Beispiel bedeutet dies:

$$\text{Liquidität 1. Grades} = \frac{5.600{,}00\ € + 1.805{,}00\ €}{33.200{,}00\ €} = 0{,}2230 \text{ bzw. } 22{,}30\,\%$$

$$\text{Liquidität 2. Grades} = \frac{5.600{,}00\ € + 1.805{,}00\ € + 26.745{,}00\ €}{33.200{,}00\ €} = 1{,}0286 \text{ bzw. } 102{,}86\,\%$$

$$\text{Liquidität 3. Grades} = \frac{70.000{,}00\ €}{33.200{,}00\ €} = 2{,}1084 \text{ bzw. } 210{,}84\,\%$$

Kapitalstruktur
Unter der Kapitalstruktur versteht man den Anteil des Eigenkapitals und des Fremdkapitals am Gesamtkapital.

$$\text{Eigenkapitalquote} = \frac{\text{Eigenkapital}}{\text{Gesamtkapital}}$$

$$\text{Eigenkapitalquote} = \frac{\text{Fremdkapital}}{\text{Gesamtkapital}}$$

Die Summen der beiden Quoten ergeben immer 100 %. Einen klaren Grundsatz, ab welchem Anteil die Eigenkapitalquote als positiv zu bewerten ist, gibt es nicht. Nur für bestimmte Branchen (z. B. Banken und Versicherungen) gibt es klare Regelungen, da sie mit hohen Risiken verbunden sind. In der betrieblichen Praxis wird allgemein eine Eigenkapitalquote von 30–40 % als positiv bewertet, wobei insbesondere immer die Unternehmensgröße und die Branche berücksichtigt werden müssen.

Für unser Beispiel bedeutet dies:

$$\text{Eigenkapitalquote} = \frac{356.800{,}00\ €}{890.000{,}00\ €} = 0{,}4009 \text{ bzw. } 40{,}09\,\%$$

$$\text{Fremdkapitalquote} = \frac{533.200{,}00\ €}{890.000{,}00\ €} = 0{,}5991 \text{ bzw. } 59{,}91\,\%$$

Anlagendeckung
Unter der Anlagendeckung versteht man, in welchem Umfang das Anlagevermögen (langfristig im Unternehmen gebundenes Vermögen) durch langfristiges Kapital (Eigenkapital und langfristiges Fremdkapital) gedeckt wird.

$$\text{Anlagedeckung I} = \frac{\text{Eigenkapital}}{\text{Anlagevermögen}}$$

$$\text{Anlagedeckung II} = \frac{\text{Eigenkapital} + \text{langfristiges Fremdkapital}}{\text{Anlagevermögen}}$$

Als ausreichend wird die Anlagendeckung II dann bezeichnet, wenn der Wert ≥ 1 ist. Dies bedeutet nämlich, dass das komplette Anlagevermögen durch langfristig im Unternehmen gebundenes Kapital abgesichert ist.

In einer etwas engeren Fassung sieht das die „Goldene Bilanzregel". Sie fordert, dass das Anlagevermögen durch das Eigenkapital gedeckt sein muss (Anlagevermögen = Eigenkapital).

Für unser Beispiel bedeutet dies:

$$\text{Anlagedeckung I} = \frac{356.800,00\ €}{820.000,00\ €} = 0,4351 \text{ bzw. } 43,51\,\%$$

$$\text{Anlagedeckung II} = \frac{356.800,00\ € + 500.000,00}{820.000,00\ €} = 1,0449 \text{ bzw. } 104,49\,\%$$

Rentabilität

Bei der Rentabilität wird der Gewinn im Verhältnis zum eingesetzten Kapital betrachtet. Über die Höhe einer angemessenen Rentabilität kann man nur schwer Aussagen machen; sie sind ganz entscheidend von der jeweiligen Branche abhängig. Allerdings spiegelt die Rentabilität die „Zinsen" wider, die ein Unternehmer für sein investiertes Kapital erhält. Somit lohnt es sich auch nur, wenn die Verzinsung des Eigenkapitals über dem langfristigen Kapitalmarktzins liegt. Dieser langfristige Kapitalmarktzins liegt zurzeit unter 1 %.

$$\text{Eigenkapitalrentabilität} = \frac{\text{Gewinn}}{\text{Eigenkapital}}$$

$$\text{Gesamtkapitalrentabilität} = \frac{\text{Gewinn + Fremdkapitalzinsen}}{\text{Gesamtkapital}}$$

Für unser Beispiel bedeutet dies:

$$\text{Eigenkapitalrentabilität} = \frac{123.200,00\ €}{356.800,00\ €} = 0,3453 \text{ bzw. } 34,53\,\%$$

$$\text{Gesamtkapitalrentabilität} = \frac{123.200,00\ € + 12.500,00\ €}{890.000,00\ €} = 0,1525 \text{ bzw. } 15,25\,\%$$

Die Eigenkapitalrentabilität liegt weit über dem Kapitalmarktzins. Für die Eigentümer ist also eine Investition ins eigene Unternehmen als überdurchschnittlich positiv zu bewerten. Auch die Gesamtkapitalrentabilität liegt noch erheblich über dem Kapitalmarktzins. Somit kann hier von einer sehr hohen Kreditwürdigkeit gesprochen werden.

Fazit

Fassen wir noch einmal die Ergebnisse für die Chiemgauer Sportmoden GmbH zusammen:

– Die Liquidität zweiten Grades liegt bei 102,86 %; damit sind alle kurzfristigen Schulden durch flüssige Mittel und Forderungen abgedeckt.
– Die Eigenkapitalquote liegt bei 40,09 % und kann damit als ausreichend eingestuft werden.
– Die Goldene Bilanzregel wird zwar nicht erreicht (nur 43,51 %), aber bei der Anlagendeckung II wird mit 104,49 % ein durchaus ausreichender Wert erreicht. Somit ist das komplette Anlagevermögen durch Eigenkapital und langfristiges Fremdkapital gedeckt.
– Sowohl die Eigenkapitalrentabilität (34,53 %) als auch die Gesamtkapitalrentabilität (15,25 %) übertreffen den derzeitigen Kapitalmarktzins um ein Vielfaches.

Zusammenfassend kann von einer positiven Kreditwürdigkeit gesprochen werden. Allerdings sollte man diese Daten nur im Vergleich mit anderen Daten betrachten. Wie eingangs schon erwähnt, würde es für die Chiemgauer Sportmoden GmbH Sinn machen, diese Ergebnisse entweder mit den Daten aus vorangegangenen Jahren (Zeitvergleich) oder mit den Daten anderer Unternehmen der gleichen Branche (Branchenvergleich) zu vergleichen.

5.2.2 Kreditsicherung

Der folgende Überblick zeigt die verschiedenen Kreditsicherungen:

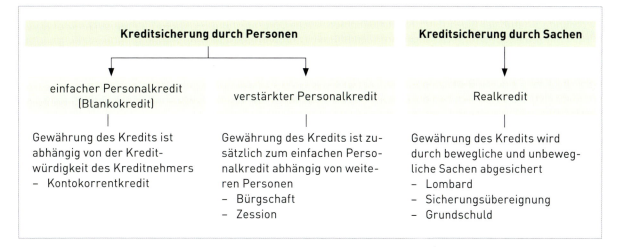

Kontokorrent

Beim Kontokorrentkredit ist die Gewährung eines Kredits abhängig von der Kreditwürdigkeit des Kreditnehmers. Neben den persönlichen Voraussetzungen spielt bei Unternehmen die Rechtsform eine wichtige Rolle. Insbesondere die Haftung des Eigentümers/der Eigentümer stellt bei der Entscheidungsfindung des Kreditinstituts ein entscheidendes Kriterium dar.

Exkurs: Rechtsformen von Unternehmen

Für jeden Unternehmensgründer stellt sich zu Beginn die Frage, welche Rechtsform für die Zielsetzungen seines Unternehmens am besten geeignet ist. Neben den nachstehend genannten haben sich in der Praxis noch weitere Formen, vor allem Mischformen, gebildet.

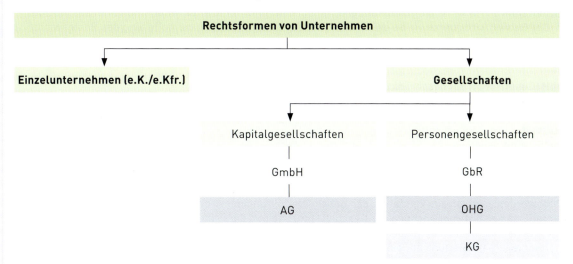

Die Wahl der Rechtsform wirkt sich auf einige wichtige betriebswirtschaftliche Fragestellungen aus:
- Geschäftsführung
- Gewinn- und Verlustverteilung
- Haftung
- Möglichkeiten der Kapitalbeschaffung

Nachfolgend sollen einige Rechtsformen vorgestellt werden, wobei der Schwerpunkt auf der Frage der Kreditsicherheit, also der Haftung der Eigentümer, liegt

Einzelunternehmen
Die in der Praxis am häufigsten anzutreffende Rechtsform ist die des Einzelunternehmens. Die Gründung ist sehr einfach, da keine Form vorgeschrieben ist. Auch wird kein Mindestkapital bei der Gründung gefordert. Die Geschäftsführung obliegt dem Eigentümer allein; ebenso steht ihm der Gewinn alleine zu. Als Einzelunternehmen haftet der Eigentümer für alle Schulden seines Unternehmens – und zwar unbegrenzt, also sowohl mit seinem Geschäftsvermögen als auch mit seinem Privatvermögen.

GbR (Gesellschaft des bürgerlichen Rechts)
Zur Gründung einer GbR sind mindestens zwei Gesellschafter notwendig. Sie kann formlos erfolgen; im Gesellschaftsvertrag müssen sich die Gesellschafter nur gegenseitig zur Erreichung eines gemeinsamen Ziels verpflichten. Für die Gründung einer GbR ist kein Mindestkapital vorgeschrieben. Allen Gesellschaftern steht die Geschäftsführung gemeinschaftlich zu, wobei der Grundsatz der Einstimmigkeit gilt. Auch der Gewinn bzw. Verlust steht ihnen in gleichen Anteilen zu bzw. muss von allen in gleichen Anteilen getragen werden. Die Beiträge der Gesellschafter ins Unternehmen und die durch den Geschäftsbetrieb erworbenen Gegenstände fließen als Geschäftsvermögen ein. Mit diesem und auch dem Privatvermögen wird bei der GbR gehaftet.

OHG (Offene Handelsgesellschaft)
Die OHG ist eine Personengesellschaft, deren Zweck auf den Betrieb eines Handelsgewerbes unter gemeinsamem Namen gerichtet ist. Auch bei der OHG muss kein Mindestkapital aufgebracht werden. Allerdings muss die OHG im Handelsregister eingetragen werden. Es sind mindestens zwei Gesellschafter notwendig. Alle Gesellschafter sind zur Geschäftsführung berechtigt und verpflichtet. Grundsätzlich ist jeder Gesellschafter allein zur Geschäftsführung berechtigt (Einzelgeschäftsführung). Allerdings kann im Gesellschaftervertrag geregelt werden, dass bestimmte Geschäfte der Zustimmung aller Gesellschafter bedürfen (Gesamtgeschäftsführung). Die Verteilung des Gewinns ist nach dem HGB geregelt: Zuerst werden die Geschäftsanteile der einzelnen Gesellschafter mit 4% verzinst; der restliche Gewinn wird nach Köpfen verteilt. Ein möglicher Verlust wird in gleichen Teilen auf die einzelnen Gesellschafter aufgeteilt. Die Haftung bei einer OHG ist unbeschränkt; das bedeutet, dass jeder Gesellschafter mit seinem Geschäfts- und Privatvermögen haftet. Darüber hinaus ist die Haftung unmittelbar; das bedeutet, dass jeder Gläubiger jeden Gesellschafter zur Begleichung von Schulden direkt heranziehen kann, und zwar unabhängig davon, ob dieser Gesellschafter auch die Verbindlichkeiten eingegangen ist. Und schließlich ist die Haftung gesamtschuldnerisch bzw. solidarisch; das bedeutet, dass jeder Gesellschafter allein für alle Schulden des Unternehmens haftet.

KG (Kommanditgesellschaft)
Die KG hat große Ähnlichkeiten zur OHG. Der große Unterschied besteht jedoch darin, dass es neben den Vollhaftern (Komplementären), wie bei der OHG, auch Teilhafter (Kommanditisten) gibt. Diese Teilhafter haften nur mit ihrer Geschäftseinlage. Auch bei der KG gibt es keine Vorschriften zu einem Mindestkapital. Zur Geschäftsführung sind nur die Vollhafter berechtigt und verpflichtet; die Teilhafter sind davon ausgeschlossen. Der Gewinn wird zuerst wie bei der OHG mit 4% der Einlage verzinst; die Aufteilung des Restgewinns wird im Gesellschaftervertrag regelt. Ebenso wird vertraglich geregelt, wie ein Verlust von den einzelnen Gesellschaftern zu tragen ist.

GmbH (Gesellschaft mit beschränkter Haftung)
Im großen Unterschied zu den bisher genannten Personengesellschaften ist die GmbH eine Kapitalgesellschaft. Kapitalgesellschaften sind juristische Personen und damit rechtsfähig. Bei ihnen müssen die Gesellschafter und die Geschäftsführung nicht die gleichen Personen sein. Bei der GmbH ist ein Mindestkapital (Stammkapital) von 25.000,00 € gesetzlich vorgeschrieben. Bei der Gründung einer GmbH bedarf der Gesellschaftervertrag der notariellen Beurkundung. Um als Unternehmen handeln zu können, müssen verschiedene Organe eingerichtet werden. Diese sind zum einen die Geschäftsführung und zum anderen die Gesellschafterversammlung. Bei mehr als 500 Beschäftigten muss zusätzlich ein Aufsichtsrat eingerichtet werden, der sich aus Vertretern der Gesellschafter und der Arbeitnehmer zusammensetzt. Seine Hauptaufgabe ist die Überwachung der Geschäftsführung und die Prüfung des Jahresabschlusses. Die Gewinnverteilung wird im Gesellschaftervertrag geregelt und richtet sich in der Regel nach den Geschäftsanteilen. Die Haftung der einzelnen Gesellschafter einer GmbH ist auf deren Einlage in das Unternehmen beschränkt.

AG (Aktiengesellschaft)
Wie die GmbH ist auch die AG eine Kapitalgesellschaft. Das Mindestkapital (Grundkapital) der AG beträgt 50.000,00 € und ist in Aktien zerlegt. Bei der Gründung muss der Gesellschaftervertrag ebenso notariell beurkundet werden. Jeder Gesellschafter (Aktionär) übernimmt Aktien durch Zahlung einer Einlage. Die Aktionäre werden am Gewinn der AG durch die sogenannte Dividende beteiligt. Die Haftung der Aktionäre ist auf ihre Einlage beschränkt. Die Organe der Aktiengesellschaft sind der Vorstand, der Aufsichtsrat und die Hauptversammlung. Der Vorstand ist zur Geschäftsführung befugt. Die Hauptversammlung wird regelmäßig einmal im Jahr durch den Vorstand einberufen und setzt sich aus allen Aktionären zusammen.

Bürgschaft

Der Bürgschaftsvertrag ist ein einseitig verpflichtender Vertrag. Der Bürge verpflichtet sich damit, für die Schulden des Kreditnehmers (= Schuldner) einzustehen.

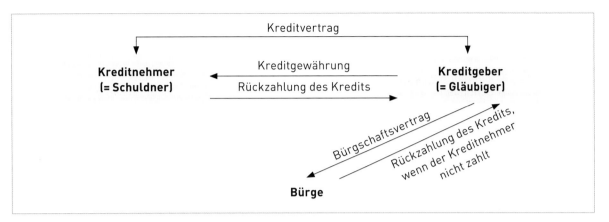

Wir unterscheiden zwei Arten von Bürgschaften:

- Bei der **Ausfallbürgschaft** muss der Bürge erst zahlen, wenn der Gläubiger gegen den Schuldner erfolglos eine Zwangsvollstreckung betrieben hat. Der Bürge hat „die Einrede der Vorausklage", d. h., er kann die Zahlung verweigern, solange der Gläubiger nicht eine Zwangsvollstreckung in das Vermögen des Schuldners versucht hat. Der Bürge haftet nur für den Ausfall.
- Bei der **selbstschuldnerischen Bürgschaft** ist die Einrede der Vorausklage ausgeschlossen. Der Bürge muss allerdings ausdrücklich auf sie verzichten. In diesem Fall kann der Bürge ohne vorherige Zwangsvollstreckung zur Zahlung verpflichtet werden, wenn der Schuldner am Fälligkeitstag der Schulden nicht bezahlt.

Zession

Bei einer Zession werden fällige Forderungen des Kreditnehmers gegenüber seinen Kunden an den Kreditgeber abgetreten. Der Kreditgeber wird also Gläubiger der Forderungen.

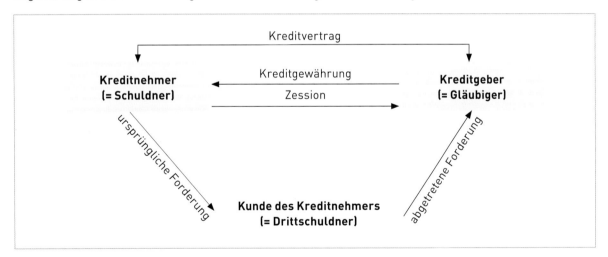

Wir unterscheiden zwei Arten der Zession:

- Von einer **stillen Zession** ist immer dann die Rede, wenn der Kunde des Kreditnehmers (= Drittschuldner) von der Forderungsabtretung nichts erfährt. Er zahlt nach wie vor an seinen Gläubiger, der das Geld anschließend an seinen Gläubiger (= Kreditgeber) weiterleitet.
- Wird der Kunde des Kreditnehmers über die Forderungsabtretung benachrichtigt, so liegt eine **offene Zession** vor. Er muss dann direkt an den neuen Gläubiger (= Kreditgeber) bezahlen.

Sicherungsübereignung

Bei einer Sicherungsübereignung übereignet der Eigentümer (= Kreditnehmer) eine bewegliche Sache an den Kreditgeber. Der Kreditnehmer bleibt weiterhin Besitzer.

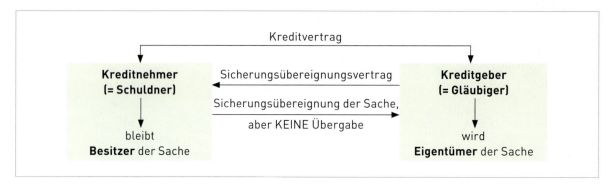

Die Sicherungsübereignung ist für Dritte nicht zu erkennen. Sie hat für den Kreditnehmer den Vorteil, dass er mit den übereigneten Sachen weiterarbeiten kann.

Maschinen, Fuhrpark, Geschäftsausstattung usw.

Lombard (Faustpfandrecht)

Im Gegensatz zur Sicherungsübereignung wird beim Lombard nicht das Eigentum, sondern der Besitz einer Sache vom Kreditnehmer auf den Kreditgeber übertragen. Der Kreditnehmer bleibt also weiterhin Eigentümer, der Kreditgeber wird Besitzer.

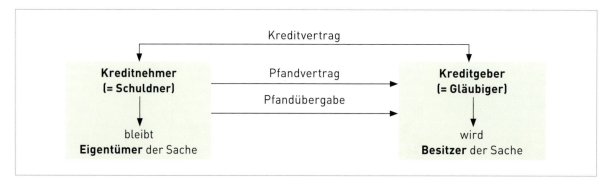

Das Pfandrecht erlischt dann, wenn der Kreditnehmer seine Schulden bezahlt hat. Sollte der Schuldner am Fälligkeitstag seine Schulden nicht begleichen können, hat der Kreditgeber das Recht, die verpfändeten Sachen versteigern zu lassen und seine Forderung aus dem Erlös zu befriedigen.

Wertpapiere, Edelmetalle, Schmuck usw.

Grundschuld
Zur Sicherung eines Kredits können auch Immobilien herangezogen werden. Die Absicherung von in der Regel langfristigen Krediten erfolgt bei Kreditinstituten durch ein Pfandrecht an Grundstücken und Gebäuden. Eingetragen wird diese Grundschuld im Grundbuch, einem Verzeichnis aller Grundstücke in einem Bezirk. Das Grundbuch gibt also Auskunft darüber, wer Eigentümer eines Grundstückes ist und welche Lasten auf einem Grundstück ruhen.

Bei einer Grundschuld haftet nur das belastete Grundstück (sogenannte dingliche Haftung). Die Grundschuld setzt das Bestehen einer Forderung eines Kreditinstituts nicht voraus; das bedeutet, das mit ihr sowohl gegenwärtige als auch zukünftige Forderungen abgesichert werden können. Da die Grundschuld an keine bestimmte Forderung gebunden ist, bleibt sie auch in voller Höhe bestehen. Daraus folgt, dass die Grundschuld auch nicht erlischt, wenn alle Schulden zurückgezahlt wurden („Grundschuld ohne Schuldgrund"). Die Grundschuld erlischt erst dann, wenn sie im Grundbuch gelöscht wird.

5.3 Lernsituation 11: Wir schreiben unseren neuen Geschäftswagen ab

Kathrin Knöll und Luis Kunze, beide Auszubildende zur/zum Industriekauffrau/-mann bei der Berger & Thaler Sportswear OHG, unterstützen momentan Frau Schmitt in der Verwaltung. Für Kathrin ist die Unterstützung durch Luis sehr wichtig, ist sie doch erst im ersten Ausbildungsjahr, während Luis im nächsten Jahr schon in die Abschlussprüfung geht.

Kathrin: Luis, kannst du mal eben herkommen?

Luis: Ja klar, was hast du für ein Problem?

Kathrin: Ich habe da ein paar Belege in meinem Eingangskörbchen. Also, die Rechnung für den neuen Geschäftswagen von Herrn Thaler, die kann ich ja zuordnen und auch verbuchen. Aber da sind noch eine Rechnung von der Versicherung, ein Bescheid vom Finanzamt, eine Rechnung von einer Werkstatt wegen einer Lackierung – und sogar die Rechnung von der Telekom wegen eines Handys.

Luis: Na ja, okay, Herr Thaler braucht in seinem Auto eigentlich schon ein Telefon. Und die Speziallackierung zum Geschäftswagen ist doch auch klar.

Kathrin: Nee, eigentlich ist nichts klar. Was bedeutet das für das Verbuchen?

Luis: Da gibt es einen § 255 im HGB, ich weiß das, weil ich gerade selbst nachschauen musste wegen des Transports einer Maschine. Also alle Kosten, die einmalig bei der Anschaffung eines Anlagegegenstandes anfallen und zur Betriebsbereitschaft dieses Anlagegutes notwendig sind, zählen zu den Anschaffungsnebenkosten. Und die werden dann auf dem Hauptkonto gebucht.

Kathrin: Jetzt ist es mir schon etwas klarer. Das heißt aber dann auch, dass Kosten, die mehrmals anfallen, da nicht hingehören.

Luis: Richtig.

Kathrin: Alles klar, das passt dann soweit. Frau Schmitt hat mir zusätzlich noch aufgetragen, da wir ja nicht mehr so lange bis Jahresende haben, auch schon mal die Buchungen der Abschreibung soweit vorzubereiten.

Luis: Okay, auch kein Problem. Du musst nur in der AfA-Tabelle nachschauen, wie lange die Nutzungsdauer eines Anlagegutes ist. Bei dem Geschäftswagen weiß ich, dass es sechs Jahre sind. Und dann musst du die Abschreibung nur auf die einzelnen Jahre verteilen. Das hält man in einem sogenannten Abschreibungsplan fest.

Kathrin: Ja, so einen Abschreibungsplan hab ich schon mal gesehen.

Luis: Ups, ganz wichtig ... hätte ich fast vergessen: Im Jahr der Anschaffung darfst du aber nicht den kompletten Betrag abschreiben. Da musst du genau hinschauen, in welchem Monat das Anlagegut gekauft wurde, und nur den zeitanteiligen Wert abschreiben.

Kathrin: Danke, Luis. Also, ich mache mich jetzt mal an die Arbeit. Und wenn ich noch Fragen habe, dann frage ich dich einfach noch einmal.

Klaus Klein GmbH

Neuwagen
Gebrauchtwagen
Leasing
Finanzierung

Autohaus K. Klein GmbH, Hafenstr. 88, 97424 Schweinfurt

Ihr Zeichen: Tha
Ihre Nachricht:
Unser Zeichen: Rot
Unsere Nachricht:

Berger & Thaler Sportswear OHG
Herr Thaler
Wirsingstraße 7
97424 Schweinfurt

Rechnung

Kundennummer	Rechnungs-Nr.	Auftrag	Lieferdatum	Rechnungsdatum
240091	RE 325-20XX	325/20XX	14.10.20XX	14.10.20XX

Wagentyp	Amtl. Kennzeichen	Fahrzeug-Ident-Nr.	Zulassungstag	km-Stand
Audi RS6	SW-BT 123	WAASEZ2GZLW499	15.10.20XX	000 237

Gemäß unseren Lieferbedingungen erhalten Sie folgendes Fahrzeug:

Audi RS6 Avant 4.0 TFSI quattro tiptronic	91.300,00 €
Überführungskosten	700,00 €
Rechnungsbetrag netto	92.000,00 €
19 % USt.	17.480,00 €
Rechnungsbetrag brutto	**109.480,00 €**

Wir danken für Ihren Auftrag und wünschen Ihnen eine gute Fahrt!

```
Finanzamt Schweinfurt                97421 Schweinfurt              18.10.20XX
Kraftfahrzeugsteuernummer            Schrammgasse 3
     044 SW-BT 13                    Telefon 09721 33972-412              ***
(Bitte bei Rückfragen angeben)
                                     Zahlungen an
                                     Steuerkasse Schweinfurt
       Finanzamt                     Bayerische Landesbank
   97436 Schweinfurt, PF 12 34       IBAN DE 32 7005 0000 0000 0014 53

              08.05     0,70 EUR

                                                    Bescheid
Berger & Thaler Sportswear OHG
Herr Thaler                                           über
Wirsingstraße 7
97424 Schweinfurt                              Kraftfahrzeugsteuer
```

A Festsetzung	€
Die Steuer wird für das Fahrzeug mit dem amtlichen Kennzeichen SW-BT 123 für die Zeit ab dem 15.10.20XX jährlich festgesetzt auf . .	480,00

B Zahlungsaufforderung	€
Bitte zahlen Sie spätestens bis zum 31.10.20XX für die Zeit vom 15.10.20XX bis zum 14.10.20XX und künftig jährlich spätestens bis zum 31.10.	480,00

C Erläuterungen

Bemessungsgrundlage: Fahrzeugart Limousine Hubraum 3974 cm³
Antriebsart: Otto

Investitionsgüter finanzieren

Allgemeine Versicherungs AG

Bezirksleitung
97070 Würzburg
Breite Gasse 14
Telefon: 0931 9200-0
Fax: 0931 9200-100
E-Mail: info@braunversicherung.de

Braun Allgemeine Versicherungs AG • 97070 Würzburg

Berger & Thaler Sportswear OHG
Frau Berger
Wirsingstraße 7
97424 Schweinfurt

Datum:
21.10.20XX

Beitragsrechnung für Ihre Kraftfahrzeugversicherung
Hersteller   Audi
Amtl. Kennzeichen   SW-BT 123
Versicherungsschein-Nr. 84355698 1/OTD

Sehr geehrtes Mitglied,

diese Rechnung weist den fälligen Versicherungsbeitrag aus. Den offenstehenden Beitrag werden wir frühestens zur Fälligkeit von dem uns bekannten Konto abbuchen. Dabei wird ein eventueller Saldovortrag oder ein Guthaben berücksichtigt.

Mit freundlichen Grüßen

Ihre Braun Versicherungs AG

(gültig ohne Unterschrift)

Versicherungsumfang

Kraftfahrzeug-Haftpflichtversicherung	450,00 €
Fahrzeug-Vollversicherung mit 600,00 € Selbstbeteiligung	425,00 €
Vierteljahresbeitrag, fällig am 31.10.20XX	875,00 €

– bitte für steuerliche Zwecke aufbewahren –

· T · ·

Deutsche Telekom AG
Niederlassung Schweinfurt

DV 01 0,70

Berger & Thaler Sportswear OHG
Herr Thaler
Wirsingstraße 7
97424 Schweinfurt

Datum   23.10.20XX
Seite   1 von 1

Kundennummer 1756453

Hausanschrift Waldstraße 12
               97422 Schweinfurt
Telefon   09721 68-0
Fax   09721 68-150

Beträge (Euro)

Für die Lieferung und den Einbau des Geräts
Handy Typ CompactLine Mega 4000
in das Fahrzeug Audi, amtliches Kennzeichen SW-BT 123 stellen wir Ihnen folgenden Betrag in Rechnung:

Nettobetrag	400,00
19 % Umsatzsteuer	76,00
Rechnungsbetrag	**476,00**

Bitte überweisen Sie den Rechnungsbetrag spätestens am 10. Tag nach Eingang der Rechnung auf das Girokonto der Buchungsstelle Telekom der Niederlassung Schweinfurt.

Bankverbindung: Sparda Bank Nürnberg, IBAN DE 14 7609 0500 0000 4961 55, BIC GENODEF1S06

Investitionsgüter finanzieren

Frankenlack KG
Lackierung für Technik und Industrie

Ostring 116
90376 Nürnberg

Tel.: 0911 399-0
Fax: 0911 399-115

E-Mail: info@frankenlack.de
www.frankenlack.de

Frankenlack KG, Ostring 116, 90376 Nürnberg

Berger & Thaler Sportswear OHG
Herr Thaler
Wirsingstraße 7
97424 Schweinfurt

Rechnung

Bitte unbedingt angeben:

Rechnungsnummer	FL 7651
Auftragsnummer	7651
Kundennummer	24000341
Rechnungsdatum	19.10.20XX
Leistungsdatum	19.10.20XX

Wir lieferten Ihnen für Ihr Fahrzeug

Audi RS6 Avant 4.0 TFSI quattro tiptronic
amtl. Kennzeichen SW-BT 123
Fahrzeug-Ident-Nr. WAASEZ2GZLW498

eine Speziallackierung mit der Aufschrift „Berger & Thaler Sportswear OHG"

Arbeitspreis	3.600,00 €
19 % USt.	684,00 €
Rechnungsbetrag brutto	**4.284,00 €**

Wir danken für Ihren Auftrag und wünschen Ihnen eine gute Fahrt!

Lernbereich 10.2.3

1. Macht euch mit der Situation vertraut, indem ihr euch zunächst orientiert: Betrachtet hierzu die erhaltenen Informationen zu den Themen. Stellt sicher, dass euch klar ist, was eure Aufgabe ist. **(Orientierung und Information)**
2. Plant euer weiteres Vorgehen, indem ihr euch Gedanken macht, was in dieser konkreten Situation zu tun ist, und notiert sie stichpunktartig. **(Planung)**
3. Führt die notwendigen Arbeitsschritte durch und dokumentiert diese nachvollziehbar. **(Durchführung)**
4. Präsentiert eure Ergebnisse im Klassenplenum. Bewertet eure Vorgehensweise zusammen mit dem Lehrer und den Mitschülern. Nehmt Kritikpunkte zur Vollständigkeit und inhaltlichen Richtigkeit auf, ergänzt eure Ausarbeitungen und korrigiert Fehler. **(Bewertung)**
5. Reflektiert eure Ergebnisse, indem ihr konstruktives Feedback eures Lehrers und der Gruppenmitglieder annehmt und Schlüsse für zukünftige Präsentationen zieht. **(Reflexion)**

5.3.1 Buchungen beim Anlagevermögen

Einkauf von Anlagevermögen
Berechnung der Anschaffungskosten
Alle Vermögensgegenstände des Anlagevermögens müssen beim Kauf mit ihren Anschaffungskosten aktiviert werden. Für die Berechnung der Anschaffungskosten schreibt das HGB vor:

> **§ 255 HGB**
> Anschaffungskosten sind die Aufwendungen, die geleistet werden, um einen Vermögensgegenstand zu erwerben und ihn in einen betriebsbereiten Zustand zu versetzen, soweit sie dem Vermögensgegenstand einzeln zugeordnet werden können. Zu den Anschaffungskosten gehören auch die Nebenkosten sowie die nachträglichen Anschaffungskosten Anschaffungspreisminderungen sind abzusetzen.

Sie können somit wie folgt dargestellt werden:

Anschaffungspreis
- − Anschaffungspreisminderungen
- + Anschaffungsnebenkosten
- = Anschaffungskosten

Der Anschaffungspreis ist der Nettobetrag, der auf der Rechnung beim Kauf des Vermögensgegenstandes ausgewiesen ist. Rabatte, Skonti und Boni mindern den Anschaffungspreis.

Anschaffungsnebenkosten sind Aufwendungen, die zusätzlich zum Anschaffungspreis aufgewendet werden, um den Vermögensgegenstand zu erwerben. Sie fallen einmalig an und beinhalten insbesondere die Verbringung an seinen Einsatzort und die Versetzung in einen betriebsbereiten Zustand. Hierzu gehören z. B. beim Grundstückskauf die Gebühren für die Eintragung ins Grundbuch, die Notarkosten, die Vermessungskosten des Grundstücks und die Grunderwerbsteuer; beim Kauf eines Pkw oder Lkw die Anmeldegebühr bei der Zulassungsstelle, die Kosten für das Kennzeichen, Lackierungskosten usw. Anschaffungsnebenkosten beim Kauf einer Maschine können Transportkosten, Verpackungskosten, Zölle, Kosten für ein Fundament, Kosten für die Montage und Erstinbetriebnahme usw. sein. Wichtige Voraussetzung aller Anschaffungsnebenkosten ist die direkte Zurechenbarkeit zu dem Vermögensgegenstand.

Hierzu folgendes Beispiel:
Die Chiemgauer Sportmoden GmbH hat sich einen neuen VW-Transporter mit Anhängerkupplung angeschafft. Folgende Rechnungen und Belege liegen vor:

Rechnung Autohaus König GmbH in Rosenheim:
Nettolistenpreis Transporter: 49.000,00 €
Anhängerkupplung (netto): 750,00 €
Überführungskosten (netto): 250,00 €
Der Rechnungsbetrag wurde mit 2 % Skonto per Banküberweisung beglichen.
Quittung der Zulassungsstelle:
Zulassungsgebühren: 144,00 €
Rechnung Lackierwerkstatt Trost in Rosenheim:
Speziallackierung (netto): 1.856,00 €
mit der Werbeaufschrift: *„Chiemgauer Sportmoden GmbH"*
Zur Finanzierung des VW-Transporters musste die Chiemgauer Sportmoden GmbH einen Kredit aufnehmen. Das Bankkonto wird daher mit einer monatlichen Annuität in Höhe von 1.121,00 € belastet.

Bei der ersten Auslieferungsfahrt mit dem neuen Transporter verursachte der Fahrer leider einen leichten Unfall, bei dem der vordere Kotflügel beschädigt wurde. Die Reparaturwerkstatt stellt der Chiemgauer Sportmoden GmbH einen Betrag in Höhe von 563,00 € + USt. in Rechnung.

	Anschaffungspreis	49.000,00 €
−	Anschaffungspreisminderungen	1.000,00 €
+	Anschaffungsnebenkosten	750,00 €
		250,00 €
		144,00 €
		1.856,00 €
=	Anschaffungskosten	51.000,00 €

Zur Information: Sowohl die Finanzierungskosten als auch die Kosten der Reparaturwerkstatt gehören nicht zu den Anschaffungsnebenkosten.

Buchung der Anschaffungskosten
Wie weiter oben schon erwähnt, müssen alle Vermögensgegenstände mit ihren Anschaffungskosten aktiviert werden, d. h., die Anschaffungskosten müssen als Vermögensgegenstand auf der Aktivseite der Bilanz aufgenommen werden. Dies setzt voraus, dass alle Anschaffungskosten auf dem jeweiligen Anlagenkonto direkt zu buchen sind: Anschaffungspreis und Anschaffungsnebenkosten auf der Soll-Seite, Anschaffungspreisminderungen auf der Haben-Seite.

Dies bedeutet für unser Beispiel:

Rechnung Autohaus König GmbH in Rosenheim:
Nettolistenpreis Transporter: 49.000,00 €
Anhängerkupplung (netto): 750,00 €
Überführungskosten (netto): 250,00 €

Buchungssatz				Betrag (in €)	
				Soll	Haben
0840	FP			50.000,00	
2600	VORST	an		9.500,00	
			4400 VE		59.500,00

Der Rechnungsbetrag wurde mit 2 % Skonto per Banküberweisung beglichen.

Investitionsgüter finanzieren

Buchungssatz				Betrag (in €)	
				Soll	Haben
4400 VE				59.500,00	
	an	2800	BK		58.310,00
		0840	FP		1.000,00
		2600	VORST		190,00

Quittung der Zulassungsstelle:
Zulassungsgebühren: 144,00 €

Buchungssatz				Betrag (in €)	
				Soll	Haben
0840 FP				144,00	
	an	2880	KA		144,00

Rechnung Lackierwerkstatt Trost in Rosenheim:
Speziallackierung mit der Werbeaufschrift: *„Chiemgauer Sportmoden GmbH"* (netto): 1.856,00 €

Buchungssatz				Betrag (in €)	
				Soll	Haben
0840 FP				1.856,00	
2600 VORST	an			352,64	
		4400	VE		2.208,64

5.3.2 Abschreibung des Anlagevermögens

Vermögensgegenstände des Anlagevermögens verlieren im Lauf der Zeit an Wert. Um diese Wertminderung und damit immer den aktuellen Wert eines Vermögensgegenstandes zu erfassen, werden sie abgeschrieben.

> **§ 253 Abs. 3 HGB**
> Bei Vermögensgegenständen des Anlagevermögens, deren Nutzung zeitlich begrenzt ist, sind die Anschaffungs- oder Herstellungskosten um planmäßige Abschreibungen zu vermindern. Der Plan muss die Anschaffungs- oder Herstellungskosten auf die Geschäftsjahre verteilen, in denen der Vermögensgegenstand voraussichtlich genutzt werden kann [...].

Gründe für die planmäßige Abschreibung sind:

- Verschleiß durch Nutzung (z. B. beim Pkw durch Fahren)
- natürlicher Verschleiß (z. B. durch Rosten)
- technischer Fortschritt

Wichtig bei der Berechnung des Abschreibungsbetrages ist die Nutzungsdauer. Hierzu hat das Bundesfinanzministerium die sogenannte betriebsgewöhnliche Nutzungsdauer für verschiedene Anlagegüter festgelegt, die sie in den AfA-Tabellen zusammengefasst hat. Danach hat z. B. ein Pkw eine betriebsgewöhnliche Nutzungsdauer von sechs Jahren, eine Verpackungsmaschine eine betriebsgewöhnliche Nutzungsdauer von 13 Jahren.

Berechnung der Abschreibung
Mithilfe der folgenden beiden Formeln kann die Abschreibung berechnet werden:

Jährlicher Abschreibungsbetrag (in €)	Jährlicher Abschreibungssatz (in %)
$\dfrac{\text{Anschaffungskosten}}{\text{Nutzungsdauer}}$	$\dfrac{100\,\%}{\text{Nutzungsdauer}}$

Für unser obiges Beispiel bedeutet das:

- jährlicher Abschreibungssatz: 100 % : 6 Jahre = 16,67 %
- jährlicher Abschreibungsbetrag: 51.000,00 € : 6 Jahre = 8.500,00 €

Bei der Berechnung der Abschreibung sind jedoch nicht nur die Anschaffungskosten alleine zu berücksichtigen, sondern insbesondere im Jahr des Kaufes muss auch das genaue Anschaffungsdatum mit in die Berechnung einbezogen werden. Anlagegüter dürfen im Jahr des Kaufes nur zeitanteilig abgeschrieben werden, d. h., es muss eine monatsgenaue Abschreibung erfolgen. Wichtig hierbei ist, dass der Monat, in dem das Anlagegut gekauft wurde, immer mit dazugerechnet werden muss (egal ob am 1. oder 31. des Monats).

Der Transporter aus dem Beispiel oben wurde am 25. Oktober gekauft.

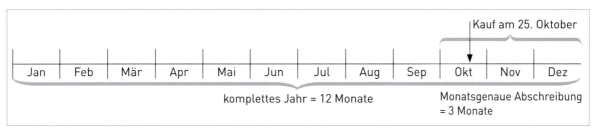

Das bedeutet, dass der Transporter im ersten Jahr wie folgt abgeschrieben wird:

$$\dfrac{8.500,00\ \text{€} \times 3\ \text{Monate}}{12\ \text{Monate}} = 2.125,00\ \text{€}$$

Mit diesen Werten kann für den Transporter ein Abschreibungsplan erstellt werden:

Abschreibungsplan	
Anlagegut	Transporter
Kaufdatum	25. Oktober 20..
Anschaffungskosten	51.000,00 €
Nutzungsdauer (laut AfA-Tabelle)	6 Jahre

Jahr	Abschreibung	Restbuchwert am 31. Dezember
1	2.125,00 €	48.875,00 €
2	8.500,00 €	40.375,00 €
3	8.500,00 €	31.875,00 €
4	8.500,00 €	23.375,00 €
5	8.500,00 €	14.875,00 €
6	8.500,00 €	6.375,00 €
7	6.375,00 €	–

Da der Transporter im Oktober gekauft wurde, kann er natürlich im letzten Jahr auch nur mit dem zeitanteiligen Wert (Januar bis September) abgeschrieben werden. Somit vermindert sich der Wert des Anlagegutes von Jahr zu Jahr und hat am Ende des letzten Jahres den Wert 0,00 €. Das bedeutet, dass der Transporter damit aus der Bilanz verschwindet.

Eine Besonderheit besteht dann, wenn das Anlagegut über die betriebsgewöhnliche Nutzungsdauer hinaus weitergenutzt wird. Dann darf das Anlagegut nicht aus der Bilanz verschwinden. Es wird dann mit dem sogenannten Erinnerungswert von 1,00 € in der Bilanz weitergeführt. Das bedeutet natürlich dann auch, dass es im letzten Jahr nur mit 1,00 € weniger abgeschrieben werden darf (im Beispiel auf der vorherigen Seite 6.374,00 €).

Buchung der Abschreibung
Die Erfassung in der Buchhaltung erfolgt immer in zwei Schritten:

1. Buchung der Abschreibung
2. Buchung des Restbuchwertes

Da die Abschreibung den Wert des Anlagegutes vermindert, muss dies auf dem aktiven Bestandskonto auf der Haben-Seite gebucht werden. Die Abschreibung bedeutet für das Unternehmen einen Aufwand, der dann auf der Soll-Seite gegengebucht wird.

Für das Beispiel auf der vorherigen Seite bedeutet das im Anschaffungsjahr:

Buchungssatz			Betrag (in €)	
			Soll	Haben
6520 Abschreibung	an		2.125,00	
		0840 FP		2.125,00

Der Restbuchwert wird dann über das Schlussbilanzkonto abgeschlossen.

Buchungssatz			Betrag (in €)	
			Soll	Haben
8010 SBK	an		48.875,00	
		0840 FP		48.875,00

Aufgaben zum Lernbereich 10.2.3

Aufgabe 1

Das Unternehmen **„JoSi-Möbel"** beabsichtigt, im aktuellen Geschäftsjahr ein Grundstück mit einer Leichtbaufertigungshalle zu erwerben. Hierzu wird ein Kreditbetrag in Höhe von 800.000,00 € benötigt. Dir liegt ein Rechenblatt mit bereits eingeholten Kreditangeboten für zwei Darlehen vor:

Vergleich von Kreditangeboten		
Bank	Hausbank	Landbank
Kreditbedingungen		
Laufzeit (Jahre)	5	5
Zinssatz	4,80 %	4,50 %
Bedingungen	Rückzahlung in jährlich gleichbleibenden Tilgungsraten	Rückzahlung des gesamten Kreditbetrages am Ende der Laufzeit

Stelle in übersichtlicher Form für beide Darlehen die unterschiedliche Liquiditätsbelastung dar und ermittle das für die JoSi-Möbel günstigere Darlehen.

Aufgabe 2

Soll	Bilanz der Fischer Reisen GmbH 2015		Haben
Sachanlagen	355.000,00 €	Eigenkapital	252.000,00 €
Vorräte	33.000,00 €	Langfr. Fremdkapital	185.000,00 €
Forderungen	28.000,00 €	Kurzfr. Fremdkapital	23.000,00 €
Flüssige Mittel	44.000,00 €		
	460.000,00 €		**460.000,00 €**

Soll	Bilanz der Fischer Reisen GmbH 2016		Haben
Sachanlagen	380.000,00 €	Eigenkapital	300.000,00 €
Vorräte	35.000,00 €	Langfr. Fremdkapital	173.000,00 €
Forderungen	31.000,00 €	Kurzfr. Fremdkapital	27.000,00 €
Flüssige Mittel	54.000,00 €		
	500.000,00 €		**500.000,00 €**

1. Ermittle für beide Jahre die Kennzahlen der Bilanz.
2. Beurteile die Kreditwürdigkeit des Reiseunternehmens.

Aufgabe 3

Du bist Mitarbeiter der Privatbank Hansen. Einer deiner Kunden ist die Kern KG, Herstellerin von optischen Geräten. Die Kern KG beabsichtigt, vier neue Fertigungsmaschinen mit einem Wert von insgesamt 900.000,00 € anzuschaffen, um Lieferengpässe zu vermeiden. Neben der Eigenfinanzierung ist die Aufnahme eines Bankkredits in Höhe von 580.000,00 € erforderlich.

Anlage 1

Aktiva	Vereinfachte Bilanz der Kern KG (in €)		Passiva
Grundstücke und Gebäude	1.890.000,00 €	Eigenkapital	1.465.200,00 €
Geschäftsausstattung	193.400,00 €	Darlehen	1.728.000,00 €
Maschinen	300.600,00 €	Verbindlichkeiten aus L.L.	72.000,00 €
Fahrzeuge	271.300,00 €		
Vorräte	56.500,00 €		
Wertpapiere	170.000,00 €		
Forderungen	349.300 €		
Bankguthaben	28.400,00 €		
Kassenbestand	5.700,00 €		
	3.265.400,00 €		**3.265.400,00 €**

Zur Info: Der Gewinn im letzten Jahr lag bei 52.000 €.

Anlage 2

Durchschnittliche Werte der Branche	
Eigenkapitalquotes	70 %
Anlagendeckungsgrad	80 %
Liquidität zweiten Grades	180 %
Eigenkapitalrentabilität	10 %

1. Wähle aus der Bilanz (Anlage 1) der Kern KG vier geeignete Vermögenswerte aus und ordne diesen vier unterschiedliche Kreditsicherungsmöglichkeiten zu. Beschreibe die jeweilige Kreditsicherung und beurteile die Eignung.
2. Beurteile die Kreditwürdigkeit der Kern KG. Berücksichtige insbesondere Ergebnisse einer Bilanzanalyse und Zahlen des Branchenvergleichs (Anlage 2).

Aufgabe 4 Ermittlung und Buchung der Anschaffungskosten
1. Kauf einer Stanzmaschine: Anschaffungspreis netto 80.000,00 €, Kosten für die Verpackung 600,00 €, Frachtkosten 1.050,00 €, Montagekosten 2.600,00 €. Der Lieferant gewährt einen Treuerabatt von 5 % auf den Listenpreis.
    a) Buche die Rechnung.
    b) Ermittle die Anschaffungskosten.
2. Eingangsrechnung: Lieferwagen, Kaufpreis netto 94.000,00 €, Überführungskosten 600,00 €.
    a) Buche die Eingangsrechnung.
    b) Buche die Zahlung der Rechnung nach zehn Tagen unter Abzug von 3 % Skonto per Banküberweisung.
    c) Ermittle die Anschaffungskosten.
3. Betrachte nebenstehende Eingangsrechnung.
    a) Buche die Rechnung.
    b) Den Transport von Hamburg nach München übernimmt die Spedition Lahm GmbH. Die Kosten über 1.785,00 € brutto werden per Banküberweisung beglichen.
    c) Zur Finanzierung der Maschine wird ein Darlehen über 60.000,00 € aufgenommen. Die Bank belastet uns mit 1.300,00 € für Bearbeitung und Zinsen, der Restbetrag wird dem Bankkonto gutgeschrieben.
    d) Die Rechnung wird am 24.06.20.. per Banküberweisung beglichen.
    e) Ermittle die Anschaffungskosten netto.

JÖRGENSEN AG

Jörgensen AG, Am Elbufer 111, 22442 Hamburg

Holzmann GmbH
Ingolstädter Straße 57–59
80331 München

Rechnungsdatum	12.06.20XX
Auftragsdatum	02.05.20XX
Kunde	240301
Lieferdatum	10.06.20XX
Lieferbedingung	exw

Rechnung

Menge	Art. - Nr.	Beschreibung	Einzelpreis	Gesamtpreis
1	JÖ 42	Stanzmaschine JÖ 42	45.000,00 €	45.000,00 €
		+ Zubehör	3.000,00 €	3.000,00 €
		+ Montagekosten	1.450,00 €	1.450,00 €
		Warenwert netto		**49.450,00 €**
		19 % USt.		9.395,50 €
		Rechnungsbetrag		**58.845,50 €**

Zahlungsbedingungen:

Bei Zahlung innerhalb 14 Tagen 2 % Skonto vom Warenwert,
innerhalb von 30 Tagen ohne Abzug.

Bankverbindung:
Commerzbank München
IBAN: DE 11 7004 0045 0009 7763 45

Steuernummer: 197/614/93411
Umsatzsteuer-Identifikationsnummer: DE172734922

4. Kauf eines Grundstücks mit Lagerhalle: Kaufpreis 120.000,00 €, Grunderwerbssteuer 3,5 % auf den Kaufpreis, Notariatskosten netto 2.560,00 €, Grundbuchkosten 450,00 €, Vermessungskosten 3.500,00 €. (Beachte, dass Gebühren einer Behörde, wie z. B. Grundbuchamt, Vermessungsamt, USt-frei sind.)
   a) Buche die Rechnung.
   b) Ermittle die Anschaffungskosten.

Aufgabe 5 Berechnung und Buchung der Abschreibung

1. Wir kaufen am 12. Januar einen neuen Lkw für netto 76.000,00 €. Laut AfA-Tabelle hat der Lkw eine Nutzungsdauer von acht Jahren.
   a) Berechne den AfA-Betrag und den linearen AfA-Satz.
   b) Erstelle eine Tabelle für die Abschreibung.
2. Am 18. Januar kaufen wir eine neue Produktionsmaschine für netto 132.000,00 €. Der lineare AfA-Satz beträgt 8,33 %. Berechne den linearen AfA-Betrag und die Nutzungsdauer der Maschine.
3. Am 16. Januar kaufen wir eine neue Maschine für brutto 148.750,00 €. Die Nutzungsdauer laut AfA-Tabelle beträgt 15 Jahre. Berechne den AfA-Betrag.
4. Ergänze folgenden Beleg.

Anlagenkarte			
für bewegliche Gegenstände des Anlagevermögens			
Gegenstand	Zuschneidemaschine M 450	**Kostenstelle**	3331
Baujahr	–	**Anschaffungskosten**	48.000,00
Hersteller	Köschi, Bremen		
Standort	Produktion	**Abschreibung**	linear
Kauf		**Nutzungsdauer**	8 Jahre
	03.03.2012	**lt. AfA-Tabelle**	

Datum	AK bzw. RW	Abschreibung	Restwert
03.03.12	48.000,00 €		
31.12.12			
31.12.13			
31.12.14			
31.12.15			
31.12.16			
31.12.17			
31.12.18			
31.12.19			

5. Wir kaufen am 27. Januar einen neuen Lkw zum Kaufpreis netto 107.000,00 € auf Ziel. Hinzu kommen Kosten für die Lackierung und die Sonderausstattung über netto 1.560,00 €. Als langjähriger Kunde erhalten wir einen Treuerabatt von 8 % auf den Kaufpreis.
   a) Buche die Eingangsrechnung.
   b) Der Lkw wird unter Abzug von 2 % Skonto per Banküberweisung bezahlt.
   c) Berechne den linearen AfA-Satz bei einer Nutzungsdauer von acht Jahren.
   d) Berechne den AfA-Betrag.

6. Wir kaufen am 22. Januar 20.. eine neue Sortiermaschine für netto 112.000,00 € auf Ziel. Hinzu kommen für den Transport netto 1.500,00 €, für Fundamentierungskosten fallen netto 2.100,00 € an. Als langjähriger Kunde erhalten wir einen Treuerabatt von 5 % auf den Kaufpreis.
   a) Buche die Eingangsrechnung.
   b) Wir bezahlen die Rechnung unter Abzug von 2 % Skonto per Banküberweisung.
   c) Berechne die Anschaffungskosten.
   d) Laut AfA-Tabelle hat die Maschine eine Nutzungsdauer von 14 Jahren. Buche die Abschreibung im Anschaffungsjahr.
   e) Buche den Restbuchwert am 31. Dezember 20.. .

7. Wir haben am 28. April 2012 eine neue PC-Anlage im Wert von brutto 9.520,00 € auf Ziel gekauft.
   a) Buche die Eingangsrechnung.
   b) Die Anlage wurde unter Abzug von 2 % Skonto per Banküberweisung bezahlt.
   c) Wie viele Jahre beträgt die Nutzungsdauer, wenn der AfA-Satz 25 % beträgt?
   d) Buche die Abschreibung im Anschaffungsjahr.
   e) Die Anlage soll über das Jahr 2016 hinaus weitergenutzt werden. Buche die Abschreibung und den Restbuchwert am 31. Dezember 2016.

Die Firma Hansen OHG in Neuburg an der Donau ist ein Unternehmen, das sich auf die Herstellung von Mode der gehobenen Klasse spezialisiert hat. Das Unternehmen konnte sich in den letzten Jahren hervorragend entwickeln, sodass sich die Unternehmensleitung Anfang 20.. dazu entschlossen hat, das Unternehmen zu vergrößern.

8. Direkt neben dem Firmengelände wurde ein unbebautes Grundstück im Wert von 150.000,00 € gekauft. Hinzu kommen 3,5 % Grunderwerbssteuer, die Eintragung im Grundbuch der Stadt Neuburg über 1.500,00 € und die Kosten für den Notar über netto 2.350,00 €.
   a) Buche die Bezahlung des Grundstückskaufs per Banküberweisung.
   b) Zur Finanzierung des Kaufs nimmt der Inhaber Hans Hansen ein Darlehen bei seiner Hausbank auf. Diese berechnet 2 % als Bearbeitungsgebühr und überweist 142.100,00 € auf das Geschäftskonto von Hansen.
   c) Den Restbetrag steuert Hansen aus seinem Privatvermögen bei.

9. Darüber hinaus wird am 12. März eine neue Produktionsmaschine gekauft (Kaufpreis 85.000,00 € netto). Hinzu kommen Montagekosten über 3.500,00 € netto. Als treuer Kunde erhält die Hansen OHG 5 % Rabatt auf den Kaufpreis.
   a) Buche die Rechnung.
   b) Für den Transport von Hamburg nach Neuburg wurde die Spedition Ostermann beauftragt. Die Kosten über 2.082,50 € brutto werden per Banküberweisung beglichen.
   c) Der Rechnungsbetrag wird unter Abzug von 2 % Skonto per Banküberweisung beglichen.
   d) Laut AfA-Tabelle hat die Maschine eine Nutzungsdauer von 16 Jahren. Berechne und buche die Abschreibung und den Restbuchwert für das Anschaffungsjahr und das Folgejahr.

Lernbereich 10.2.4:
Die Wettbewerbsfähigkeit mithilfe der Kosten- und Leistungsrechnung sicherstellen

Kapitel 6

6.1 Lernsituation 12: Wir lernen Grundzüge der Kosten- und Leistungsrechnung kennen
6.2 Lernsituation 13: Wir setzen unsere Preise marktorientiert fest

6 Lernbereich 10.2.4: Die Wettbewerbsfähigkeit mithilfe der Kosten- und Leistungsrechnung sicherstellen

Kompetenzerwartungen
Die Schülerinnen und Schüler

- erfassen die Kosten, die im Unternehmen anfallen, und unterscheiden Einzel- und Gemeinkosten.
- erstellen einen Betriebsabrechnungsbogen und verteilen die Gemeinkosten auf Kostenstellen. Sie berechnen die Zuschlagssätze für die Kalkulation.
- berechnen die Selbstkosten eines Produktes mithilfe der Kostenträgerstückrechnung.
- führen durch Vor- und Nachkalkulation die Kostenkontrolle für ein Produkt durch. Sie erstellen dazu ein Kalkulationsschema in einem Tabellenkalkulationsprogramm, um ihren Arbeitsprozess effizienter zu gestalten.
- ermitteln das Betriebsergebnis im Rahmen der Kostenträgerzeitrechnung. Damit überprüfen sie die Wirtschaftlichkeit des Unternehmens und machen sich bewusst, dass eine genaue Kostenkontrolle für den Erfolg des Unternehmens zwingend notwendig ist.
- berechnen den Deckungsbeitrag für einzelne Produkte pro Periode und leiten Auswirkungen auf das Betriebsergebnis ab. Sie treffen auf Grundlage ihrer Berechnungen und unternehmensinterner Besonderheiten Entscheidungen über die Sortimentsgestaltung. Sie bewerten die Qualität ihrer Arbeitsergebnisse, bessern selbstständig nach und beurteilen den Arbeitsprozess hinsichtlich Effektivität und Erreichung der selbst gesteckten Ziele.
- setzen kurz- und langfristige Preisuntergrenzen für einzelne Produkte fest. Sie arbeiten verantwortungsbewusst sowie sorgfältig und tragen dadurch entscheidend dazu bei, dass das Unternehmen konkurrenzfähig bleibt.
- bestimmen die produzierte Stückzahl, ab der das Unternehmen die Gewinnzone erreicht.
- entscheiden in Abhängigkeit von Kapazitätsauslastung und Deckungsbeitrag über die Annahme von Zusatzaufträgen. Dadurch steigern sie die Wettbewerbsfähigkeit des Unternehmens.

6.1 Lernsituation 12: Wir lernen Grundzüge der Kosten- und Leistungsrechnung kennen

Im Moment unterstützt Luis Kunze, Auszubildender im dritten Ausbildungsjahr zum Industriekaufmann bei der Berger & Thaler Sportswear OHG, die Abteilungsleiterin Verwaltung, Frau Schmitt. Heute Nachmittag nimmt er an einer Besprechung zwischen Frau Schmitt und der Inhaberin, Frau Berger, teil. Einziger TOP ist die Besprechung des Gesamtergebnisses und des Betriebsergebnisses.

Frau Schmitt: Hallo Frau Berger, die Bilanz und die Gewinn- und Verlustrechnung stehen.

Frau Berger: Das ist super – und die Zahlen sind ja sehr erfreulich. Wie groß ist denn der Anteil unserer betrieblichen Tätigkeit?

Frau Schmitt: So weit bin ich noch nicht. Ich habe jetzt gerade erst mal die Kosten und Leistungen von den neutralen Aufwendungen und Erträgen getrennt. Damit wir baldmöglichst die Daten aufbereitet haben, habe ich mir auch Luis als Unterstützung geholt.

Frau Berger: Sehr gut. Sie wissen ja, dass ich immer schnellstmöglich wissen möchte, ob unsere kalkulierten Zahlen mit den tatsächlichen Zahlen übereinstimmen. Denn die ständige Kontrolle unserer Wirtschaftlichkeit ist enorm wichtig.

Frau Schmitt: Ja. Wollen Sie die Daten getrennt nach unseren einzelnen Produktgruppen?

Frau Berger: Nein, es reicht, wenn das Kostenträgerblatt für das gesamte Unternehmen erstellt wird.

Frau Schmitt: Gut, dann wird Luis gleich nach der Besprechung mit der Erstellung des Betriebsabrechnungsbogens beginnen.

Frau Berger: Okay. Und dann werden wir ja ab dem laufenden Jahr die Beflockung der Bekleidungsstücke in die eigene Hand nehmen. Sie wissen ja, dass wir mit unserem Dienstleister immer wieder Lieferverzögerungen hatten, und deswegen alles in eigener Regie machen wollen.

Frau Schmitt: Und mit welchen Planungsgrößen sollen wir kalkulieren?
Frau Berger: Also, normalerweise ist mit der Beflockung ein Mitarbeiter 20 Minuten lang beschäftigt. Setzen Sie dafür einen Stundenlohn von 15,00 € an. An Material fällt pro Stück 1,00 € an. Und da das Ganze sozusagen eine Servicedienstleistung unsererseits ist, sollten wir auch nur die Kosten, die wir selbst verursachen, aufschlagen.
Frau Schmitt: Alles klar. Wir machen uns dann sofort an die Arbeit.

Nachdem die Besprechung beendet ist, spricht Frau Schmitt mit Luis die weitere Vorgehensweise ab.

Frau Schmitt: So, Luis, du hast es ja gehört. Mach dich bitte gleich an den Betriebsabrechnungsbogen.
Luis: Alles klar, Frau Schmitt.
Frau Schmitt: Die Zuschlagssätze bräuchte ich dann relativ schnell. Du hast ja gehört, dass Frau Berger am besten gestern die Kosten für die Beflockung haben möchte. Und zum Schluss erstellen wir noch das Kostenträgerblatt, damit Frau Berger auch die Kontrolle der Wirtschaftlichkeit schwarz auf weiß vorliegen hat. Also ran an die Arbeit.

Aktiva	Eröffnungsbilanz der Berger & Thaler Sportswear OHG zum 02.01.20..		Passiva
Grundstücke und Gebäude	3.080.000,00 €	Eigenkapital	6.322.000,00 €
Maschinen	1.580.000,00 €	Rückstellungen	2.010.000,00 €
Lagereinrichtung	534.000,00 €	Darlehen	6.444.000,00 €
Fuhrpark	276.000,00 €	Verbindlichkeiten a. LL.	6.224.000,00 €
BGA	416.000,00 €		
Roh-, Hilfs- und Betriebsstoffe	2.860.000,00 €		
Fertigerzeugnisse	1.145.000,00 €		
Unfertige Erzeugnisse	2.310.000,00 €		
Handelswaren	1.416.000,00 €		
Forderungen a. LL.	5.962.000,00 €		
Bank	1.356.000,00 €		
Kasse	65.000,00 €		
	21.000.000,00 €		**21.000.000,00 €**

Aktiva	Schlussbilanz der Berger & Thaler Sportswear OHG zum 31.12.20..		Passiva
Grundstücke und Gebäude	3.080.000,00 €	Eigenkapital	7.907.000,00 €
Maschinen	1.870.000,00 €	Rückstellungen	2.310.000,00 €
Lagereinrichtung	614.000,00 €	Darlehen	5.564.000,00 €
Fuhrpark	354.000,00 €	Verbindlichkeiten a. LL.	6.219.000,00 €
BGA	416.000,00 €		
Roh-, Hilfs- und Betriebsstoffe	2.690.000,00 €		
Fertigerzeugnisse	1.425.000,00 €		
Unfertige Erzeugnisse	2.230.000,00 €		
Handelswaren	1.528.000,00 €		
Forderungen a. LL.	5.872.000,00 €		
Bank	1.832.000,00 €		
Kasse	89.000,00 €		
	22.000.000,00 €		**22.000.000,00 €**

Die Wettbewerbsfähigkeit mithilfe der Kosten- und Leistungsrechnung sicherstellen

Übersicht Aufwendungen und Erträge Berger & Thaler Sportswear OHG

Umsatzerlöse für eigene Erzeugnisse		62.379.200,00 €
Erträge aus Vermietung und Verpachtung		496.650,00 €
Zinserträge		51.000,00 €
Sonstige betriebliche Erträge		86.400,00 €
Aufwendungen für Rohstoffe	26.000.000,00 €	
Aufwendungen für Hilfs-/Betriebsstoffe	17.300.000,00 €	
Aufwendungen für Energie	2.600.000,00 €	
Löhne	9.500.000,00 €	
Gehälter	1.020.000,00 €	
Fremdinstandhaltungen	1.750.000,00 €	
Abschreibungen	1.150.000,00 €	
Sonstige betriebliche Aufwendungen	2.180.000,00 €	

Verteilungsschlüssel der Berger & Thaler Sportswear OHG

		Material	Fertigung	Verwaltung	Vertrieb
Hilfs-/Betriebsstoffe	gemäß Entnahmeschein	2.700.000,00 €	12.400.000,00 €	700.000,00 €	1.500.000,00 €
Energie	gemäß Verbrauch	1.060.000 kWh	3.380.000 kWh	400.000 kWh	360.000 kWh
Gehälter	gemäß Gehaltsliste	80.000,00 €	140.000,00 €	700.000,00 €	100.000,00 €
Fremdinstandhaltung	gemäß Fläche	8 000 m²	24 000 m²	2 000 m²	1 000 m²
Sonstige	gemäß Einzelnachweis	240.000,00 €	1.670.000,00 €	120.000,00 €	150.000,00 €
AfA	gemäß Anlagenwert	275.000,00 €	827.000,00 €	195.500,00 €	140.000,00 €

Normal-Gemeinkostenzuschlagssätze

Kostenstelle Material	20 %
Kostenstelle Fertigung	150 %
Kostenstelle Verwaltung	3 %
Kostenstelle Vertrieb	5 %

1. Macht euch mit der Situation vertraut, indem ihr euch zunächst orientiert: Betrachtet hierzu die erhaltenen Informationen zu den Themen. Stellt sicher, dass euch klar ist, was eure Aufgabe ist. **(Orientierung und Information)**
2. Plant euer weiteres Vorgehen, indem ihr euch Gedanken macht, was in dieser konkreten Situation zu tun ist, und notiert sie stichpunktartig. **(Planung)**
3. Führt alle notwendigen Arbeitsschritte durch und dokumentiert diese nachvollziehbar. **(Durchführung)**
4. Präsentiert eure Ergebnisse im Klassenplenum. Bewertet eure Vorgehensweise zusammen mit dem Lehrer und den Mitschülern. Nehmt Kritikpunkte zur Vollständigkeit und inhaltlichen Richtigkeit auf, ergänzt eure Ausarbeitungen und korrigiert Fehler. **(Bewertung)**
5. Reflektiert eure Ergebnisse, indem ihr konstruktives Feedback eures Lehrers und der Gruppenmitglieder annehmt und Schlüsse für zukünftige Ausarbeitungen zieht. **(Reflexion)**

6.1.1 Die Kosten- und Leistungsrechnung

6.1.1.1 Einführung

Wir haben bisher im Rahmen des Rechnungswesens ausschließlich mit Werten gearbeitet, die am Jahresende in die GuV und schließlich in die Bilanz eingeflossen sind. Diese Finanzbuchhaltung erfasst alle Geschäftsvorfälle eines Unternehmens nach den Vorschriften des Handels- und Steuerrechts. Die Adressaten der Finanzbuchhaltung sind vor allem das Finanzamt, Gläubiger, Lieferanten und Kunden, also ein Personenkreis außerhalb des Unternehmens. Deshalb wird die Finanzbuchhaltung auch als externes Rechungswesen bezeichnet.

Die Rechengrößen der Finanzbuchhaltung sind Aufwendungen und Erträge. Diese werden am Jahresende in der GuV abgeschlossen, somit wird schließlich das Gesamtergebnis des Unternehmens ermittelt.

Allerdings ist die Aussagekraft der Finanzbuchhaltung bezüglich der wirtschaftlichen Leistungsfähigkeit eines Unternehmens begrenzt, weil

- mit Werten gerechnet wird, die nicht unbedingt immer etwas mit dem Betriebszweck zu tun haben (z. B. Zinsaufwendungen, Mieteinnahmen);
- mit Werten gerechnet wird, deren Höhe aus wirtschaftlicher Sicht einerseits und handelsrechtlicher Sicht andererseits unterschiedlich sind (z. B. die Höhe der Abschreibungen);
- nicht alle betrieblich notwendigen Werte erfasst werden (z. B. der Unternehmerlohn bei Personengesellschaften) und
- mit Werten gerechnet wird, die mehreren Perioden zurechenbar sind (z. B. Abgrenzungen).

Um nun konkrete Aussagen über den betrieblichen Erfolg eines Unternehmens zu machen, gibt es die Kosten- und Leistungsrechnung. Sie ist somit auch nur für einen innerbetrieblichen Personenkreis (z. B. die Geschäftsführung) gedacht. Sie muss sich an keinen gesetzlichen Vorschriften orientieren. Die Rechengrößen der Kosten- und Leistungsrechnung sind Kosten und Leistungen.

Zusammenfassend lässt sich der Unterschied wie folgt darstellen:

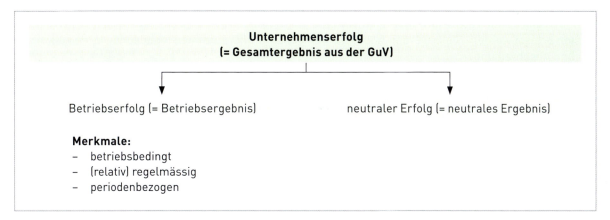

Aufgaben der Buchhaltung (externes Rechnungswesen)	Aufgaben der Kosten- und Leistungsrechnung (internes Rechnungswesen)
- Aufzeichnung aller Geschäftsvorfälle - Ermittlung des Gesamterfolgs eines Unternehmens - Erfüllung handels- und steuerrechtlicher Vorschriften - Grundlage für die Besteuerung	- Erfassung aller betrieblichen Kosten und Leistungen - Ermittlung der Selbstkosten - Ermittlung der Preisuntergrenzen im Verkauf - Ermittlung der Preisobergrenzen im Einkauf - Überwachung der Wirtschaftlichkeit durch einen Soll-Ist-Vergleich der Kosten und Leistungen

6.1.1.2 Aufwendungen/Kosten

Aufwendungen und Kosten entsprechen sich im Regelfall nicht. Dies kann der folgenden Abbildungen entnommen werden:

Aufwendungen (Kontenklasse 6 und 7 aus der Finanzbuchhaltung)			
neutrale Aufwendungen	betriebliche Aufwendungen		
	Grundkosten	Anderskosten	Zusatzkosten
	Aufwendungen, die in gleicher Höhe Kosten sind	Aufwendungen, die in anderer Höhe Kosten sind	

Kosten der Kosten- und Leistungsrechnung

Beispiele

7510	ZA	6000	AfRst	6520	AfA ≠ kalk. AfA	kalk. Unternehmerlohn
6550	Außerplan. AfA	6020	AfBst			
		6080	AfHw			
		6200	L			
		6300	G			

Wie wir sehen, zählen nur ganz bestimmte Aufwendungen zu den Kosten. Wie weiter oben schon erwähnt, müssen die Aufwendungen betriebsbedingt sein, relativ regelmäßig anfallen und der aktuellen Abrechnungsperiode zurechenbar sein. Sie werden dann als Zweckaufwand bzw. Grundkosten bezeichnet. Erfüllen Aufwendungen eines dieser drei Kriterien nicht, so werden sie den neutralen Aufwendungen zugerechnet.

Daneben gibt es auch noch Aufwendungen, die zwar zu den Kosten zählen, aber in einer anderen Höhe als Kosten erfasst werden. Diese werden Anderskosten genannt. Hierzu zählen insbesondere die kalkulatorischen Abschreibungen.

Die unterschiedliche Höhe resultiert dabei aus unterschiedlichen Wertansätzen. Während in der Finanzbuchhaltung die Anschaffungskosten und die betriebsgewöhnliche Nutzungsdauer laut AfA-Tabelle als Berechnungsgrundlage genommen werden, sind in der Kosten- und Leistungsrechnung die Wiederbeschaffungskosten und die tatsächliche Nutzungsdauer ausschlaggebend.

Der Geschäftswagen der Holzmann OHG (Anschaffungskosten: 60.000,00 €) wird laut AfA-Tabelle über sechs Jahre abgeschrieben. Tatsächlich wird der Pkw zehn Jahre lang genutzt. Danach müssen 64.000,00 € aufgewendet werden, um ein vergleichbares Modell wiederzubeschaffen.

Bilanzielle Abschreibung:

$$\frac{\text{Anschaffungskosten}}{\text{Nutzungsdauer laut AfA-Tabelle}} = \frac{60.000,00\ €}{6\ \text{Jahre}} = 10.000,00\ €$$

Kalkulatorische Abschreibung:

$$\frac{\text{Wiederbeschaffungskosten}}{\text{tatsächliche Nutzungsdauer}} = \frac{64.000,00\ €}{10\ \text{Jahre}} = 6.400,00\ €$$

Und schließlich gibt es in der Kosten- und Leistungsrechnung Kosten, denen keine Aufwendungen in der Finanzbuchhaltung entsprechen. Zu diesen Zusatzkosten zählt insbesondere der kalkulatorische Unternehmerlohn. In einer Kapitalgesellschaft (GmbH, AG) erhält der Geschäftsführer bzw. der Vorstand ein Gehalt, das in der Finanzbuchhaltung auf das Konto 6300 Gehalt gebucht wird. In einem Einzelunternehmen bzw. einer Personengesellschaft (OHG, KG) erhält der Gesellschafter, der auch gleichzeitig Geschäftsführer ist, seine Entlohnung über den Gewinn des Unternehmens. Das bedeutet, dass für seine Tätigkeit kein Aufwand gebucht wird. Um nun Einzelunternehmen/Personengesellschaften mit einer Kapitalgesellschaft vergleichen zu können, setzt der Gesellschafter für seine Tätigkeit in der Kosten- und Leistungsrechnung einen kalkulatorischen Unternehmerlohn an, der dem Gehalt eines Geschäftsführers einer Kapitalgesellschaft entspricht.

6.1.1.3 Erträge/Leistungen

Beispiele

5401	Mieterträge	5000	UeFE
5710	Zinserträge	5100	UeHw

Wie oben bei den Aufwendungen/Kosten entsprechen auch die Leistungen der Kosten- und Leistungsrechnung nicht den Erträgen der Finanzbuchhaltung. Nur dann, wenn Erträge betriebsbedingt, relativ regelmäßig und in der aktuellen Abrechnungsperiode anfallen, zählen sie zu den Leistungen.

6.1.2 Die Abgrenzungsrechnung

Mithilfe der Abgrenzungsrechnung dienen nun die Daten der Finanzbuchhaltung als Grundlage der Kosten- und Leistungsrechnung.

Soll		GuV der Holzmann OHG zum 31.12.20..			Haben
6000	AfRst	325.000,00 €	5000	UeFE	512.000,00 €
6020	AfHst	58.000,00 €	5100	UeHW	94.000,00 €
6030	AfBst	37.000,00 €	5401	Mieterträge	76.000,00 €
6080	AfHW	80.000,00 €	5710	Zinserträge	4.000,00 €
6200	Löhne	43.000,00 €			
6300	Gehälter	58.000,00 €			
6520	AfA	16.000,00 €			
7510	Zinsaufwand	12.000,00 €			
	Gewinn	57.000,00 €			
		686.000,00 €			**686.000,00 €**

Darüber hinaus sind folgende kalkulatorische Kosten zu berücksichtigen:

- kalkulatorische Abschreibung: 12.000,00 €
- kalkulatorischer Unternehmerlohn: 72.000,00 €

Die Wettbewerbsfähigkeit mithilfe der Kosten- und Leistungsrechnung sicherstellen

 Auf Grundlage dieser Daten sieht die Abgrenzungstabelle wie folgt aus:

Abgrenzungstabelle

	Finanzbuchhaltung (= Rechenkreis 1)		Kosten- und Leistungsrechnung (= Rechnungskreis 2)					
			Abgrenzungsbereich		Kostenrechnerische Korrekturen (= Anderskosten)			
			Abgrenzung neutral/betrieblich					
Konto	Aufwendungen	Erträge	Neutrale Aufwendungen	Neutrale Erträge	Betriebliche Aufwendungen	Verrechnete Kosten	Kosten	Leistungen
6000 AfRst	325.000,00 €						325.000,00 €	
6020 AfHst	58.000,00 €						58.000,00 €	
6030 AfBst	37.000,00 €						37.000,00 €	
6080 AfHW	80.000,00 €						80.000,00 €	
6200 Löhne	43.000,00 €						43.000,00 €	
6300 Gehälter	58.000,00 €						58.000,00 €	
6520 AfA	16.000,00 €				16.000,00 €	12.000,00 €	12.000,00 €	
7510 Zinsaufwand	12.000,00 €		12.000,00 €					
5000 UeFE		512.000,00 €						512.000,00 €
5100 UeHW		94.000,00 €						94.000,00 €
5401 Mieterträge		76.000,00 €		76.000,00 €				
5710 Zinserträge		4.000,00 €		4.000,00 €				
Kalk. Unternehmerlohn						72.000,00 €	72.000,00 €	
Gesamt	629.000,00 €	686.000,00 €	12.000,00 €	80.000,00 €			685.000,00 €	606.000,00 €
Gesamtergebnis		57.000,00 €						
Neutrales Ergebnis				68.000,00 €				
Betriebsergebnis								– 79.000,00 €

Wie man der Abgrenzungstabelle entnehmen kann, hat das Unternehmen zwar als Gesamtergebnis einen Gewinn in der Finanzbuchhaltung von 57.000,00 € erreicht; allerdings ergibt sich aus der reinen Betriebstätigkeit als Betriebsergebnis ein Verlust von 79.000,00 €. Dies hängt natürlich mit dem kalkulatorischen Unternehmerlohn, aber auch mit den neutralen Erträgen, vor allem aus Vermietung, zusammen.

Die Abgrenzungsrechnung bildet die Vorstufe der Kosten- und Leistungsrechnung. Mit ihrer Hilfe werden die Kosten ermittelt, die im Beispiel in der vorletzten Spalte abgelesen werden können. Sie bilden die Grundlage aller weiteren Berechnungen.

Betrachten wir noch einmal eine der Hauptaufgaben der Kosten- und Leistungsrechnung, nämlich die Berechnung der Selbstkosten, so kann man das weitere Vorgehen in drei Schritte unterteilen:

Ziel ist es, die Kosten möglichst genau auf die einzelnen Produkte des Unternehmens zu verteilen und somit eine möglichst exakte Kalkulationsgrundlage zu bieten.

6.1.3 Die Kostenartenrechnung

Die Kostenartenrechnung beantwortet die Frage: Welche Kosten sind angefallen?
Die Kosten können der Abgrenzungstabelle entnommen werden. Sie können in zwei Gruppen unterteilt werden:

Einzelkosten	Gemeinkosten
Sie können einem Produkt direkt zugeordnet werden.	Sie können einem Produkt nicht direkt zugeordnet werden und werden mithilfe von Zuschlagssätzen aus der Kostenstellenrechnung den Produkten aufgeschlagen.
Beispiele: Materialeinzelkosten – Rohstoffe Fertigungseinzelkosten – Löhne Sondereinzelkosten der Fertigung – Spezialwerkzeug – Modelle, Pläne Sondereinzelkosten des Vertriebs – Verpackung – Transport – Zölle	Beispiele: Materialgemeinkosten – Hilfsstoffe – Betriebsstoffe Fertigungsgemeinkosten – kalk. AfA – Strom Verwaltungsgemeinkosten – kalk. Unternehmerlohn – Gehälter Verwaltungsangestellte – Steuern Vertriebsgemeinkosten – Gehälter Verkaufsangestellte

6.1.4 Die Kostenstellenrechnung

Die Kostenstellenrechnung beantwortet die Frage: Wo sind die Kosten angefallen?
Mit Kostenstellen ist der Entstehungsort der Kosten gemeint. Hier orientiert man sich an den Grundfunktionen eines Unternehmens:[1]

- Einkauf (= Kostenstelle Material)
- Produktion (= Kostenstelle Fertigung)
- Verwaltung (= Kostenstelle Verwaltung)
- Verkauf (= Kostenstelle Vertrieb)

Die Kostenstellenrechnung bedient sich nun des Instruments des Betriebsabrechnungsbogens (BAB), mit dessen Hilfe die Gemeinkosten des Unternehmens den einzelnen Kostenstellen zugeordnet und anschließend Zuschlagssätze berechnet werden.

Verteilung der Gemeinkosten
Die grundlegende Frage ist immer: Wie können Gemeinkosten gerecht verteilt und kontrolliert werden? Dabei erfolgt die Zuordnung der Gemeinkosten auf die einzelnen Kostenstellen nach Verteilungsschlüsseln. Das bedeutet, man orientiert sich an Werten, die eindeutig einer Kostenstelle zugeordnet werden können. So zieht man beim Strom z. B. den Energieverbrauch in Kilowattstunden heran. Mit dessen Hilfe wird dann ein Umrechnungsfaktor gebildet, der zur Umrechnung der Gemeinkosten verwendet wird.

Aus der Kostenartenrechnung eines Unternehmens sind die Gemeinkosten „Energie" in Höhe von 25.000,00 € bekannt. An Energie wurden insgesamt 50.000 kWh verbraucht, die sich wie folgt auf die einzelnen Kostenstellen verteilen:

- Kostenstelle Material: 12.000 kWh
- Kostenstelle Fertigung: 30.000 kWh
- Kostenstelle Verwaltung: 5.000 kWh
- Kostenstelle Vertrieb: 3.000 kWh

Der Faktor wird nun wie folgt berechnet:

$$\text{Umrechnungsfaktor} \frac{\text{Gesamtkosten}}{\text{Gesamtverbrauch}} = \frac{25.000{,}00\ \text{€}}{50.000\ \text{kWh}} = 0{,}5\ \text{€/kWh}$$

Mithilfe des Umrechnungsfaktors von 0,5 €/kWh werden nun die Gesamtkosten in Höhe von 25.000,00 € auf die einzelnen Kostenstellen verteilt:

Kostenstelle Material:	0,5 €/kWh × 12.000 = 6.000,00 €
Kostenstelle Fertigung:	0,5 €/kWh × 30.000 = 15.000,00 €
Kostenstelle Verwaltung:	0,5 €/kWh × 5.000 = 2.500,00 €
Kostenstelle Vertrieb:	0,5 €/kWh × 3.000 = 1.500,00 €
Gesamt:	25.000,00 €

Berechnung der Zuschlagssätze
Nachdem alle Gemeinkosten auf die vier Kostenstellen verteilt worden sind, werden nun die Zuschlagssätze errechnet.

---

[1] In der betrieblichen Praxis gibt es eine viel höhere Anzahl an Kostenstellen und auch Unterkostenstellen. Oft ist jedem Entscheidungsträger (z. B. Abteilungsleiter) eine Kostenstelle zugeordnet. Für das Verständnis des Prinzips ist aber eine Aufteilung in vier Kostenstellen ausreichend.

Ein kompletter Betriebsabrechnungsbogen könnte folgende Form haben:

Betriebsabrechnungsbogen (BAB)

Kostenart	Zu verteilender Betrag	Umrechnungsfaktor	Kostenstellen			
			Material	Fertigung	Verwaltung	Vertrieb
Hilfsstoffe	330.000,00 €	1,00	23.000,00 €	295.000,00 €	3.000,00 €	9.000,00 €
Strom	93.600,00 €	0,10	12.000,00 €	78.000,00 €	1.200,00 €	2.400,00 €
Gehälter	135.000,00 €	1,00	10.000,00 €	30.000,00 €	70.000,00 €	25.000,00 €
Hilfslöhne	24.900,00 €	20,00	2.000,00 €	21.000,00 €	1.300,00 €	600,00 €
Reinigung	30.500,00 €	2,00	4.000,00 €	24.000,00 €	1.500,00 €	1.000,00 €
AfA	96.000,00 €	0,05	9.000,00 €	82.000,00 €	3.000,00 €	2.000,00 €
Gesamt	**710.000,00 €**		**60.000,00 €**	**530.000,00 €**	**80.000,00 €**	**40.000,00 €**

Zur Berechnung der Zuschlagssätze werden nun die (den Produkten direkt zurechenbaren) Einzelkosten als Bezugsgröße (100 %) herangezogen.

Nehmen wir als Beispiel folgende Einzelkosten an:

- Rohstoffe (= Materialeinzelkosten): 300.000,00 €
- Löhne in der Produktion (= Fertigungseinzelkosten): 662.500,00 €

Daraus ergeben sich folgende Zuschlagssätze:

$$\text{Zuschlagsatz Material} = \frac{\text{Materialgemeinkosten} \times 100}{\text{Materialeinzelkosten}} = \frac{60.000,00\ € \times 100}{300.000,00} = 20\,\%$$

$$\text{Zuschlagsatz Fertigung} = \frac{\text{Fertigungsgemeinkosten} \times 100}{\text{Fertigungseinzelkosten}} = \frac{530.000,00\ € \times 100}{662.500,00} = 80\,\%$$

Für die Berechnung der Zuschlagssätze Verwaltung und Vertrieb werden die Herstellkosten des Umsatzes[2] (= HKU) als Bezugsgröße (100 %) verwendet.

Die Herstellkosten des Umsatzes berechnen sich wie folgt:

Materialeinzelkosten (MEK)

+ Materialgemeinkosten (MGK)

= Materialkosten (MK)

Fertigungseinzelkosten (FEK)

+ Fertigungsgemeinkosten (FGK)

= Fertigungskosten (FK)

Herstellkosten der Erzeugung (HKE) (= Materialkosten + Fertigungskosten)

+ Minderbestände

– Mehrbestände

= Herstellkosten des Umsatzes (HKU)

---

[2] Auf die genaue Begründung der Wahl der Herstellkosten des Umsatzes als Bezugsgröße wird an dieser Stelle verzichtet.

Nehmen wir für unser Beispiel Folgendes an:

- Minderbestand an unfertigen Erzeugnissen: 64.500,00 €
- Mehrbestand an Fertigerzeugnissen: 17.000,00 €

Daraus ergeben sich folgende Herstellkosten des Umsatzes:

Materialeinzelkosten	300.000,00 €	
+ Materialgemeinkosten	60.000,00 €	
= Materialkosten		360.000,00 €
Fertigungseinzelkosten	662.500,00 €	
+ Fertigungsgemeinkosten	530.000,00 €	
= Fertigungskosten (FK)		1.192.500,00 €
= Herstellkosten der Erzeugung		1.552.500,00 €
+ Minderbestände uFE		64.500,00 €
– Mehrbestände FE		17.000,00 €
= Herstellkosten des Umsatzes		1.600.000,00 €

Damit ergeben sich für die Kostenstellen Verwaltung und Vertrieb folgende Zuschlagssätze:

$$\text{Zuschlagssatz Verwaltung} = \frac{\text{Verwaltungsgemeinkosten} \times 100}{\text{Herstellkosten des Umsatzes}} = \frac{80.000,00\ € \times 100}{1.600.000,00} = 5\,\%$$

$$\text{Zuschlagssatz Vertrieb} = \frac{\text{Vertriebsgemeinkosten} \times 100}{\text{Herstellkosten des Umsatzes}} = \frac{40.000,00\ € \times 100}{1.600.000,00} = 2,5\,\%$$

6.1.5 Die Kostenträgerrechnung

Die Kostenträgerrechnung beantwortet nun noch die Frage: Für welches Produkt sind die Kosten angefallen?

Hier können zwei unterschiedliche Arten unterschieden werden:

- Kostenträgerstückrechnung (Kalkulation): Mit ihrer Hilfe können die Kosten pro Stück berechnet werden.
- Kostenträgerzeitrechnung: Mit ihrer Hilfe kann das Betriebsergebnis für eine bestimmte Periode berechnet werden.

6.1.5.1 Kostenträgerstückrechnung (Kalkulation)
Auf Grundlage der mithilfe des Betriebsabrechnungsbogens ermittelten Zuschlagssätze werden nun die Selbstkosten festgestellt.

Die Holzmann OHG produziert Möbel aus Holz. Sie möchte die Selbstkosten für das Sideboard „Magic 2000" ermitteln. Mithilfe des Betriebsabrechnungsbogens hat sie folgende Zuschlagssätze (s. o.) errechnet:

- Zuschlagssatz Material: 20 %
- Zuschlagssatz Fertigung: 80 %
- Zuschlagssatz Verwaltung: 5 %
- Zuschlagssatz Vertrieb: 2,5 %

Die Wettbewerbsfähigkeit mithilfe der Kosten- und Leistungsrechnung sicherstellen

Bei der Herstellung eines Sideboards „Magic 2000" fallen folgende direkt zurechenbare Einzelkosten an:

- Material (z. B. 8,5 m² Eiche): 145,00 €
- Löhne der Arbeiter in der Produktion
  (z. B. drei Mitarbeiter à eine Stunde/Stundenlohn: 20,00 €): 60,00 €
- Konstruktionsplan: 18,00 €
- Verpackung und Versand: 27,50 €

Hieraus ergibt sich folgendes Kalkulationsschema:

	%	€	
Materialeinzelkosten		145,00	
+ Materialgemeinkosten	20,00 %	29,00	
= Materialkosten			174,00
+ Fertigungseinzelkosten		60,00	
+ Fertigungsgemeinkosten	80,00 %	48,00	
+ Sondereinzelkosten der Fertigung		18,00	
= Fertigungskosten			126,00
= **Herstellkosten**			**300,00**
+ Verwaltungsgemeinkosten	5,00 %		15,00
+ Vertriebsgemeinkosten	2,50 %		7,50
+ Sondereinzelkosten des Vertriebs			27,50
= **Selbstkosten**			**350,00**

Die Material- und Fertigungsgemeinkosten werden immer auf Grundlage ihrer Einzelkosten, die Verwaltungs- und Vertriebsgemeinkosten auf Grundlage der Herstellkosten aufgeschlagen.

Die Grundlagen entsprechen dabei 100 %; das bedeutet, wir rechnen „vom Hundert".

Auf den Selbstkosten aufbauend, kann nun der Verkaufspreis des Produkts ermittelt werden. Dabei entspricht die Vorgehensweise genau der bei der Verkaufskalkulation im Handel. Würde das Unternehmen zu seinen Selbstkosten verkaufen, würde es keinen Gewinn machen. Es wird keinen absoluten Betrag festlegen, weil alle Artikel des Sortiments unterschiedliche Selbstkosten haben. Deshalb rechnet das Unternehmen auch hier mit einem Prozentaufschlag auf die Selbstkosten. Bei der Höhe des Aufschlags wird sich das Unternehmen an eigenen Erwartungen und branchenüblichen Prozentsätzen orientieren. Als Ergebnis erhält es dann den Barverkaufspreis.

Führen wir unser Beispiel weiter:

Die Holzmann OHG hat Selbstkosten für das Sideboard „Magic 2000" in Höhe von 350,00 € errechnet und möchte einen Gewinn von 20 % erzielen.

Selbstkosten		350,00 €	100 %
+ Gewinn	20 %	70,00 €	20 %
= Barverkaufspreis		420,00 €	

Der Gewinn wird „vom Hundert" berechnet.

$$\text{Gewinn} = \frac{350{,}00\ € \times 20}{100} = 70\ €$$

Oft bieten Unternehmen ihren Kunden Rabatte und Skonti. Darüber hinaus kann es sein, dass beim Vertrieb der Produkte ein Handelsvertreter eingesetzt wird, der auf der Grundlage seines Umsatzes eine Provision erhält.

Natürlich muss das Unternehmen dies schon in seiner Kalkulation berücksichtigen. Denn sonst würden alle Preisnachlässe zulasten des Gewinns gehen. Bei der Berechnung muss man sich nun in die Lage des Kunden versetzen. Er erhält einen Rabatt auf den Verkaufspreis; und erst nach Abzug des Rabatts kann er bei rechtzeitiger Bezahlung Skonto abziehen. Auch der Handelsvertreter bekommt erst nach Abzug des Rabatts die entsprechende Provision. Das Unternehmen muss dies nun in umgekehrter Reihenfolge berücksichtigen.

Führen wir unser Beispiel weiter:

Die Holzmann OHG könnte das Sideboard „Magic 2000" für 420,00 € ab ihrem Lager bar ohne Abzüge verkaufen. In ihren Allgemeinen Geschäftsbedingungen wird das Sideboard allerdings mit 10 % Rabatt und bei Zahlung innerhalb von 14 Tagen mit 2 % Skonto angeboten. Die Holzmann OHG setzt im Außendienst einen Handelsvertreter ein, der mit 4 % am Umsatz beteiligt wird.

Barverkaufspreis		420,00 €	94 %
+ Kundenskonto	2 %	8,94 €	2 %
+ Vertreterprovision	4 %	17,87 €	4 %
= Zielverkaufspreis		446,81 €	100 %

Kundenskonto und Vertreterprovision werden vom Zielverkaufspreis berechnet; dieser ist aber nicht bekannt, weswegen der Barverkaufspreis herangezogen werden muss. Wir rechnen hier „im Hundert".

$$\text{Kundenskonto} = \frac{420{,}00\ € \times 2}{94} = 8{,}94\ €$$

$$\text{Vertreterprovision} = \frac{420{,}00\ € \times 4}{94} = 17{,}87\ €$$

Zielverkaufspreis		446,81 €	90 %
+ Kundenrabatt	10 %	49,65 €	10 %
= Listenverkaufspreis		496,46 €	100 %

Der Kundenrabatt wird vom Listenverkaufspreis berechnet; dieser ist aber nicht bekannt, weswegen der Zielverkaufspreis genommen werden muss. Wir rechnen hier „im Hundert".

$$\text{Kundenrabatt} = \frac{446{,}81\ € \times 10}{90} = 49{,}65\ €$$

Zusammenfassend kann die Vorwärtskalkulation für unser Beispiel wie folgt dargestellt werden:

	%	€
= **Selbstkosten**		**350,00**
+ Gewinn	20,00 %	70,00
= **Barverkaufspreis**		420,00
+ Vertreterprovision	4,00 %	17,87
+ Kundenskonto	2,00 %	8,94
= **Zielverkaufspreis**		446,81
+ Kundenrabatt	10,00 %	49,65
= **Listenverkaufspreis netto**		496,45

Natürlich kann es vorkommen, dass aufgrund der Wettbewerbssituation ein niedriger Verkaufspreis angeboten werden muss. Dies geschieht dann meistens zulasten des Gewinns, der Vertreterprovision oder des Kundenrabatts. Die Berechnung erfolgt dann mithilfe der Rückwärts- oder Differenzkalkulation.[3]

Kostenträgerzeitrechnung

Während die Kostenträgerstückrechnung (Kalkulation) den Zweck hat, die Selbstkosten und darauf aufbauend den Verkaufspreis für ein Produkt zu ermitteln, dient die Kostenträgerzeitrechnung der Ermittlung der gesamten Selbstkosten einer Abrechnungsperiode (z. B. Monat, Quartal, Jahr) nach Kostenträgern (Produkte, Produktgruppen, Geschäftsfelder). Ein Hilfsmittel der Kostenträgerzeitrechnung ist das **Kostenträgerblatt**.

Im Kostenträgerblatt wird dabei zwischen Normal- und Ist-Kosten unterschieden:

- Normal-Kosten: Weiter oben hatten wir im Betriebsabrechnungsbogen mithilfe der Werte der vergangenen Abrechnungsperiode Zuschlagssätze für die Gemeinkosten ermittelt. Diese dienen dann als Grundlage für die Abgabe von Angebotspreisen. In der betrieblichen Praxis werden die Zuschlagssätze oft sogar aus den Durchschnittswerten mehrerer Abrechnungsperioden ermittelt. Diese Normal-Kosten dienen also der Vorkalkulation.
- Ist-Kosten: Die Ist-Kosten entsprechen den tatsächlichen Kosten der aktuellen Abrechnungsperiode und dienen der Nachkalkulation.

Durch einen Vergleich der Normal- und Ist-Kosten ist dann eine Kontrolle der Kosten möglich. Sind die kalkulierten Normal-Kosten größer als die tatsächlichen Ist-Kosten, so liegt eine Kostenüberdeckung vor; im umgekehrten Fall spricht man von einer Kostenunterdeckung.

---

3 vgl. hierzu Band 3, Jahrgangsstufe 9, S. 136/137

Führen wir unser Beispiel von weiter vorher weiter:

Die Holzmann OHG produziert zwei verschiedene Produkte (Sideboards, Küchenschränke). Folgende Daten liegen vor:

		Gesamt	Sideboard	Küchenschrank
Fertigungsmaterial		300.000,00 €	180.000,00 €	120.000,00 €
Fertigungslöhne		662.500,00 €	432.000,00 €	230.500,00 €
Unfertige Erzeugnisse	AB	98.500,00 €	34.000,00 €	64.500,00 €
	SB	34.000,00 €	22.000,00 €	12.000,00 €
Fertigerzeugnisse	AB	42.000,00 €	33.000,00 €	9.000,00 €
	SB	59.000,00 €	24.000,00 €	35.000,00 €
Nettoverkaufserlöse		1.950.000,00 €	995.000,00 €	955.000,00 €

Auf Grundlage des Betriebsabrechnungsbogens wurden folgende Normal-Gemeinkostenzuschlagssätze berechnet:

- Material: 20 %
- Fertigung: 80 %
- Verwaltung: 5 %
- Vertrieb: 2,5 %

Natürlich interessiert es die Holzmann OHG im Nachhinein, ob die kalkulierten Normal-Kosten den tatsächlichen Ist-Kosten entsprechen. In der aktuellen Abrechnungsperiode fielen folgende Ist-Gemeinkosten an:

- Material: 62.500,00 €
- Fertigung: 520.000,00 €
- Verwaltung: 85.000,00 €
- Vertrieb: 45.000,00 €

Aus dem Kostenträgerblatt kann nun Folgendes herausgelesen werden:

Die tatsächlich angefallenen Ist-Kosten sind um 2.500,00 € höher ausgefallen als die kalkulierten Normal-Kosten. Während in der Fertigung die Ist-Kosten sogar niedriger ausfielen, waren die tatsächlichen Kosten in der Kostenstelle Material und vor allem in Verwaltung und Vertrieb deutlich höher.

Insgesamt beläuft sich das Betriebsergebnis auf einen Gewinn von 227.500,00 €. Betrachtet man das Ganze aber etwas genauer, so stellt man fest, dass nur Küchenschränke einen Gewinn erwirtschafteten; auf die Sideboards fiel ein Verlust von fast 100.000,00 €.

Aus all diesen Ergebnissen wird das Unternehmen Erkenntnisse für die Zukunft ableiten und entsprechende Maßnahmen ergreifen.

Die Wettbewerbsfähigkeit mithilfe der Kosten- und Leistungsrechnung sicherstellen

Das Kostenträgerblatt kann dann wie folgt dargestellt werden:

		Normal	Ist	Über-/Unterdeckung	Kostenträger	
	%	€	€		Sideboard	Küchenschrank
Materialverbrauch		300.000,00	300.000,00		180.000,00	120.000,00
+ Materialgemeinkosten	20,00	60.000,00	62.500,00	− 2.500,00 €	36.000,00	24.000,00
= **Materialkosten**		**360.000,00**	**362.500,00**		**216.000,00**	**144.000,00**
Fertigungslöhne		662.500,00	662.500,00		432.000,00	230.500,00
+ Fertigungsgemeinkosten	80,00	530.000,00	520.000,00	10.000,00 €	345.600,00	184.400,00
= **Fertigungskosten**		**1.192.500,00**	**1.182.500,00**		**777.600,00**	**414.900,00**
+/− BV unfertige Erzeugnisse		64.500,00	64.500,00		12.000,00	52.500,00
+/− BV Fertigerzeugnisse		− 17.000,00	− 17.000,00		9.000,00	− 26.000,00
= **Herstellkosten**		**1.600.000,00**	**1.592.500,00**		**1.014.600,00**	**585.400,00**
+ Verwaltungs-/Vertriebsgemeinkosten	7,50	120.000,00	130.000,00	− 10.000,00 €	76.095,00	43.905,00
+ Sondereinzelkosten des Vertriebs		0,00	0,00		0,00	0,00
= **Selbstkosten**		**1.720.000,00**	**1.722.500,00**	− 2.500,00 €	**1.090.695,00**	**629.305,00**
Nettoverkaufserlöse		1.950.000,00 €	1.950.000,00 €		995.000,00 €	955.000,00 €
− Selbstkosten		1.720.000,00 €	1.722.500,00 €		1.090.695,00 €	629.305,00 €
= **Umsatzergebnis**		**230.000,00 €**	**227.500,00 €**		**− 95.695,00 €**	**325.695,00 €**
+/− Über-/Unterdeckung		− 2.500,00 €				
= **Betriebsergebnis**		**227.500,00 €**	**227.500,00 €**			

Lernbereich 10.2.4

6.2 Lernsituation 13: Wir setzen unsere Preise marktorientiert fest

Die Berger und Thaler Sportswear OHG hat im Rahmen ihrer Expansion ein Zweigwerk in Selb eröffnet, in dem sie schnelltrocknende Handtücher selbst herstellt. Zusätzlich wird gerade die Herstellung einer neuen, superleichten Trinkflasche getestet, die im nächsten halben Jahr starten soll. Nun erhält Frau Schmitt einen Telefonanruf von Jernar Kuzek, dem Leiter der Produktion in Selb.

Herr Kuzek: Guten Tag, Frau Schmitt, hier Jernar Kuzek aus dem Zweigwerk in Selb. Ich glaube, wir haben ein kleines Problem mit unserem Handtuch ‚Superdry'.

Frau Schmitt: Guten Tag, Herr Kuzek. Die Verkaufszahlen für dieses Produkt sehen doch ganz gut aus. Gibt es Probleme bei der Produktion?

Herr Kuzek: Nein, die Produktion läuft super, jeden Monat produzieren wir durchschnittlich 22.500 Stück, dies variiert immer ein wenig. Aber gerade habe ich vom Mitarbeiter Markus Schlau erfahren, dass ein neuer Hersteller in Hof mit einer Produktionskapazität von 10.000 Stück pro Monat fast identische Handtücher produziert und für 27,69 € netto verkaufen möchte. Da werden unsere Produktionsaufträge sicher einbrechen.

Frau Schmitt: Ganz ruhig, Herr Kuzek, dies wird sicherlich nur ein vorübergehender Einführungspreis sein. Das Unternehmen kann bei der geringen Stückzahl doch kaum günstiger als wir sein. Außerdem bekommen wir ja immer wieder auch Zusatzaufträge herein. Ich habe hier noch drei verschiedene Anfragen. Darüber müssen wir auch noch entscheiden.

Herr Kuzek: Ach so, unser Preis ist also abhängig von der Produktionsmenge?

Frau Schmitt: Ja, der Preis ist auch abhängig von der Produktionsmenge. Sicherlich haben wir bei unserem Preis von 33,57 € noch etwas Luft. Die neusten Zahlen der Gemeinkosten liegen mir ja vor. Ich werde gleich einen Mitarbeiter damit beauftragen, den Preis nochmals durchzukalkulieren und eine absolute Schmerzgrenze für das Handtuch festzulegen.

Herr Kuzek: Meine größte Angst ist, dass wir die Produktion des Handtuches wieder einstellen oder das Zweigwerk hier ganz schließen müssen.

Frau Schmitt: Herr Kuzek, das wird sicherlich nicht passieren. Ich lasse den Mitarbeiter auch gleich mit ausrechnen, wie viel Stück wir optimalerweise produzieren müssen, um beim Preis von 33,57 € nicht in die roten Zahlen zu kommen. Außerdem bringen wir ja dieses Jahr auch noch unsere Trinkflasche ‚Superlight' auf den Markt und die deckt ja dann auch einen Teil der Kosten.

Herr Kuzek: Okay, jetzt bin ich etwas beruhigt. Bitte melden Sie sich sofort, wenn Sie die Zahlen vorliegen haben. Vielleicht könnte der Mitarbeiter die Veränderung durch die Herstellung der Trinkflasche dann gleich noch separat mit kalkulieren.

Frau Schmitt: Herr Kuzek, das veranlasse ich und melde mich dann wieder bei Ihnen. Bis dahin wünsche ich Ihnen einen angenehmen Arbeitstag.

Herr Kuzek: Vielen Dank, Frau Schmitt, das wünsche ich Ihnen auch.

Im Stammsitz in **Schweinfurt** liegen Frau Schmitt folgende Daten zu den Produkten vor:

Planungszahlen	Handtuch Superdry
Verkaufspreis (netto)	33,57 €
Fertigungsmaterial	8,00 €
Fertigungslohn	10,00 €
Gemeinkosten für das Zweigwerk	285.000,00 €
Produktionskapazitäten	30.000 Stück pro Monat

Mögliche Zusatzaufträge:

- Abnehmer A: 10.000 Stück zu einem Nettoverkaufspreis von 26,85 €
- Abnehmer B: 6.000 Stück zu einem Nettoverkaufspreis von 28,00 €
- Abnehmer C: 5.000 Stück zu einem Nettoverkaufspreis von 16,00 €

Planungszahlen	Handtuch Superdry	Trinkflasche Superlight
Verkaufspreis (netto)	33,57 €	10,50 €
Fertigungsmaterial	8,00 €	2,75 €
Fertigungslohn	10,00 €	4,25 €
Gemeinkosten für das Zweigwerk	535.500,00 €	
Produktionskapazitäten	30.000 Stück pro Monat	100.000 Stück pro Monat
Auslastung (geplant)	75 %	65 %

1. Macht euch mit der Situation vertraut, indem ihr euch zunächst orientiert: Betrachtet hierzu die erhaltenen Informationen zu den Themen. Stellt sicher, dass euch klar ist, was eure Aufgabe ist. **(Orientierung und Information)**
2. Plant euer weiteres Vorgehen, indem ihr euch Gedanken macht, was in dieser konkreten Situation zu tun ist, und notiert sie stichpunktartig. **(Planung)**
3. Führt alle notwendigen Arbeitsschritte durch und dokumentiert diese nachvollziehbar. **(Durchführung)**
4. Präsentiert eure Ergebnisse im Klassenplenum. Bewertet eure Vorgehensweise zusammen mit dem Lehrer und den Mitschülern. Nehmt Kritikpunkte zur Vollständigkeit und inhaltlichen Richtigkeit auf, ergänzt eure Ausarbeitungen und korrigiert Fehler. **(Bewertung)**
5. Reflektiert eure Ergebnisse, indem ihr konstruktives Feedback eures Lehrers und der Gruppenmitglieder annehmt und Schlüsse für zukünftige Ausarbeitungen zieht. **(Reflexion)**

6.2.1 Die Teilkostenrechnung

Das Unternehmen achtet in der Vollkostenrechnung stets auf die Deckung der gesamten Kosten durch den Verkaufspreis. So haben wir bereits kennengelernt, dass ausgehend von den Selbstkosten der Nettoverkaufspreis in der Vollkostenrechnung ermittelt wird. Die Verteilung der Gemeinkosten auf die einzelnen Kostenträger geschah mithilfe der Gemeinkostenzuschlagssätze, die stets von konstanten Produktionszahlen ausgehen. Oftmals sind die Produktionszahlen jedoch nicht konstant und führen somit zu einer erheblichen Abweichung der Vor- und Nachkalkulationsergebnisse in der Vollkostenrechnung. Aber auch niedrigere Konkurrenzangebote oder besondere Anlässe, wie beispielsweise die Einführung eines Produktes, verlangen vom Unternehmen eine marktorientierte Preisgestaltung. Dies berücksichtigt nun die Teilkostenrechnung, sodass sich die Preise in Abhängigkeit der Produktionsmenge ändern und es zum vorübergehenden Verzicht verschiedener Kostenanteile im Unternehmen kommen kann.

6.2.2 Fixe und variable Kosten

In der Vollkostenrechnung haben wir bereits die Kosten in Einzel- und Gemeinkosten aufgeteilt. In der Teilkostenrechnung muss das Unternehmen unterscheiden, ob die Kosten nur bei der Produktion anfallen oder ob diese unabhängig von der Produktion entstehen. Kosten, wie z. B. Miete, Abschreibungen, Gehälter oder Versicherungen, fallen unabhängig von der Produktion an. Diese Gemeinkosten stehen immer in gleicher Höhe fest und werden als fixe Kosten bezeichnet. Das Fertigungsmaterial und die Fertigungslöhne, also die Einzelkosten, fallen nur bei der Produktion an und werden als variable Kosten bezeichnet.

Werden die fixen und variablen Kosten als Gesamtkosten des Unternehmens angegeben, verwendet man große Buchstaben: K_{fix} und K_{var}. Stellen die Kosten jedoch Stückkosten dar, werden sie mit kleinen Buchstaben bezeichnet: k_{fix} und k_{var}.

Das Unternehmen Büromöbel OHG hat Gemeinkosten in Höhe von 200.000,00 € und benötigt zur Herstellung eines Schreibtisches 18,00 € an Fertigungsmaterial sowie 32,00 € für den Fertigungslohn.

Die Kostenverläufe können grafisch wie folgt dargestellt werden:

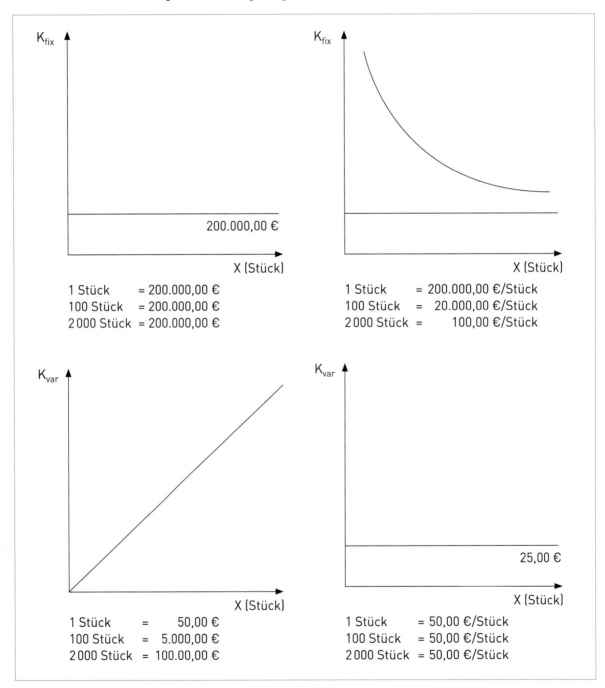

6.2.3 Beschäftigungsgrad

Wir haben soeben kennengelernt, dass sich die fixen Kosten in Abhängigkeit der produzierten Menge ändern. Jedoch sind die Produktionsmöglichkeiten im Unternehmen nicht unbegrenzt, die maximale Produktionsmenge wird somit als Kapazität bezeichnet. Um die Auslastung einer Kapazität bestimmen zu können, ist die Berechnung des Beschäftigungsgrades erforderlich. Diese Kennzahl ist ein Prozentwert. Der Beschäftigungsgrad lässt sich wie folgt ermitteln:

$$\text{Beschäftigungsgrad} = \frac{\text{tatsächlich genutzte Kapazität} \times 100}{\text{maximale Kapazität}}$$

Das Unternehmen Meyer Fruchtsäfte e. K. hat eine maximale Abfüllkapazität an Fruchtsäften von 80.000 Flaschen pro Monat. Aufgrund der geringen Obsternte werden derzeit nur 48.000 Flaschen monatlich abgefüllt.

$$\text{Beschäftigungsgrad} = \frac{48\,000 \text{ Flaschen} \times 100}{80\,000 \text{ Flaschen}} = 60\,\%$$

Je geringer der Beschäftigungsgrad ist, desto höher ist der Anteil der fixen Kosten an einem Produkt und umso höher ist der Verkaufspreis bei einem gewinnorientierten Unternehmen.

6.2.4 Deckungsbeitrag

Der Deckungsbeitrag gibt an, welcher Betrag zur Deckung der fixen Kosten verwendet werden kann. Er ist die Differenz zwischen Nettoverkaufserlös und den variablen Kosten. Die Nettoverkaufserlöse kürzen wir mit E (gesamt) bzw. e (pro Stück) ab.

Der Deckungsbeitrag pro Stück (= db) lässt sich wie folgt ermitteln:

Nettoverkaufserlös pro Stück (e)
− variable Kosten je Stück (k_{var})
= Deckungsbeitrag je Stück (db)

Das Unternehmen Büromöbel OHG hat Gemeinkosten in Höhe von 200.000,00 € und benötigt zur Herstellung eines Schreibtisches 18,00 € an Fertigungsmaterial sowie 32,00 € für den Fertigungslohn. Die Schreibtische haben einen Nettoverkaufspreis von 199,00 €. Im letzten Monat wurden 1.500 Schreibtische verkauft.

Nettoverkaufserlös	199,00 €
− variable Kosten je Schreibtisch	− 50,00 €
= Deckungsbeitrag je Schreibtisch	= 149,00 €

Um den Deckungsbeitrag des Unternehmens ermitteln zu können, müssen die gesamten variablen Kosten von den gesamten Nettoverkaufserlösen subtrahiert werden oder der Stückdeckungsbeitrag mit der verkauften Stückzahl multipliziert werden.

Deckungsbeitrag gesamt (= DB):

Deckungsbeitrag je Stück × verkaufte Menge = Deckungsbeitrag gesamt

DB = 149,00 €/Stück × 1 500 Stück = 223.500,00 €

6.2.5 Ermittlung des Betriebsergebnisses

Auf Basis der Deckungsbeitrages kann nun das Betriebsergebnis ermittelt werden. Das Betriebsergebnis kann sowohl positiv (= Gewinn) oder auch negativ (= Verlaust) sein.

6.2.5.1 Ermittlung des Betriebsergebnisses im Einproduktunternehmen

Wir haben soeben kennengelernt, dass der Deckungsbeitrag zur Deckung der fixen Kosten dient. Das Betriebsergebnis wird ermittelt, indem vom Deckungsbeitrag (= DB) die fixen Kosten (= K_{fix}) abgezogen werden.

Rechenschema:	pro Stück	gesamt
Nettoverkaufserlöse	e	E
− variable Kosten	− k_{var}	− K_{var}
= Deckungsbeitrag	= db	= DB
− fixe Kosten		− K_{fix}
= Betriebsergebnis		= BE

Das Unternehmen Büromöbel OHG hat Gemeinkosten in Höhe von 200.000,00 € und benötigt zur Herstellung eines Schreibtisches 18,00 € an Fertigungsmaterial sowie 32,00 € für den Fertigungslohn. Die Schreibtische haben einen Nettoverkaufspreis von 199,00 €. Im letzten Monat wurden 1.500 Schreibtische verkauft.

	pro Stück	gesamt
Nettoverkaufserlöse	199,00 €	298.500,00 €
− variable Kosten	− 50,00 €	− 75.000,00 €
= Deckungsbeitrag	= 149,00 €	= 223.500,00 €
− fixe Kosten		− 200.000,00 €
= Betriebsergebnis		= 23.500,00 € (= Gewinn)

6.2.5.2 Ermittlung des Betriebsergebnisses im Mehrproduktunternehmen

Wir haben soeben kennengelernt, dass der Deckungsbeitrag zur Deckung der fixen Kosten dient. Das Betriebsergebnis wird ermittelt, indem vom Deckungsbeitrag (= DB) die fixen Kosten (= K_{fix}) abgezogen werden.

Rechenschema:	Stück A	Stück B	gesamt
Nettoverkaufserlöse	e	e	
– variable Kosten	– k_{var}	– k_{var}	
= Deckungsbeitrag (db)	= db	= db	
× verkaufte Stück			
= Deckungsbeitrag (DB)	= DB	= DB	= DB
– fixe Kosten			– K_{fix}
= Betriebsergebnis			= BE

Das Unternehmen Elektro AG produziert Waschmaschinen und Kühlschränke. Die fixen Kosten belaufen sich auf 320.000,00 €.

	Waschmaschine	Kühlschrank
Verkaufspreis	800,00 €	500,00 €
variable Kosten	350,00 €	510,00 €
verkaufte Menge	775 Stück	975 Stück

	Stück A	Stück B	gesamt
Nettoverkaufserlöse (e)	800,00 €	500,00 €	
– variable Kosten (k_{var})	– 350,00 €	510,00 €	
= Deckungsbeitrag (db)	= 450,00 €	= – 10,00 €	
× verkaufte Stück	× 775 Stück	× 975 Stück	
Deckungsbeitrag (DB)	= 348.750,00 €	= – 9.750,00 €	= 339.000,00 €
– fixe Kosten (K_{fix})			– 320.000,00 €
= Betriebsergebnis (BE)			= 19.000,00 € (= Gewinn)

Mithilfe der Teilkostenrechnung kann nicht nur das Betriebsergebnis ermittelt werden, sondern es kann auch eine Aussage zur Wirtschaftlichkeit der einzelnen Produkte getroffen werden. Ist der Deckungsbeitrag positiv, so werden durch ihn die Fixkosten mitgetragen. Ist der Deckungsbeitrag negativ, so ist das Produkt unwirtschaftlich und sollte aus dem Programm genommen werden.

6.2.6 Gewinnschwelle

Die Gewinnschwelle oder der „Break-even-Point" zeigt die Verkaufsmenge, bei der die kompletten Kosten des Unternehmens gerade durch die gesamten Verkaufserlöse gedeckt sind. Die gesamten Kosten des Unternehmens ergeben sich aus den fixen Kosten und variablen Kosten des Unternehmens. Oder anders ausgedrückt bedeutet das, dass die Summe der Stückdeckungsbeiträge gerade so die fixen Kosten des Unternehmens deckt. Das Betriebsergebnis ist hierbei 0,00 €.

Die Wettbewerbsfähigkeit mithilfe der Kosten- und Leistungsrechnung sicherstellen

Die Gewinnschwelle lässt sich rechnerisch wie folgt ermitteln:

$$\text{Gewinnschwelle} = \frac{\text{fixe Kosten } (K_{fix})}{\text{Stückdeckungsbeitrag (db)}}$$

Das Unternehmen Büromöbel OHG hat Gemeinkosten in Höhe von 200.000,00 € und benötigt zur Herstellung eines Schreibtisches 18,00 € an Fertigungsmaterial sowie 32,00 € für den Fertigungslohn. Die Schreibtische haben einen Nettoverkaufspreis von 199,00 €. Im letzten Monat wurden 1.500 Schreibtische verkauft.

$$\text{Gewinnschwelle} = \frac{\text{fixe Kosten } (K_{fix})}{\text{Stückdeckungsbeitrag (db)}} = \frac{200.000,00 \text{ €}}{149,00 \text{ €/Stück}} = 1.342,28 \text{ €/Stück}$$

Das heißt, das Unternehmen hat ein positives Betriebsergebnis bei 1.343 verkauften Stück.

Die Gewinnschwelle kann aber auch grafisch ermittelt werden:

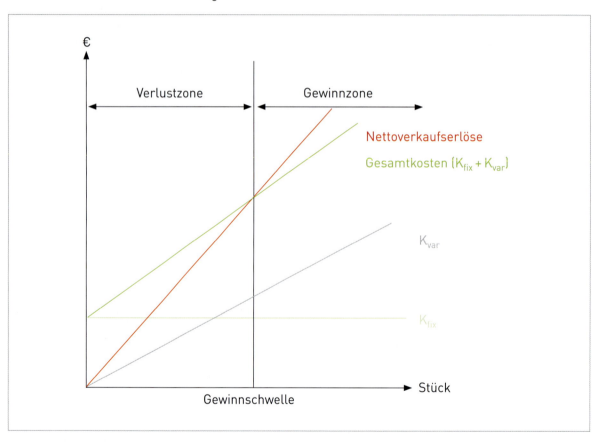

6.2.7 Preisuntergrenzen

Durch niedrigere Konkurrenzangebote ist ein Unternehmen gelegentlich zu reduzieren und dabei sogar auf einen Teil der Kostendeckung zu verzichten. Man unterscheidet zwischen der langfristigen und der kurzfristigen Preisuntergrenze.

Langfristige Preisuntergrenze
Um am Markt wettbewerbsfähig zu sein, muss der Nettoverkaufserlös langfristig so gestaltet sein, dass alle Kosten gedeckt sind. Auf einen Gewinn wird jedoch bei der langfristigen Preisuntergrenze verzichtet, sodass das Betriebsergebnis gleich 0,00 € ist.

Zur Berechnung des neuen Nettoverkaufspreises kann das Rechenschema zur Ermittlung des Betriebsergebnis verwendet werden und vom Betriebsergebnis ausgehend rückwärts gerechnet werden.

Die Wettbewerbsfähigkeit mithilfe der Kosten- und Leistungsrechnung sicherstellen

Rechenschema:	pro Stück	gesamt
Nettoverkaufserlöse	e	E
− variable Kosten	− k_{var}	− K_{var}
= Deckungsbeitrag	= db	= DB
− fixe Kosten		− K_{fix}
= Betriebsergebnis		= BE = 0,00 €

Daraus ergibt sich folgende Formel:

$$\text{langfristige Preisuntergrenze} = \frac{K_{fix}}{\text{verkaufte Stückmenge}} + k_{var}$$

Das Unternehmen Büromöbel OHG hat Gemeinkosten in Höhe von 200.000,00 € und benötigt zur Herstellung eines Schreibtisches 18,00 € an Fertigungsmaterial sowie 32,00 € für den Fertigungslohn. Im letzten Monat wurden 1.500 Schreibtische verkauft. Wie hoch ist die langfristige Preisuntergrenze?

Rechenschema:	pro Stück	gesamt
Nettoverkaufserlöse	183,33 €	275.000,00 €
− variable Kosten	− 50,00 €	− 75.000,00 €
= Deckungsbeitrag	= 133,33 €	= 200.000,00 €
− fixe Kosten		− 200.000,00 €
= Betriebsergebnis		= 0,00 €

$$\text{langfristige Preisuntergrenze} = \frac{200.000,00\ €}{1\,500\ \text{Stück}} + 50,00\ € = 183,33\ €/\text{Stück}$$

Kurzfristige Preisuntergrenze

Aufgrund von andauernder starker Konkurrenz oder einer schwierigen wirtschaftlichen Lage kann es vorkommen, dass das Unternehmen nicht nur auf einen Gewinn, sondern auch auf die Deckung der fixen Kosten verzichten muss. Die kurzfristige Preisuntergrenze ist erreicht, wenn der Nettoverkaufserlös pro Stück den variablen Stückkosten entspricht:

kurzfristige Preisuntergrenze = variable Kosten je Stück (kvar) = Nettoverkaufserlös je Stück (e)

Das Unternehmen Büromöbel OHG hat Gemeinkosten in Höhe von 200.000,00 € und benötigt zur Herstellung eines Schreibtisches 18,00 € an Fertigungsmaterial sowie 32,00 € für den Fertigungslohn. Im letzten Monat wurden 1.500 Schreibtische verkauft. In der Branche herrscht momentan ein extremer Preiskampf. Wie hoch ist die kurzfristige Preisuntergrenze?

kurzfristige Preisuntergrenze = variable Kosten je Stück = 50,00 €

6.2.8 Zusatzauftrag

Als Zusatzaufträge gelten Aufträge, die unterhalb des normalen Verkaufserlöses angenommen werden. Dieses Vorgehen kann sinnvoll sein, um die vorhandenen freien Kapazitäten besser zu nutzen und das Betriebsergebnis zu verbessern. Jedoch dürfen keine neuen Fixkosten durch weitere Investitionen für das Unternehmen entstehen. Ferner sollte darauf geachtet werden, dass der Marktpreis durch die Hereinnahme von Zusatzaufträgen nicht beeinträchtigt wird.

Die Wettbewerbsfähigkeit mithilfe der Kosten- und Leistungsrechnung sicherstellen

Einen Zusatzauftrag anzunehmen, setzt also mehrere Bedingungen voraus:

- Es müssen freie Kapazitäten vorhanden sein.
- Der Stückdeckungsbeitrag muss positiv sein.
- Es dürfen keine zusätzlichen Fixkosten anfallen.

Rechenschema:	normale Produktion	Zusatzauftrag
Nettoverkaufserlös pro Stück	e	e
− variable Kosten pro Stück	− kvar	− kvar
= Deckungsbeitrag pro Stück	= db	= db
× verkaufte Menge	× Stück	× Stück
= Deckungsbeitrag	= DB	= DB
− fixe Kosten	− Kfix	− 0
= Betriebsergebnis	= BE	= Verbesserung zum BE

Das Unternehmen Büromöbel OHG hat Gemeinkosten in Höhe von 200.000,00 € und benötigt zur Herstellung eines Schreibtisches 18,00 € an Fertigungsmaterial sowie 32,00 € für den Fertigungslohn. Die Schreibtische haben einen Nettoverkaufspreis von 199,00 €. Im letzten Monat wurden 1.500 Schreibtische verkauft. Die Kapazitäten sind nur zu 80 % ausgelastet. Das Unternehmen wird gebeten zu prüfen, ob es einen Zusatzauftrag über 100 Schreibtische zu einem Nettoverkaufspreis von 99,00 € annimmt.

Rechenschema:	normale Produktion	Zusatzauftrag
Nettoverkaufserlös pro Stück	199,00 €	99,00 €
− variable Kosten pro Stück	− 50,00 €	− 50,00 €
= Deckungsbeitrag pro Stück	= 149,00 €	= 49,00 €
× verkaufte Menge	× 1500 Stück	× 100 Stück
= Deckungsbeitrag	= 223.500,00 €	= 4.900,00 €
− fixe Kosten	− 200.000,00 €	− 0
= Betriebsergebnis	= 23.500,00 €	= 4.900,00 €

Es sind noch freie Kapazitäten in Höhe von 375 Stück vorhanden. Das Betriebsergebnis würde sich durch den Zusatzauftrag um 4.900,00 € auf 28.400,00 € erhöhen. Der Zusatzauftrag kann angenommen werden.

Aufgaben zum Lernbereich 10.2.4

Aufgabe 1 Abgrenzung
Grenze die folgenden Aufwendungen und Erträge in betrieblich und neutral ab.

	Aufwendungen bzw. Erträge, die in die Kalkulation einfließen	Aufwendungen bzw. Erträge, die nicht in die Kalkulation einfließen	Grund
Löhne/Gehälter			
Aufwendung für Rohstoffe			
Aufwendung für Handelswaren			
Büromaterial			
Außerplanmäßige Abschreibung wegen eines Schadensfalls			
Werbeaufwand			
Steuernachzahlung für Vorjahr			
Mietaufwand für Lagerhalle			
Wasserschäden wegen eines Rohrbruchs			
Beitrag zur Berufsgenossenschaft			
Spende für Sozialeinrichtung			
Umsatzerlöse für FE			
Umsatzerlöse für Handelsware			
Steuererstattung für Vorjahr			
Zinsen für Bankguthaben			
Erträge aus der Vermietung einer Werkswohnung			
Staatlicher Zuschuss zur Renovierung eines historischen Bürogebäudes			

Aufgabe 2 Betriebsabrechnungsbogen (BAB) 1

1. Die Kostenartenrechnung der Firma Nordwind GmbH hat zu folgenden Gemeinkosten geführt:

Hilfsstoffe	25.400,00 €	Kalkulatorische AfA	84.000,00 €
Energie	7.500,00 €	Steuern	36.040,00 €
Hilfslöhne	14.400,00 €	Versicherungen	19.600,00 €
Gehälter	120.000,00 €	Sonstige Kosten	79.450,00 €
Sozialabgaben	36.900,00 €		

Die Gemeinkosten werden nach folgenden Verteilungsschlüsseln verteilt:

	Kostenstellen			
	Material	Fertigung	Verwaltung	Vertrieb
Hilfsstoffe (laut Entnahmeschein)	1.050,00 €	12.910,00 €	5.340,00 €	6.100,00 €
Energie (laut Zähler)	4.000 kWh	38.000 kWh	5.000 kWh	3.000 kWh
Hilfslöhne (laut Lohnliste)	1.400,00 €	10.600,00 €	1.300,00 €	1.100,00 €
Gehälter (nach Köpfen)	5	20	8	7
Sozialabgaben (laut Lohnliste)	1.350,00 €	23.260,00 €	6.900,00 €	5.390,00 €
Kalkulatorische AfA (laut Anlagenwert)	60.000,00 €	450.000,00 €	40.000,00 €	50.000,00 €
Steuern (im Verhältnis)	3	8	2	4
Versicherungen (laut Versicherungssumme)	20.000,00 €	80.000,00 €	30.000,00 €	10.000,00 €
Sonstige Kosten (laut Einzelnachweis)	12.700,00 €	57.800,00 €	7.700,00 €	1.250,00 €

Zur Information:
Materialeinzelkosten (Fertigungsmaterial) 140.000,00 €
Fertigungseinzelkosten (Fertigungslöhne) 210.000,00 €

Verteile die Gemeinkosten auf die Kostenstellen des BAB und berechne die Gemeinkostenzuschlagssätze.

2. Die Kostenartenrechnung der Firma Petersen AG weist folgende Gemeinkosten aus:

Hilfsstoffe	54.000,00 €	Gehälter	120.000,00 €
Energie	5.000,00 €	Kalkulatorische AfA	25.000,00 €
Hilfslöhne	30.000,00 €	Reinigung	6.800,00 €

Die Gemeinkosten werden nach folgenden Verteilungsschlüsseln verteilt:

	Kostenstellen			
	Material	**Fertigung**	**Verwaltung**	**Vertrieb**
Hilfsstoffe (laut Entnahmeschein)	2.700,00 €	39.600,00 €	3.000,00 €	8.700,00 €
Energie (laut Zähler)	5.600 kWh	31.180 kWh	5.000 kWh	8.220 kWh
Hilfslöhne (laut abgerechneten Stunden)	210 h	900 h	240 h	150 h
Gehälter (nach Gehaltsliste)	9.500,00 €	26.000,00 €	70.000,00 €	14.500,00 €
Kalkulatorische AfA (laut Anlagenwert)	60.000,00 €	240.000,00 €	100.000,00 €	100.000,00 €
Reinigung (nach Fläche)	800 m²	2.100 m²	300 m²	200 m²

Zur Information:
Materialeinzelkosten (Fertigungsmaterial) 200.000,00 €
Fertigungseinzelkosten (Fertigungslöhne) 180.000,00 €
Bestandsveränderungen:
Unfertige Erzeugnisse AB 40.000,00 € SB 52.000,00 €
Fertigerzeugnisse AB 85.000,00 € SB 75.000,00 €

Verteile die Gemeinkosten auf die Kostenstellen des BAB und berechne die Gemeinkostenzuschlagssätze.

Aufgabe 3 Selbstkostenkalkulation
1. Ein Maschinenbauunternehmen aus München fertigt in seinem polnischen Zweigwerk Teile für eine Maschine. Die Endmontage und der Verkauf der Maschine finden im Hauptwerk in München statt. Für die Kalkulation stehen folgende Angaben zur Verfügung:

Einzelkosten:
Fertigungsmaterial 32.000,00 €
Fertigungslöhne 40.000,00 €
Kosten für eine Speziallackierung 2.500,00 €
Kosten für Fracht aus Polen 950,00 €
Zoll 50,00 €
Gemeinkosten:
Materialgemeinkosten 24 %
Fertigungsgemeinkosten 80 %
Verwaltungsgemeinkosten 16 %
Vertriebsgemeinkosten 18 %

2. Berechne die Selbstkosten der Maschine. Für die Herstellung eines Schrankes entstehen folgende Kosten:
   - Fertigungsmaterial: 20 m Holz à 1,20 € pro Meter Sägerei
     0,5 kg Blech à 0,80 € pro Kilogramm Montage
     0,5 m² Glas à 2,00 € pro Quadratmeter
   - Fertigungslöhne: 5 min à 15,00 € pro Stunde Sägerei
     180 min à 20,00 € pro Stunde Montage
   - Materialgemeinkosten: 10 %
   - Fertigungsgemeinkosten: 60 %
   - Verwaltungsgemeinkosten: 7 %
   - Vertriebsgemeinkosten: 8 %

Berechne die Selbstkosten für den Schrank.

3. Die Kostenartenrechnung der Maschinenfabrik Neuburg AG weist für die Herstellung einer Sortiermaschine folgende Gemeinkosten aus:

Hilfs- und Betriebsstoffe	85.000,00 €	Gehälter	150.000,00 €
Energie	55.000,00 €	Kalkulatorische AfA	66.000,00 €
Hilfslöhne	80.000,00 €	Sonstige Kosten	225.000,00 €

Die Gemeinkosten werden nach folgenden Verteilungsschlüsseln verteilt:

	Kostenstellen			
	Material	Fertigung	Verwaltung	Vertrieb
Hilfs- und Betriebsstoffe (laut Entnahmeschein)	10.000,00 €	59.000,00 €	11.000,00 €	5.000,00 €
Energie (laut Fläche)	250 m²	650 m²	100 m²	100 m²
Hilfslöhne (laut abgerechneten Stunden)	300 h	1.000 h	100 h	200 h
Gehälter (nach Köpfen)	3	3	6	3
Kalkulatorische AfA (laut Anlagenwert)	70.000,00 €	480.000,00 €	50.000,00 €	60.000,00 €
Sonstige Kosten	45.000,00 €	140.000,00 €	30.000,00 €	10.000,00 €

Folgende Angaben zu den Einzelkosten stehen dem Unternehmen zur Verfügung:

- Fertigungsmaterial: 200.000,00 €
- Fertigungslöhne: 380.000,00 €
- Sondereinzelkosten der Fertigung: 12.000,00 €
- Sondereinzelkosten des Vertriebs: 1.000,00 €

a) Verteile die Gemeinkosten auf die einzelnen Kostenstellen.
b) Errechne die Gemeinkostenzuschlagssätze.
c) Berechne die Selbstkosten für die Sortiermaschine.

Aufgabe 4 Angebotskalkulation

1. Die Hanselmann AG stellt Werkzeugmaschinen her. Aus der Finanzbuchhaltung liegen Selbstkosten in Höhe von 36.812,50 € vor. Der Betrieb kalkuliert mit 8 % Gewinn, einer Vertreterprovision von 3 %, einem Kundenskonto von 2 % und einem Kundenrabatt von 7 %.
Berechne den Listenverkaufspreis netto.

2. Die Snow World GmbH hat sich auf die Herstellung von Skiern spezialisiert. Für das neueste Modell „High Speed" liegen folgende Daten vor:

- Fertigungsmaterial: 90,00 €
- Fertigungslöhne: 72,00 €
- Sondereinzelkosten der Fertigung: 31,00 €
- Sondereinzelkosten des Vertriebs: 55,00 €
- Zuschlagssätze
    Materialgemeinkosten: 30 %
    Fertigungsgemeinkosten: 125 %
    Verwaltungs- und Vertriebsgemeinkosten: 15 %

a) Berechne die Selbstkosten für den Ski „High Speed".
b) Zu welchem Nettoverkaufspreis kann die Snow World AG den Ski anbieten, wenn du mit folgenden Daten kalkulierst: 12,5 % Gewinn, 2 % Kundenskonto, 8 % Vertreterprovision und 20 % Kundenrabatt?

3. Der Holzmann OHG liegt eine Kundenanfrage für den Schrank Modell „Frankenwald" vor. Die Holzmann OHG kalkuliert mit folgenden Zahlen:

   - Fertigungsmaterial: 5 m² zu 25,00 € je m²
   - Fertigungslöhne: 2 Mitarbeiter à 4 Stunden (Stundenlohn 15,00 €)
   - Kosten für Speziallackierung: 61,00 €
   - Kosten für Spezialverpackung: 20,00 €

   Außerdem sind folgende Zahlen zu berücksichtigen:

   - Materialgemeinkosten: 50,00 €
   - Fertigungsgemeinkosten: 144,00 €
   - Verwaltungsgemeinkosten: 50,00 €
   - Vertriebsgemeinkosten: 30,00 €

   a) Berechne die Selbstkosten für den Schrank Modell „Frankenwald".
   b) Berechne die Gemeinkostenzuschlagssätze.
   c) Zu welchem Preis wird die Holzmann OHG den Schrank anbieten, wenn sie mit einem Gewinn von 8 %, einer Vertreterprovision von 7 %, einem Kundenskonto von 3 % und einem Kundenrabatt von 20 % rechnet?
   d) Angenommen, ein Konkurrenzunternehmen bietet den gleichen Schrank zu einem Nettoverkaufspreis von 875,00 € an. Die Holzmann OHG möchte Kundenrabatt, -skonto, Vertreterprovision und Gewinn nicht ändern. Um wie viel Euro und Prozent (auf zwei Nachkommastellen) müssten die Verwaltungsgemeinkosten gesenkt werden, wenn sich auch die Vertriebsgemeinkosten und die SEK des Vertriebs nicht ändern?

Aufgabe 5 Kostenträgerblatt
Die Möbelfabrik Holzmann OHG produziert zwei verschiedene Produkte (Tisch Eiche, Tisch Buche). Die Kosten- und Leistungsrechnung liefert folgende Daten:

		Gesamt	Tisch Eiche	Tisch Buche
Fertigungsmaterial		200.000,00 €	120.000,00 €	80.000,00 €
Fertigungslöhne		350.000,00 €	200.000,00 €	150.000,00 €
Unfertige Erzeugnisse	AB	140.000,00 €	120.000,00 €	20.000,00 €
	SB	220.000,00 €	140.000,00 €	80.000,00 €
Fertigerzeugnisse	AB	420.000,00 €	330.000,00 €	90.000,00 €
	SB	315.000,00 €	240.000,00 €	75.000,00 €
Nettoverkaufserlöse		2.000.000,00 €	1.250.000,00 €	750.000,00 €

Die Möbelfabrik hat im vergangenen Geschäftsjahr mit folgenden Normalgemeinkosten-zuschlagssätzen kalkuliert:

- Material: 20 %
- Fertigung: 110 %
- Verwaltung/Vertrieb gesamt: 10 %

Die tatsächlich angefallenen Ist-Gemeinkosten beliefen sich auf:

- Material: 50.000,00 €
- Fertigung: 400.000,00 €
- Verwaltung/Vertrieb gesamt: 150.000,00 €

Erstelle das Kostenträgerblatt. Ermittle die Über- bzw. Unterdeckung bei den Selbstkosten und stelle das Betriebsergebnis fest.

Aufgabe 6
Ein Elektrohersteller produziert im Werk Bamberg Stabmixer und elektrische Milchaufschäumer. Für den Monat Mai sind folgende Zahlen in der Kostenrechnung bekannt:

	Stabmixer	Milchaufschäumer
Nettoverkaufserlös	60,00 €	37,50 €
Variable Stückkosten	28,00 €	17,50 €
Fixe Kosten insgesamt	150.000,00 €	
Absatzmenge	80 %	75 %
Kapazität	2.500 Stück	4.000 Stück

a) Berechne das Betriebsergebnis.
b) Begründe rechnerisch, ob sich die Hereinnahme eines Zusatzauftrages von 50 Stabmixern zu einem Preis von 30,00 € lohnt.

Aufgabe 7
Ein Elektrohersteller produziert zwei verschiedene Smartphones. Es liegen folgende Daten für den Monat Juni vor:

	Modell „Power"	Modell „Glamour"
Nettoverkaufserlös	1.200,00 €	1.500,00 €
Variable Stückkosten	975,00 €	1.125,00 €
Selbstkosten insgesamt	2.277.500,00 €	
Absatzmenge	80 %	1.050 Stück
Kapazität	1000 Stück	1.300 Stück

a) Ermittle die Höhe der fixen Kosten für den Monat Juni.
b) Berechne das Betriebsergebnis für den Monat Juni.
c) Berechne die Kapazitätsauslastung für das Modell „Glamour".

Aufgabe 8
Ein Fahrradhersteller produziert das Elektrofahrrad „Bergfix". Es liegen folgende Daten für den Monat Januar vor:

	Bergfix
Nettoverkaufserlös	2.500,00 €
Variable Stückkosten	1.250,00 €
Fixe Kosten	185.000,00 €
Kapazität	200 Stück

a) Ermittle das Betriebsergebnis bei maximaler Kapazitätsauslastung.
b) Berechne die Gewinnschwelle und stelle diese grafisch dar.
c) Gib die langfristige und kurzfristige Preisuntergrenze an, wenn die Kapazität zu 75 % ausgelastet ist.

Methodenpool

Kapitel 7

7.1	5-Finger-Methode	7.14	Lernkartei
7.2	Ampelmethode	7.15	Mindmaps (Gedächtniskarten) erstellen
7.3	Arbeiten in Sozialformen	7.16	Plakatgestaltung
7.4	Arbeitsplan/Maßnahmenplan/Zeitplan	7.17	Podcast
7.5	Bewertungsbogen „Zielscheibe"	7.18	Portfoliomappe
7.6	Blitzlicht	7.19	Präsentationsmedien Flipchart und Folie (Overheadfolie)
7.7	Brainstorming		
7.8	Feedback	7.20	Präsentieren, aber wie?
7.9	Fragebogen	7.21	Pro-Kontra-Liste
7.10	Galerierundgang oder „Markt der Möglichkeiten"	7.22	Referate anfertigen – aber wie?
7.11	Gruppenpuzzle	7.23	Spickzettel anfertigen
7.12	Kriterienkatalog (Checkliste) für Präsentationen	7.24	Szenische Darstellung
7.13	Kugellager-Methode	7.25	Zitieren – aber wie?

7 Methodenpool

7.1 5-Finger-Methode

Allgemeines

Bei der 5-Finger-Methode handelt es sich um eine Feedbackmethode. Es wird also zu einem Sachverhalt, einer Fragestellung usw. eine konkrete Rückmeldung gegeben. Dabei steht jeder Finger für einen bestimmten Bereich, eine bestimmte Dimension, wobei die „Symbolik der Finger" (z. B. „Daumen hoch" oder „mahnender Zeigefinger") eine maßgebliche Rolle spielt.

Die Finger dienen also als Gedächtnisstütze und helfen dem Feedbackgeber, in einer bestimmten Reihenfolge sein Feedback abzugeben, ohne etwas zu vergessen.

Vorgehensweise

1. Es wird eine Frage zu einem Sachverhalt, einem Themenbereich gestellt.
2. Die Feedbackgeber (z. B. Schülerinnen und Schüler) überlegen sich zu diesem Sachverhalt jeweils mithilfe der fünf Finger (also fünf Bereiche) Antworten.
3. Die Antworten zu allen fünf Bereichen werden nacheinander von den Feedbackgebern gegeben.
4. Ggf. können die Antworten gesammelt und später im Plenum nochmals erläutert werden.

Wie kann die Einteilung der „Finger" (Bereiche) stattfinden?

7.2 Ampelmethode

Allgemeines

Die „Ampelfarben" rot, gelb und grün sind jedem Menschen bereits ab Kindesalter bekannt und natürlich auch die Bedeutung dieser Farben.

Mithilfe der Ampelmethode kann schnell und einfach eine Rückmeldung z. B. zu einem bestimmten Themengebiet eingeholt werden.

Für die folgenden Fragestellungen

- **„Wurde etwas verstanden?"**
- **„Wurde etwas teilweise verstanden?"**
- **„Wurde etwas nicht verstanden?"**

stehen jeweils die Ampelfarben.

Vorgehensweise

1. Die Lehrerin/der Lehrer stellt eine konkrete Frage zu einem bestimmten Thema, Sachverhalt, usw.
2. Die Schülerinnen und Schüler signalisieren mithilfe der entsprechenden Ampelfarbe ihren Kenntnisstand/Lernstand (entweder durch hochhalten einer Karte/eines Stiftes in der entsprechenden Ampelfarbe oder durch das Anbringen von „Klebepunkten" auf einer im Raum ausgehängten Ampel).
3. Die Lehrerin/der Lehrer kann aus den Rückmeldungen (Verteilung der Farben) Erkenntnisse für das weitere Vorgehen ziehen und entsprechend handeln:
   - Plenumsrunde in der z. B. Schwierigkeiten und Unklarheiten verbalisiert werden
   - Gruppenarbeiten zwischen Schülerinnen und Schülern, die rot und grün gewählt haben, um sich die Themengebiete nochmals gegenseitig zu erläutern und offene Fragen zu beantworten, usw.

Notwendige Materialien

- Karten oder Stifte in Ampelfarben, die jeder Schüler besitzt
- ggf. Klebepunkte in den Ampelfarben
- ggf. eine im Raum aushängende Ampel

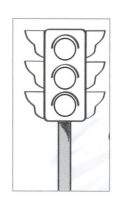

7.3 Arbeiten in Sozialformen

Unter Sozialform versteht man die Arbeitsweise von Menschen miteinander oder eines Menschen alleine. Sind gegebene Räumlichkeiten und zeitliche Strukturen (was zwingend erforderlich ist) vorhanden, findet innerhalb dieser die Arbeit in einer Sozialform statt, was oft bedeutet, dass mehrere Menschen in einem Raum auf ihre Mitmenschen Rücksicht nehmen müssen, damit ein reibungsloser Arbeitsablauf gewährleistet ist.

Oft kristallisieren sich sogar die Rollen der Personen, die in der Sozialform arbeiten, heraus (z. B. ein „Leitwolf", ein „Pessimist", ein „Optimist", eine „stille Maus", ein „Denker", ein „Einzelgänger"). Hier ist die Kunst, trotz der verschiedenen Charaktere ein gutes Arbeitsergebnis zu erzielen also gute Teamarbeit zu leisten.

Auch die Kommunikationsstruktur spielt innerhalb der Sozialform eine wichtige Rolle – hier gilt: „Aktives Zuhören, Ausreden lassen des Gegenübers und gegenseitiger Respekt".

Werden diese Regeln beherzigt, steht dem erfolgreichen Arbeiten in Sozialformen nichts mehr im Wege!

Einzelarbeit
Ein Mensch arbeitet alleine! Das Arbeitstempo wird meist vom arbeitenden Menschen selbst bestimmt und steht im Zusammenhang mit den eigenen Fähigkeiten, Fertigkeiten und Kenntnissen.

Partnerarbeit
Zwei Menschen arbeiten zusammen. Das Arbeitstempo wird durch die Kenntnisse, Fähigkeiten und Fertigkeiten beider bestimmt. Die Partner ergänzen sich von ihrem Wissensstand her oft gegenseitig. Durch den Gedankenaustausch prägen sich die besprochenen Themen meist besser im Gedächtnis ein.

Gruppenarbeit
Menschen arbeiten in einer Gruppe mit drei bis fünf Personen zusammen und sind alle gleichberechtigt. Die gegenseitige Rücksichtnahme spielt dabei eine wichtige Rolle. Themenbereiche können innerhalb einer Gruppe aufgeteilt und später den Gruppenmitgliedern vorgetragen werden. Wichtig ist immer ein „Zeitnehmer", der die vorgegebene Zeit überwacht und einen „Zwischenstand" über die Restzeit gibt. In der Gruppenarbeitsphase haben die Gruppenmitglieder die Möglichkeit, sich gegenseitig auszutauschen und ihre verschiedenen Wissensstände zu einem „Gesamtpaket" zu vereinen.
Finden Präsentationen nach der Gruppenarbeit statt, ist es wichtig, dass alle Gruppenmitglieder einen Teilbereich präsentieren.

Plenum
Das Wort Plenum ist abgeleitet vom Lateinischen (plenus, plena, plenum = voll) und bedeutet, dass alle zusammen einen Sachverhalt erschließen, besprechen oder Probleme erörtern bzw. diskutieren und/oder konstruktive Kritik während/nach Präsentationen üben.
Im Plenum treffen viele Ideen und Wissensstände aufeinander, von denen jeder Einzelne, der an einer Plenumsrunde teilnimmt, profitieren kann.
Auch im Plenum gilt: „Gegenseitiger Respekt, aktives Zuhören, aussprechen lassen des Redners".

7.4 Arbeitsplan/Maßnahmenplan/Zeitplan

Wenn Arbeiten ordentlich und korrekt erledigt werden müssen, bietet sich das Erstellen eines Arbeitsplans/Maßnahmenplans/Zeitplans an. Mit diesem wird sichergestellt, dass einzelne Schritte nicht vergessen werden und man nicht in „Zeitverzug" gerät.

Gerade wenn mit mehreren Personen in einer Gruppe zusammengearbeitet wird, sind solche Pläne notwendig, damit jeder Schüler genau weiß, WAS er WANN und MIT WELCHEM ERGEBNIS zu erledigen hat. So kann gewährleistet werden, dass die gesamte Gruppe ein gutes Arbeitsergebnis erzielt und das Ergebnis ein Erfolg wird.

Arbeitsplan/Maßnahmenplan/Zeitplan			
Datum			
Alle Beteiligten			
Wer?	**Aufgaben/Schritte, die zu erledigen sind**	**Erledigung bis**	**Notizen**

Der Arbeitsplan kann bei „kleinen", aber auch bei „großen" Arbeitsaufträgen/Projekten eingesetzt werden!

7.5 Bewertungsbogen „Zielscheibe"

Der folgende Bewertungsbogen dient der Einschätzung deiner Arbeitsweise bei der Bearbeitung einer Lernsituation. Du gibst dir also selbst ein Feedback. Markiere dazu bitte in jedem der vier Kreissegmente den für dich passenden Bereich mit einem Kreuz. Dabei stehen die Kreuze im „inneren Bereich" der Zielscheibe für „trifft voll zu". Je weiter du deine Kreuze in den „äußeren Bereich" setzt, umso „weniger" treffen die Aussagen für dich zu.

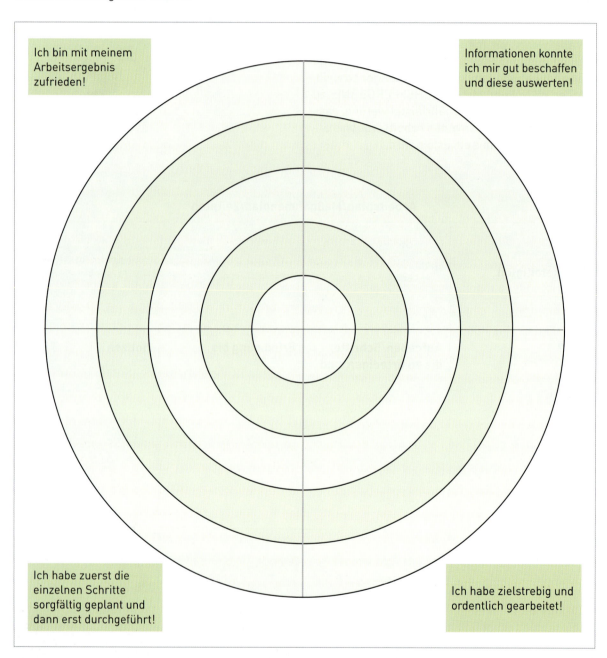

Beantworte bitte noch folgende Frage zu deiner Bewertung:
Was nimmst du dir im Hinblick auf die Bearbeitung der nächsten Lernsituation vor? Begründe deine Ansicht.

7.6 Blitzlicht

Allgemeines

Soll schnell und einfach eine Rückmeldung z. B. zu einem Arbeitsprozess, einer Unterrichtseinheit, einer Präsentation usw. erfolgen, bietet sich der Einsatz des „Blitzlichtes" an.

Was wird benötigt?

- Spontanität der Durchführer
- Ruhe im Raum

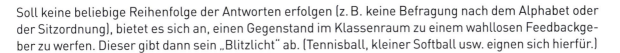

Durchführung einer Blitzlichtrunde

Der Lehrer oder Schüler überlegt sich eine möglichst konkrete Frage, zu welcher er ein Feedback erhalten möchte.

Die Feedbackgeber müssen zu dieser Fragestellung kurz und knapp antworten (manchmal reicht sogar nur ein Wort aus).

Soll keine beliebige Reihenfolge der Antworten erfolgen (z. B. keine Befragung nach dem Alphabet oder der Sitzordnung), bietet es sich an, einen Gegenstand im Klassenraum zu einem wahllosen Feedbackgeber zu werfen. Dieser gibt dann sein „Blitzlicht" ab. (Tennisball, kleiner Softball usw. eignen sich hierfür.)

Ist die Äußerung erfolgt, wandert der Gegenstand weiter und der Nächste beantwortet die Frage.

Regeln, die eingehalten werden müssen

- Nur jeweils einer äußert sich (z. B. Träger des Gegenstandes) – alle anderen hören zu.
- Die Äußerungen sollten sich auf die gestellte Frage beziehen.
- Es werden keine beleidigenden Äußerungen gemacht.
- Äußerungen sollten möglichst in der „Ich-Form" gemacht werden (Ich habe wahrgenommen, dass …).
- Wortbeiträge sollen möglichst nicht länger als ein bis zwei Sätze sein (sonst ist es kein Blitzlicht mehr).
- Äußerungen werden nicht von den anderen Teilnehmern kommentiert, bewertet oder kritisiert.
- Alle Teilnehmer sollten möglichst eine Stellungnahme zur Fragestellung abgeben.

Auswertung

Wird eine Blitzlichtrunde durchgeführt, muss diese nicht unbedingt ausgewertet werden. Sie stellt vielmehr eine „Momentaufnahme zu einer Fragestellung" dar. Die getroffenen Aussagen bleiben also „im Raum stehen".

Sie kann jedoch auch die Grundlage für ein weiteres Vorgehen bilden, was bedeutet, dass im Anschluss an die Blitzlichtrunde die verschiedenen Aussagen diskutiert/erläutert werden.

1. Die konkrete Frage/Fragestellung wird vor dem Durchführen der Blitzlichtrunde an Tafel/Flipchart notiert.
2. Getroffene Aussagen der Blitzlichtgeber können ebenfalls visualisiert werden, damit später eine bessere Auswertung erfolgen kann.

7.7 Brainstorming

Theorie: „Rufe alle deine Einfälle in den Raum!"

Praxis: „Melde dich und wenn du an der Reihe bist, gib deine Ideen preis!"

Alle Ideen, die die Teilnehmer eines Brainstormings haben, werden auf Karten notiert, an einer Pinnwand (oder einer Magnet-/Tafelwand) gesammelt und können später nach ihrem Inhalt geclustert (sortiert) werden!

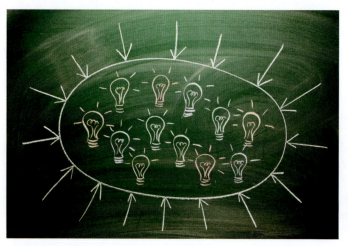

Die vielen verschiedenen Ideen können dann zu einem Gesamtergebnis und/oder zu einer Lösung/einem Lösungsansatz führen.

Grundsätze:

„Jede Idee zählt" – gemäß Mark Twain.

„Menschen mit einer neuen Idee gelten so lange als Spinner, bis sich die Sache durchgesetzt hat!"

7.8 Feedback

Das Wort Feedback ist dir sicherlich im Alltag schon einmal begegnet. Unter Feedback versteht man „eine Rückmeldung zu etwas geben", das heißt, sich zu einem Sachverhalt, einem Themenbereich, einer Arbeitsweise, einem Dokument oder zu Sonstigem zu äußern.

Die Ziele von Feedback liegen klar auf der Hand:

- Seiner eigenen Wahrnehmung werden Sicht und Wertung von anderen Personen gegenübergestellt
- Aufdeckung von Fehlern, Verhaltensweisen, die weniger optimal sind
- Stärkung des Selbstwertgefühls beim Feedbacknehmer
- Förderung des Lernprozesses bzw. Anregung zur Selbstreflexion in Bezug auf den Umgang mit sich selbst und anderen (Selbstkompetenz, Sozialkompetenz)
- Förderung der Zusammenarbeit mit anderen Personen

Feedback geben

Beim „Feedback geben" spielen natürlich der Ton sowie die Wortwahl eine wichtige Rolle. Berücksichtige hier:

> „Das gesprochene Wort kannst du nicht mehr zurücknehmen – es steht im Raum und wirkt."

Feedbackregeln beim „Feedback geben"

Um „Feedback geben" zu können, sind folgende Feedbackregeln zu beachten:

- Vor dem „Feedback geben" über Vertraulichkeit, Datenschutz, gegenseitiges Vertrauen sprechen.
- Gib Feedback konstruktiv, konkret, knapp.
- Analysiere oder bewerte mit deinem Feedback nicht, sondern beschreibe (was habe ich wahrgenommen?).
- Triff vor einem Feedback Absprachen und Vereinbarungen, an die sich jedes Mitglied der Feedbackrunde auch halten muss (z. B. Gesprächsregeln ...).
- Feedback darf den Feedbacknehmer nicht verletzen.

Feedbackregeln beim „Feedback nehmen"

Um „Feedback nehmen" zu können, sind folgende Feedbackregeln zu beachten:

- Nimm die Anmerkungen/das Gesagte deiner Feedbackgeber ernst.
- Beziehe das Gesagte nicht direkt auf deine Person – oft steht es vielmehr im Zusammenhang mit einem Themenbereich.
- Gehe konstruktiv mit dem Gesagten um (was könnte ich in Zukunft verändern, verbessern oder beibehalten?).
- Erstelle für dich gegebenenfalls eine Übersicht mit den positiven und negativen Aspekten, die angemerkt wurden, und nutze diese für die Zukunft (z. B. „Du hast eine sehr angenehme Stimme, wenn du Präsentationen vorträgst" – mache dir diese Aussage zunutze, indem du an deiner Stimme nicht viel veränderst).

7.9 Fragebogen

Wie erstelle ich einen Fragebogen?

Fragebögen begegnen Menschen im Alltag recht häufig. Es gibt sie digital, in Papierform, in verschiedenen Formaten (A4 – also ganzes Blatt, A5 – so groß wie ein halbes Blatt usw.) und eigentlich jammern viele, wenn sie einen Fragebogen ausfüllen müssen. Dies liegt oft daran, dass die Fragebögen unübersichtlich und kompliziert sind.

Warum gibt es Fragebögen?
Mithilfe von Fragebögen werden die Meinungen von verschiedenen Befragten eingeholt. Sie dienen aber auch dazu, Informationen gezielt zusammenzustellen. Aus den Antworten können die Fragebogenersteller dann die für sie wichtigen Informationen „herausziehen".

Peter möchte, dass jeder Jugendliche ab 14 Jahren ein Smartphone hat, und befragt zehn Leute aus seinem Freundeskreis zu diesem Thema. Acht von zehn Befragten geben die Antwort: „Ja, das finde ich gut". Nur zwei haben mit **„Nein, finde ich nicht gut"** geantwortet.

Nun kann Peter zu seinen Eltern gehen, ihnen das Umfrageergebnis vorlegen und seine eigene Meinung zu diesem Thema mithilfe der Ergebnisse untermauern.

Bei den Fragebögen unterscheidet man verschiedene Arten:

1. Fragebögen, bei denen die Antworten **angekreuzt** werden können (also vorgegeben sind)
2. Fragebögen, bei denen die Antworten **schriftlich** vom Befragten **aufgeschrieben** werden müssen

Nachfolgend ein paar Tipps, damit ein guter Fragebögen erstellt werden kann:

Tipps und Tricks

- Überlege dir Fragen, die später dein Fragebogen enthalten soll, und schreibe sie auf.
  ACHTUNG: Formuliere sie so „einfach wie möglich", damit jeder die Fragen versteht.
- Prüfe nun, um welche Fragen es sich handelt, also ob die Antworten **„angekreuzt"** werden können und **vorgegeben sind** oder ob du Platz für Antworten brauchst.
- Gib den Fragen im nächsten Schritt eine sinnvolle Reihenfolge.
- Überlege dir eine Überschrift für deinen Fragebogen und notiere sie ebenfalls.
- Prüfe, welche Gestaltung dein Fragebogen haben soll und wie du ihn erstellen willst (von Hand, am PC, ggf. zum Online-Ausfüllen) und fertige ihn an **(denke an den Platz für Antworten, falls diese in deinem Fragebogen von den Befragten eingetragen werden müssen).** Bei der Erstellung am PC bietet sich oft der Einsatz einer Tabelle (Tabellenfunktion in Word – Registerkarte EINFÜGEN – TABELLE) an.
- Prüfe, ob dein Fragebogen übersichtlich ist und ob du ihn später einfach und schnell auswerten kannst. Nimm ggf. Änderungen vor. Wenn dein Fragebogen fertig ist, wende ihn an!

Beispiel für einen „Ankreuz-Fragebogen":

Befragung zum Thema „Sollten Jugendliche ab dem 14. Lebensjahr ein Smartphone haben?"	
Finden Sie, dass Jugendliche ab dem 14. Lebensjahr ein eigenes Smartphone haben sollten?	Ja ☐ Nein ☐
Haben Sie ein eigenes Smartphone?	Ja ☐ Nein ☐
Nach welcher Zeit kaufen Sie sich ein neues Smartphone?	Nach einem Jahr ☐ Nach zwei Jahren ☐ Weiß ich nicht ☐
…	…

Beispiel für einen Fragebogen, bei dem die Antworten vom Befragten selbst formuliert werden müssen:

Befragung zum Thema „Sollten Jugendliche ab dem 14. Lebensjahr ein Smartphone haben?"	
Frage	**Antwort**
Finden Sie, dass Jugendliche ab dem 14. Lebensjahr ein eigenes Smartphone haben sollten?	
Haben Sie ein eigenes Smartphone?	
Nach welcher Zeit kaufen Sie sich ein neues Smartphone?	
…	…

www.klv-verlag.de

7.10 Galerierundgang oder „Markt der Möglichkeiten"

Sollen Ergebnisse in einer „Galerie" oder einem „Galerierundgang" dargestellt werden, müssen sie natürlich zuerst einmal erarbeitet werden, also:

Schritt 1
Erarbeitung in Gruppenarbeit oder an Stationen (Stationen-Lernen).

Schritt 2

- Präsentation der Ergebnisse an Pinnwänden, Wänden, Tafeln usw. in einem oder mehreren Räumen.
- Mitschüler schauen sich die Ergebnisse in Ruhe während eines „Rundgangs" an und machen sich auf einem eigenen Zettel oder auf einem vorgefertigten „Bewertungsbogen" oder „Kriterienkatalog", der neben den Ergebnissen hängt, Notizen.

Beispiel für einen Bewertungsbogen

Bewertungskriterien	Gut	Weniger gut	Nicht ausreichend
Inhalt			
Vollständigkeit			
Sachliche Richtigkeit			
Rechtschreibung			
Layout			
Aufteilung/Strukturierung			
Schriftart/Schriftgröße			
Ggf. Grafik etc.			

Schritt 3
Die Notizen (auf eigenem Zettel oder auf dem Bewertungsbogen/Kriterienkatalog) werden im Plenum besprochen. Den jeweiligen Gruppen wird ein Feedback gegeben (aus den einzelnen Bewertungen wird also eine „Gesamtbewertung" zusammengesetzt).

Möglichkeiten und Ziele des Galerierundgangs sind:

- Vergleich der verschiedenen Ergebnisse miteinander
- Eindrücke von verschiedenen Ergebnissen gewinnen
- Ideen der Mitschüler aufnehmen
- Austausch mit Gruppenmitgliedern
- Austausch mit „sonstigen Mitschülern", die ebenfalls den Galerierundgang durchführen
- Ideenfindung und Steigerung der Kreativität
- Aufnehmen von Informationen, die in der eigenen Gruppe vielleicht nicht besprochen wurden
- „Bewegte Schule" – da ihr euch aktiv in dem Ausstellungsbereich bewegt

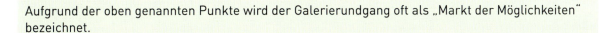
Aufgrund der oben genannten Punkte wird der Galerierundgang oft als „Markt der Möglichkeiten" bezeichnet.

7.11 Gruppenpuzzle

Ein Gruppenpuzzle ist eine abgewandelte Art der Gruppenarbeit und funktioniert wie folgt:

1. Die Teilnehmer werden in Gruppen eingeteilt, die **Stammgruppen** genannt werden. Jedes Gruppenmitglied bekommt nun die Aufgabe, sich mit einem Teilthemenbereich auseinanderzusetzen (einem Puzzleteil also).

2. Nachdem die Teilthemenbereiche verteilt wurden, gehen die **Stammgruppenmitglieder** in ihre entsprechenden Expertengruppen, finden sich also mit den Gruppenmitgliedern aus den anderen Gruppen, die dasselbe Teilthema haben, zusammen.

3. Hat sich jeder **Experte** in der Gruppe die Inhalte des Themenbereichs angeeignet, geht er zurück in seine **Stammgruppe**. Dort werden die Wissensstände ausgetauscht, sodass jedes Gruppenmitglied der Stammgruppe nun einen Überblick über die Inhalte der Themen aus den Expertengruppen bekommt.

7.12 Kriterienkatalog (Checkliste) für Präsentationen

Um Präsentationen bewerten zu können, bietet sich der Einsatz eines Kriterienkatalogs (einer Checkliste) an. Er kann beliebig erstellt und immer ergänzt/verändert werden.

Möchte man einen Kriterienkatalog/eine eigene Checkliste erstellen, sollte darauf geachtet werden, dass das „Grundgerüst" immer wieder verwendet werden kann und lediglich die einzelnen „Bausteine" (Fragen) ausgetauscht werden können. So wird viel Arbeit und Zeit gespart. Beim Erstellen eines Katalogs/einer Checkliste am PC bietet sich die Tabellenfunktion in Word an.

Thema der Präsentation:		
Name des Präsentierenden:		
Fragen zum Präsentierenden selbst	Trifft zu	Trifft nicht zu
Aussprache ist laut und deutlich		
Es wird frei gesprochen		
Es wird abgelesen		
Erklärungen erfolgen einfach		
Erklärungen erfolgen umständlich		
Es wird zum Publikum hin gesprochen		
Vortrag ist vollständig		
Inhalte des Vortrags sind richtig		
Rückfragen werden beantwortet		
Körperhaltung passt zum Vortrag (keine Hände in den Hosentaschen usw.)		
Sicheres Auftreten (kein „Zappeln" usw.)		
Fragen zur Präsentation an sich		
Passende Grafiken/Bilder wurden verwendet		
Gut lesbare Schrift (Schriftgröße, Schriftart und Schriftfarbe)		
Keine Rechtschreibfehler		
Keine Grammatikfehler		
Sinnvolle Überschriften wurden gewählt		
Einheitliches Design		
Präsentation passt zum Vortrag		
Bemerkungen		

Kriterienkatalog (Checkliste) für Präsentationen

Sinn eines Kriterienkatalogs/einer Checkliste
Wenn mit einem Kriterienkatalog/einer Checkliste geabeitet wird, hat dies den Vorteil, dass

- während der Präsentation aktiv zugehört werden kann und man „nur seine Kreuze" an der entsprechenden Stelle des Kalalogs setzen muss (also nicht noch Fragen überlegen und die Antworten notieren);
- dadurch Zeit gespart wird;
- nichts vergessen werden kann, was später für die Bewertung der Präsentation/für ein Feedback an den Prässentierenden notwenig ist;
- Richtlinien für sich selbst schriftlich vorliegen, auf die bei eigenen Präsentationen geachtet werden kann.

7.13 Kugellager-Methode

Allgemeines

Häufig kommt es vor, dass ein Meinungsaustausch innerhalb einer Gruppe weniger gut möglich ist. In diesem Fall bietet sich der Einsatz der Kugellager-Methode an. Die Teilnehmer kommen miteinander ins Gespräch, tauschen ihre Gedanken und Meinungen aus und verändern so unter Umständen ihre Betrachtungsweise zu einem bestimmten Sachverhalt.

Was ist notwendig?

Um die Kugellager-Methode durchzuführen, ist eine gerade Anzahl von Teilnehmern notwendig!

Auch die Lehrerin/der Lehrer können bei dieser Methode mitmachen, um die notwendige Teilnehmerzahl zu erreichen!

Vorgehensweise

1. Alle Teilnehmer verteilen sich in einem Innen- sowie Außenkreis und zwar so, dass jeder Teilnehmer ein direktes Gegenüber hat.
2. Die Lehrerin/der Lehrer gibt die Diskussion zu einem bestimmten Themengebiet frei, welches er vorher erläutert hat.
3. Die Teilnehmer tauschen sich mit ihrem Gegenüber zu diesem Themengebiet aus.
4. Nach einer gewissen Zeit (etwa fünf Minuten) gibt die Lehrerin/der Lehrer ein Signal und die Teilnehmer des Innenkreises rutschen zwei Plätze im Uhrzeigersinn weiter. Die Diskussion beginnt mit dem neuen Gegenüber von vorne.
5. Nach weiteren z. B. fünf Minuten gibt die Lehrerin/der Lehrer das Signal erneut und der Außenkreis rutscht gegen den Uhrzeigersinn zwei Plätze weiter. Es beginnt der Gedankenaustausch mit dem „neuen" Gegenüber.
6. Nach einer gewissen „Rotationsphase" beendet die Lehrerin/der Lehrer" die Kugellagermethode.

Im Plenum kann über die während der Durchführung gewonnen Erkenntnisse nochmals kurz diskutiert bzw. offene Fragen erläutert werden.

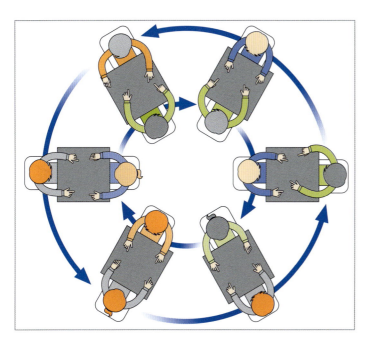

Ziele der Kugellager-Methode

- Meinungsaustausch
- Aktives Zuhören
- Förderung der Kommunikationsfähigkeit
- Anregung zum Nachdenken über andere Meinungen

Kriterienkatalog (Checkliste) für Präsentationen

7.14 Lernkartei

Allgemeines

Um sich wichtige Informationen zu Themenbereichen schnell einzuprägen und diese nicht immer aus langen Hefteinträgen suchen zu müssen, bietet sich das Anlegen einer Lernkartei an.

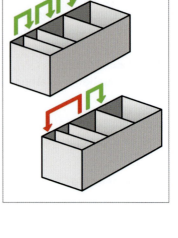

Vorgehensweise

- Lege dir eine Lernbox an und beschrifte diese mit deinem Themenbereich.
- Notiere auf Karten, die in deine Lernbox passen, auf der Vorderseite ein Stichwort oder eine Frage und auf der Rückseite die entsprechende Lösung.
- Teile deine Lernbox in mehrere Fächer ein.
- Lerne jetzt mithilfe der Karten deinen Themenbereich.
- Karten mit Fragen oder Stichwörtern, die du nicht beantworten kannst, stellst du in deiner Lernbox wieder in das Fach 1 zurück.
- Karten mit Fragen oder Stichwörtern, die du beantworten kannst, wandern ins Fach 2 und werden nach etwa zwei Tagen nochmals angeschaut. Solltest du diese dann nicht mehr beantworten können, müssen sie erneut ins Fach 1 gestellt und geübt werden.

- Lege dir für mehrere Themen oder Fächer jeweils Lernboxen an, damit du beim Lernen nicht durcheinander kommst.
- Du kannst auch mehrere Fächer innerhalb der Lernbox anlegen, z. B.:
  - Fach 1: Karten mit Fragen oder Stichwörtern, die du noch nicht beantworten kannst
  - Fach 2: Fragen oder Stichwörter, die du richtig beantwortet hast und nach zwei Tagen wiederholst und wieder konntest (diese wandern dann ins Fach 3)
  - Fach 3: Fragen oder Stichwörter, die du nach zwei Tagen immer noch richtig beantwortet hast und nun nach fünf Tagen wiederholst.

1. Lernbox beschriften	2. Karteikarte beschriften	3. Karteikarten einsortieren und mit dem Lernen loslegen!

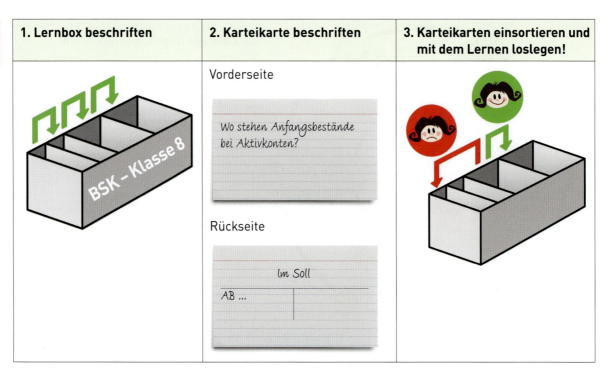

7.15 Mindmaps (Gedächtniskarten) erstellen

Sollen verschiedene Unterpunkte, die zu einem Hauptpunkt gehören, übersichtlich dargestellt werden, bietet sich eine Mindmap an. Oft wird diese auch als Gedächtniskarte oder Landkarte bezeichnet. Sie eignet sich hervorragend, um Themenbereiche zusammenzufassen und später mit der Mindmap diesen Themenbereich zu lernen.

Eine Mindmap ist wie folgt aufgebaut und sollte nach folgenden Grundsätzen erstellt werden:

Aufbau	Grundsätze
- Mittig steht das Hauptthema - An den einzelnen Ästen und Unterästen werden die Unterthemen an das Hauptthema gehängt - Grafiken unterstützen die jeweiligen Aussagen	- Ausreichend Platz für die Mindmap vorsehen (am besten Querformat) - Nur Stichworte verwenden - Genaue Gliederung vornehmen - Grafiken verwenden

Mit dem Programm MindManagerSmart können problemlos und einfach Mindmaps erstellt, bearbeitet und formatiert werden. Einfach Programm öffnen, neue Mindmap erstellen und speichern sowie drucken oder in ein anderes Programm (Word, Paint) exportieren!

7.16 Plakatgestaltung

Wenn Schüler in einer Gruppenarbeit bestimmte Zusammenhänge und/oder Informationen sammeln und bearbeiten, können sie ihren Mitschülern die Ergebnisse mithilfe eines Plakats visuell vermitteln.

Es werden zwei Plakattypen unterschieden:

- Zum einen kann das Plakat zur Unterstützung eines Vortrages im Unterricht eingesetzt werden. Es enthält relativ wenig Text und wird deshalb eigentlich nur durch ergänzende Erläuterungen des Vortragenden verständlich.
- Zum anderen kann ein Plakat als Aushang im Klassenraum oder bei einer Ausstellung eingesetzt werden. Bei dieser Variante bedarf es keinerlei „Erklärungen", die Inhalte des Plakats sind auch ohne Zusatzinformationen verständlich.

Bei der Plakatgestaltung solltest du auf Folgendes achten:

- Wähle für dein Plakat eine passende Überschrift.
- Arbeite möglichst nur mit Stichpunkten/Schlagworten.
- Deine Schrift ist groß und gut lesbar.
- Dein Plakat hat einen logischen Aufbau, der sofort erkennbar ist.
- Jedes Plakat wird durch den Einsatz von Farben übersichtlicher. Beachte aber, dass die Farben sinnvoll eingesetzt werden.
- Jedes Plakat kann auch noch vom anderen Ende des Klassenzimmers gut gelesen werden.
- Weniger ist mehr! Achte darauf, das Plakat nicht mit Informationen zu überfrachten.
- Der Text kann durch Bilder und Grafiken unterstützt werden.

Bei der Präsentation der Plakate solltest du Folgendes berücksichtigen:

- Achte zu Beginn darauf, dass jeder Teilnehmer freie Sicht auf das Plakat hat.
- Lies die Angaben auf dem Plakat nicht vor.

Beim Deuten auf das Plakat solltest du den Zuhörern nicht den Rücken zuwenden. Ferner ist es selbstverständlich, dass du dich während der Präsentation nicht vor dem Plakat aufhältst. Dein Standort ist immer neben dem Plakat. Deute mit dem Handrücken auf das Plakat, dann stehst du automatisch richtig.

7.17 Podcast

Allgemeines

Unter einem Podcast versteht man das Erstellen und spätere Anbieten von z. B. Video- oder Musikdateien. Diese können entweder per Mail an Interessierte versendet oder im Internet heruntergeladen werden.

Der Unterschied zu Radio- oder Fernsehsendungen, die über das Internet angeboten werden, besteht darin, dass Podcasts zu jeder Zeit (also nicht nur zu einer bestimmten Zeit, wie der Sendezeit) abgerufen werden können. In manchen Fällen kann ein Podcast auch abonniert und z. B. über das Smartphone abgerufen werden, ohne dass eine Internetseite aufgerufen werden muss.

Durch das stetige Nutzen von Sozialen Medien sind Podcasts häufig verbreitet und in einer Vielzahl von Ausprägungen verfügbar. So postet der eine User ein Video von seinem „Luxus-Essen", der andere läd lieber ein Video von seinem Hund beim Spazierengehen hoch. Und ein Dritter stellt seine Singkünste unter Beweis.

Viele Unternehmen nutzen Podcasts für Werbezwecke, möchten Kunden an sich binden oder neue Kunden gewinnen.

Podcasts

- informieren,
- beraten und/oder
- Unterhalten

ihre Nutzer.

7.18 Portfoliomappe

Allgemeines
Sollen wichtige Unterlagen zu einem bestimmen Vorgang, einem Projekt, einem Themenbereich aufbewahrt werden, bietet sich das Anlegen einer Portfoliomappe an. In dieser werden geordnet alle anfallenden Unterlagen zu dem jeweiligen Vorgang, Projekt bzw. Themenbereich aufbewahrt und können später vom „Anleger" noch einmal gesichtet und/oder zum Lernen verwendet werden.

Inhalte können sein:

- Protokolle von Besprechungen (z. B. während der Gruppenarbeit)
- Protokolle von Befragungen
- Fragebögen
- Kurzreferate
- Mindmaps
- Notizen zu dem jeweiligen Themenbereich
- Bilder und Zeitungsausschnitte
- Lerntagebucheinträge (Die beinhalten Fragestellungen wie:
    - Wie lerne ich?
    - Wie habe ich mich in der Themenstellung zurück gefunden?
    - Wo habe ich Hilfe benötigt?
    - Kenne ich alle Methoden, die ich zum Lösen der Aufgabe brauche?
- „Handlungsprodukte" (Fotos von den Ergebnissen)
- Reflexionen
- usw.

Tipps zum Aufbau und den Inhalten einer Portfoliomappe

- **Erstelle** ein gut gestaltetes Deckblatt mit deinem Namen, deiner Klassenbezeichnung und deinem Themenbereich.
- **Erstelle** ein Inhaltsverzeichnis (unter Berücksichtigung der Tabstoppfunktion oder mit der Inhaltsverzeichnisfunktion, welche Word bietet – Achtung: vorher müssen die Überschriften als Formatvorlage definiert werden!)
- **Hefte** deine ersten Gedanken zu deinem Themenbereich, in der Portfoliomappe ab (Mindmaps, Aufzählungspunkte, Spickzettel, usw).
- **Erstelle** alle benötigten Unterlagen, alle Materialien unter Berücksichtigung der DIN-Regeln (denke natürlich auch an Rechtschreibung und Grammatik und eine gute Gestaltung) am PC und **lege** diese ebenfalls in deiner Portfoliomappe ab (dies können auf Fotos von fertigen Handlungsprodukten sein!).
- **Reflektiere** deine Arbeit, ggf. die Zusammenarbeit mit Mitschülern, einzelne Arbeitsschritte während der Bearbeitung des Themenbereichs (Fragen, wie „Wie habe ich mich gefühlt", „Was war gut, was war weniger gut", können dir dabei helfen.)
- **Nutze** zur besseren Übersichtlichkeit die Tabellenfunktion in Word unter Berücksichtigung der dazugehörigen DIN-Regeln.
- **Gib** Zitate oder fremde Textstellen als Fußnoten in deinen Dokumenten/Plakaten an, wenn du welche verwendet hast.
- **Füge** am Ende deiner Portfoliomappe ein Quellenverzeichnis (auch von Grafiken oder Statistiken, die du evtl. verwendet hast) ein.

Ziele

- Vollständige Dokumentation von Vorgängen und Projekten in einer Mappe
- „Nachschlagewerk" zum Nachvollziehen von Arbeitsschritten bzw. zum Lernen
- Gedächtnisstütze

7.19 Präsentationsmedien Flipchart und Folie (Overheadfolie)

Während eines Vortrags bietet sich oft das Visualisieren auf verschiedenen Präsentationsmedien wie Flipchart oder Folien an.

Dabei müssen folgende Vorüberlegungen angestellt werden:

- Was möchte ich auf meinen Medien präsentieren?
- Wie kann ich die Inhalte übersichtlich und ansprechend darstellen?
- Was eignet sich für meine Zwecke – Flipchart oder Folie?
    - Wie viel Platz benötige ich für die Informationen?
    - Was sagt die Raumausstattung?
    - Wer ist mein Publikum?

Eine ordentliche und übersichtliche Gestaltung des Mediums ist das A und O für das erfolgreiche Präsentieren. Schlecht gestaltete Folien oder Flipchartblätter wirken auf die Zuhörer abschreckend oder belustigend und die Präsentation kann – wie man umgangssprachlich sagt – „schneller in die Hose gehen, als man schauen kann".

Gestaltung – aber wie?

Gemeinsamkeiten	
Flipchart und Folie	– Ordentlich schreiben! Deine Schrift muss für jeden lesbar sein. – Geeignete Schriftgröße wählen (nicht zu klein). – Vermeide Rechtschreib- und Grammatikfehler. – Der Einsatz von Farben bietet sich oft an, um eine bessere Übersicht zu gewährleisten, aber bedenke: Weniger ist mehr. – Ggf. Grafiken oder Diagramme zur Veranschaulichung/Visualisierung einfügen. – Informationen gut strukturiert darstellen, um Übersichtlichkeit zu gewährleisten. – Ggf. Handout für die Präsentationsteilnehmer erstellen, damit sie während der Präsentation nicht mitschreiben müssen.
Besonderheiten	
Flipchart	– Möglichst dickere Stifte verwenden. – Möglichst nur Stichpunkte verwenden. – Eignet sich unter Umständen auch als „NOTIZBRETT" während einer Präsentation.
Folie	– Geeignete Stifte wählen (Folienstifte, wasserlöslich – wenn die Daten später nicht mehr verwendet werden, wasserfest – wenn die Folie mehrmals benötigt wird). – Folie nicht bis zum Rand beschriften (oft schneidet der Projektor die Seitenränder ab).

Wichtig bei der Nutzung von Overheadfolien ist, dass die technischen Geräte vor der Präsentation ausprobiert werden. Falls ein Gerät defekt ist, kann es noch rechtzeitig ausgetauscht werden und einer erfolgreichen Präsentation steht nichts im Wege.

7.20 Präsentieren, aber wie?

Lehrerin, Frau Stejskal   Schüler Laurin

Richtig präsentieren bedeutet, dass zum einen das Medium, mit dem präsentiert wird, stimmen muss, zum anderen das Auftreten des Präsentierenden selbst.

Vorüberlegungen

- Was möchte ich präsentieren, also welche Inhalte muss meine Präsentation haben?
- Wie möchte ich präsentieren (Flipchart, Folie, Plakat, PowerPoint-Präsentation)?
- Eignet sich das von mir ausgesuchte Medium eigentlich für meine Präsentation? (Wie ist die Raumgröße? Gibt es überhaupt einen PC oder Beamer in dem Raum, in dem präsentiert wird?)

Wenn du dich entschieden hast, welches Medium du einsetzt, kannst du deine Präsentation erstellen. Dabei solltest du auf die nachfolgenden Punkte achten:

Präsentation selbst (Darstellung)

- Einheitliches Design
- Möglichst nur Stichpunkte auf dem Präsentationsmedium verwenden
- Dein Inhalt muss vollständig und richtig sein
- Folien, Plakate nicht bis zum Rand beschriften
- Geeignete Schriftgrößen verwenden (nicht zu klein schreiben, damit auch in der letzten Reihe des Präsentationsraums der Text gelesen werden kann)
- Nicht zu viele Farben verwenden
- Ggf. Grafiken oder Diagramme mit einbinden und dafür auf Text verzichten
- Rechtschreib- und Grammatikfehler vermeiden
- Präsentation muss von der Gestaltung und dem Aufbau her zum Vortrag/dem Thema passen
- Ggf. Quellenangaben machen (wenn du Bilder aus dem Internet verwendest, musst du angeben, woher sie genau stammen)

Auftreten während der Präsentation

- Möglichst frei sprechen und nicht ablesen
- Rückfragen müssen beantwortet werden
- Keine Hände in den Hosentaschen haben
- Äußeres Erscheinungsbild muss zur Präsentation passen
- Laut und deutlich sprechen
- Auf sicheres Auftreten achten (ggf. vor dem Spiegel üben)
- Nicht „zappeln"

Nachbereitung

- Was war gut – was war weniger gut?
- Bin ich mit meiner Leistung zufrieden?
- Wie habe ich mich während der Präsentation gefühlt?
- Was würde ich bei der nächsten Präsentation anders machen – umstellen?

„Übung macht den Meister."

7.21 Pro-Kontra-Liste

Die Begriffe „Pro" und „Kontra" sind dir sicherlich schon einmal begegnet. Der Begriff „Pro" stammt aus dem Lateinischen und bedeutet „dafür" – das Wort „Kontra" heißt übersetzt „dagegen".

Bei einer Pro-Kontra-Liste geht es also darum, welche Argumente FÜR und welche Argumente GEGEN eine Entscheidung sprechen.

Tim möchte sich ein neues Handy kaufen. Er überlegt, was dafür und was dagegen spricht, und hält seine Gedanken fest:

Pro	Kontra
– Besserer Empfang als das alte Handy – Cool auf dem Pausenhof – ... – ...	– Teuer – Empfindlicher, wenn es runterfällt – Internetflat notwendig, damit die Updates des Handys günstig heruntergeladen werden können – ... – ...

Nachdem Tim nun die einzelnen Argumente gegenübergestellt hat, muss er entscheiden, ob er bei seinen Eltern den „Antrag auf ein neues Handy" stellt oder den Gedanken wieder fallen lässt.

Wichtig bei der Pro-Kontra-Liste ist, dass man sich wirklich Gedanken über den Themenbereich macht und sie erst dann notiert.

7.22 Referate anfertigen – aber wie?

Du musst einen Vortrag in Form eines Referates halten? Keine Panik, wenn du einige Regeln einhälst, kann bei deinem Referat nichts schief gehen!

Grundsatz
Bringe wichtige Informationen auf den Punkt!

„Vorarbeiten"

- Informiere dich über deinen Themenbereich mithilfe von Fachbüchern, Fachzeitschriften, Internet ... und fasse wichtige Informationen zusammen (in einer Mindmap, auf Karteikarten ...)

- Überlege dir einen klaren Aufbau für dein Referat, also:
  1. Wie gestalte ich die Einleitung?
  2. Was gehört in den Hauptteil?
  3. Welche Inhalte hat mein Schluss?

Erstellen des Referats

- Erstelle ein ansprechendes Deckblatt für dein Referat.
- Erstelle dein Referat in schriftlicher Form! Achte dabei auf ansprechende Formulierungen, Grammatik und Rechschreibung.
- Verwendest du Grafiken/Bilder, Zitate oder Auszüge aus Büchern oder dem Internet in deinem Referat, musst du die Quellenangaben aufführen (als Fußnote oder in einem extra (Bild-)Quellenverzeichnis).
- Nimm entsprechende Formatierungen nach der DIN 5008 vor.
- Drucke dein Referat aus und gib es möglichst geheftet ab (in einem Schnellhefter, Heftstreifen), damit keine Unterlagen verloren gehen.

Halten des Referats

- Bereite dich auf das Halten des Referats gut vor.
- Übe es vor dem Spiegel oder trage es deinen Eltern/Freunden/Bekannten vor.
- Stehe gerade und sprache laut und deutlich.
- Sei selbstsicher, dann wird dein Referat ein Erfolg!

7.23 Spickzettel anfertigen

Diese Aussage habt ihr sicherlich schon mehrfach in eurem Schulleben gehört!

Und trotzdem werden täglich Tausende von Spickzetteln geschrieben! Aber warum eigentlich?

Ein Spickzettel dient dazu, wichtige Informationen zu einem oder mehreren Themenbereichen kurz, knapp und übersichtlich darzustellen, damit der Spickzettelschreibende diese zum einen **besser behalten** und zum anderen **des Öfteren nachlesen** kann. Durch dieses Vorgehen prägt sich das Geschriebene besser im Gehirn ein und kann z. B. bei Proben leichter abgerufen werden – und zwar dann **OHNE** Spickzettel!

Er soll nämlich nicht der Täuschung eines Lehrers dienen!

Wie schreibe ich einen Spickzettel, damit ich mit diesem besser lernen kann?

- Lies die zu lernenden Informationen genau durch und markiere wichtige Stellen.
- Schreibe die von dir gefundenen Informationen stichpunktartig auf einem Spickzettel zusammen. Achte dabei auf Übersichtlichkeit und eine gute Lesbarkeit. Die Größe des Spickzettels spielt keine Rolle – der Spickzettel kann im A4-Format oder in einem anderen, kleineren Format erstellt werden. Wichtig ist allerdings, dass er überallhin mitgenommen und somit an jedem Ort mit ihm gelernt werden kann.
- Lerne nun mithilfe des Spickzettels die wichtigen Informationen!

 Du kannst auch deine eigenen Gedanken zu einem Themenbereich auf einem Spickzettel notieren und dann mithilfe von diesem mit deinen Mitschülern über die Gedanken diskutieren!

7.24 Szenische Darstellung

Sollen Situationen praxisnah inszeniert werden, bietet sich eine szenische Darstellung an. Es werden also Szenen oder Sketche nachgespielt. Der Unterschied zum Rollenspiel besteht darin, dass bei einer szenischen Darstellung keine exakten Requisiten benötigt werden. Die Schauspieler müssen sich also nicht wirklich in eine Rolle mithilfe von *Kleidung* und *Requisiten* hineinversetzen.

Vorgehensweise

1. Überlege, wie du deinen Themenbereich mithilfe einer szenischen Darstellung präsentieren könntest.
2. Notiere Stichpunkte, die unbedingt während der szenischen Darstellung angesprochen werden müssen.
3. Frage dich: **Was** will ich mit der szenischen Darstellung erreichen? **Welches** Ziel verfolge ich?
4. Finde einen netten Einstieg.
5. Sei in deiner Rolle überzeugend, ohne zu lachen oder lustige Gesten zu machen, es sei denn, diese gehören zu deiner Rolle.
6. Überzeuge deinen Gegenüber von deiner Forderung (wenn du z. B. der Auszubildende bist und dein Gegenüber der Chef ist und du möchtest ein Fachbuch von diesem für die Berufsschule gezahlt bekommen) und natürlich auch das Publikum.
7. Lasse deine eigenen Gedanken und Gefühle einfließen. So wirkst du noch überzeugender.
8. Finde einen Abschluss für deine szenische Darstellung (z. B. Verabschiedung).

Nachbearbeitung

In einer Plenumsrunde soll im Anschluss an die szenische Darstellung über den Inhalt, das verfolgte Ziel sowie die Durchführung gesprochen werden. Denke dabei an: konstruktives Feedback geben, Feedback annehmen.

7.25 Zitieren – aber wie?

Allgemeines

Häufig kommt es vor, dass Zitate, Textauszüge oder einzelne Sätze von anderen Personen in Referaten, Präsentationen oder sonstigen Arbeiten verwendet werden. Dies ist auch erlaubt – allerdings dürfen die entsprechenden Teile nicht einfach unerwähnt, also ohne Hinweis bleiben.

Gibst du die Gedanken anderer als deine eigenen aus, machst du dich strafbar. Bei einer angefertigten Arbeit würde es sich um ein Plagiat handeln.

Regeln und Tipps für das richtige Zitieren

- Mache Textteile, Zitate und Aussagen, die nicht deinem Gedankengut entsprechen, in einem Text kenntlich (z. B. durch Fußnoten, Endnoten oder in Klammern direkt hinter der verwendeten Information).
- Erwähne die entsprechenden Quellen in einem Quellen- oder Literaturverzeichnis (Achtung: in diesem werden alle Autoren eines Werkes aufgeführt).
- Mache Angaben zum Autor/Urheber des verwendeten Gedankengutes, gib Erscheinungsjahr, Titel sowie Seitenzahl des entsprechenden Werkes an. ISBN-Nr. sowie genaue Titelbezeichnung des Werkes sollen ebenfalls angegeben werden. Zur Untergliederung können Kommata oder Semikolons verwendet werden.
- Bei Auszügen aus dem Internet musst du den gesamten Link angeben. Vermerke hinter diesem, wann der Link von dir abgerufen wurde.
- Sollen Zitate gekürzt wiedergegeben werden, sind an der Stelle, an der ein Zitatteil weggelassen wird, Auslassungszeichen, in denen drei Punkte stehen, einzufügen: […]. Wichtig hierbei ist, dass der Sinn des zitierten Satzes durch das Auslassen eines Textteils NICHT verändert wird.
- Bei Zitaten werden Zeichensetzung und Rechtschreibung immer unverändert übernommen, auch, wenn diese nicht mehr der neuen deutschen Rechtschreibung entsprechen.
- Beim Verwenden von mehreren Textstellen einer Seite mache den Hinweis „f", was bedeutet, dass der folgende Text auf der angegebenen Seite ebenfalls gemeint ist, „ff" bedeutet, dass Text von den Folgeseiten gemeint ist.

Art des Zitats	Erläuterung	Beispiel
Direktes Zitat	Bei direkten Zitaten, die in doppelten Anführungszeichen zu schreiben sind, wird hinter diesen das Werk, der Autor/Urheber sowie das Erscheinungsjahr des Werkes und die jeweilige Seitenzahl genannt.	„Sollen Situationen praxisnah inszeniert werden, bietet sich eine szenische Darstellung an." (Profi am PC, KLV Verlag GmbH, 2014, Seite 212)
Indirektes Zitat	Bei indirekten Zitaten (hierbei handelt es sich um Aussagen eines Dritten, die du mit deinen eigenen Worten wiedergegeben hast) ist der Hinweis „vgl." (vergleiche) vor den Autor/Urheber, das Erscheinungsjahr sowie die Seitenzahl zu setzen.	Der Einsatz einer szenischen Darstellung bietet sich für praxisnah nachzustellende Situationen an (vgl. Profi am PC, KLV Verlag GmbH, 2014, Seite 212 f.)

Spickzettel anfertigen

Art des Zitats	Erläuterung	Beispiel
Zitate in Zitaten	Wird in einem Zitat ein weiteres Zitat angeführt, steht das erste Zitat in doppelten und das zweite Zitat in einfachen Anführungszeichen.	„Sollen Situationen praxisnah inszeniert werden, bietet sich eine szenische Darstellung, ‚das Nachspielen von bestimmten Situationen', an." (Profi am PC, KLV Verlag GmbH, 2014, Seite 212, Kompetenz im Büro, KLV Verlag GmbH, 2014, Seite 103)
Zitate, in denen Textteile ausgelassen werden	Zitate werden gekürzt wiedergegeben.	„Erstellen Sie alle benötigten Unterlagen […] unter Berücksichtigung der DIN-Regeln." (Profi am PC; KLV Verlag GmbH, 2014, Seite 262)
Zitate nach der „alten Rechtschreibung"	Zitate werden immer in der jeweiligen Rechtschreibung, in welcher sie verfasst wurden, übernommen.	William Shakespeare spricht von der „Bewußtmachung des Seins" (Tragödie Hamlet von William Shakespeare, Reclam, 1992).

Anhang

Bildquellenverzeichnis

Stromvergleich.de: S. 14.1
Telekom Deutschland GmbH, Bonn: S. 14.2
SCHUFA Holding AG, Wiesbaden: S. 16
Picture alliance GmbH, Frankfurt a. M.: S. 22, S. 33, S. 34, S. 37, S. 41
KLV Verlag AG, St. Gallen: S. 22, 167.1, 174, 177
Opel.de: S. 29
Morgen & Morgen GmbH, Hofheim am Taunus: S. 43
Bank of Scotland, Berlin: S. 49
Bundesanzeiger Verlag GmbH, Köln: S. 83

Fotolia Deutschland GmbH:
S. 9, 163, 170.1, 170.2, 171, 172, 173, 180.2, 181.1, 181.2, 183, 184, 185, 186.1, 187, 188.1, 188.2 (Truffelpix) S. 10.1 (industrieblick) S. 10.2 (picture-factory) S. 10.3, S. 37 (Monkey Business) S. 10.4, 189.2 (grafikplusfoto) S. 10.5 (yanlev) S. 10.6 (st-fotograf) S. 13, 14.2 (arsdigital) S. 17 (akf) S. 19 (Martin Jakubowski) S. 21 (dikobrazik) S. 23 (biker3) S. 29.1 (marjan4782) S. 29.2 (Vladimir Kramin) S. 35.1 (tunedin) S. 35.2 (vege) S. 35.3 (stockWERK) S. 35.4 (tournee) S. 35.5 (portishead5) S. 35.6 (Thomas Söllner) S. 35.7 (ExQuisine) S. 35.9 (fotomek) S. 45.1 (oneinchpunch) S. 45.2 (zinkevych) S. 46.1 (Kzenon) S. 46.2 (Gino Santa Maria) S. 46.3 (stokkete) S. 48, 81.1 (kamasigns) S. 50 (PhotoSG) S. 51 (Henry Czauderna) S. 52 (kasto) S. 53 (Petr Ciz) S. 55 (gpointstudio) S. 68 (Felix Pergande) S. 69 (kamonrat) S. 70 (smile3377) S. 76 (JackF) S. 78 (Jipé) S. 81.1 (kamasigns) S. 81.2 (Zerbor) S. 84 (Jürgen Fälchle) S. 87 (Wolfilser) S. 90 (Maridav) S. 110.1 (assetseller) S. 110.2 (Nataliya Hora) S. 111.1 (AK-DigiArt) S. 111.2 (M. Schuppich) S. 111.3 (RioPatuca Images) S. 116 (th-photo) S. 144 (scetavo) S. 145 (J.M.) S. 162 (sinseeho) S. 165 (rendermax) S. 167.2 (ra2 studio) S. 168.2 (GlobalStock) S. 169 (DOC RABE Media) S. 178.1, 178.2 (thingamajiggs) S. 179 (photo4luck) S. 180.1 (Lagartija de colores) S. 182 (Matthias Enter) S. 186.2 (Coloures-pic) S. 189.1 (K.-P. Adler) S. 190 (coonlight)

iStockphoto.com
S. 164.1 (sturti) S.164.2 (AlexRaths) S. 164.3 (ericsphotography) S. 164.4 (style-photographs), S. 168.1 (aluxum)

Notizen

Schulkontenrahmen für die Wirtschaftsschule

Kontenklasse 0

AKTIVA Anlagevermögen

0 Immaterielle Vermögensgegenstände und Sachanlagen

00 Immaterielle Vermögensgegenstände
- 0000 Ausstehende Einlagen
- 02 Konzessionen, Lizenzen, Software
  - 0200 Konzessionen, Lizenzen, Software
- 03 Geschäfts- oder Firmenwert
  - 0300 Geschäfts- und Firmenwert

Sachanlagen
- 05 Grundstücke, grundstücksgleiche Rechte und Bauten einschließlich der Bauten auf fremden Grundstücken
  - 0500 Unbebaute Grundstücke
  - 0510 Bebaute Grundstücke
  - 0530 Betriebsgebäude
  - 0590 Wohngebäude
- 07 Technische Anlagen und Maschinen
  - 0700 Anlagen und Maschinen der Energieversorgung
  - 0720 Anlagen und Maschinen der Produktion
  - 0760 Verpackungsanlagen und -maschinen
  - 0790 Geringwertige Anlagen und Maschinen
- 08 Andere Anlagen, Betriebs- und Geschäftsausstattung
  - 0800 Andere Anlagen
  - 0810 Werkstätteneinrichtungen
  - 0820 Werkzeuge u.Ä.
  - 0830 Lager- und Transporteinrichtungen
  - 0840 Fuhrpark
  - 0850 Sonstige Betriebsausstattungen
  - 0860 Büromaschinen u.Ä.
  - 0870 Büromöbel und sonstige Geschäftsausstattung
  - 0890 Geringwertige Vermögensgegenstände der Betriebs- und Geschäftsausstattung
- 09 Geleistete Anzahlungen und Anlagen im Bau
  - 0900 Geleistete Anzahlungen auf Sachanlagen
  - 0950 Anlagen im Bau

Kontenklasse 1

AKTIVA Anlagevermögen

1 Finanzanlagen
- 13 Beteiligungen
  - 1300 Beteiligungen
- 15 Wertpapiere des Anlagevermögens
  - 1500 Wertpapiere des Anlagevermögens
- 16 Sonstige Finanzanlagen
  - 1600 Sonstige Finanzanlagen

Kontenklasse 2

AKTIVA Umlaufvermögen

2 Umlaufvermögen

Vorräte
- 20 Roh-, Hilfs- und Betriebsstoffe
  - 2000 Rohstoffe/Fertigungsmaterial
  - 2010 Vorprodukte
  - 2020 Hilfsstoffe
  - 2030 Betriebsstoffe
- 21 Unfertige Erzeugnisse, unfertige Leistungen
  - 2100 Unfertige Erzeugnisse
- 22 Fertige Erzeugnisse und Waren
  - 2200 Fertige Erzeugnisse
  - 2280 Waren (Handelsware)
- 23 Geleistete Anzahlungen auf Vorräte
  - 2300 Geleistete Anzahlungen auf Vorräte

Forderungen und sonstige Vermögensgegenstände
- 24 Forderungen aus Lieferungen und Leistungen
  - 2400 Forderungen aus Lieferungen und Leistungen
  - 2470 Zweifelhafte Forderungen
- 26 Sonstige Vermögensgegenstände
  - 2600 Vorsteuer
  - 2602 Abziehbare Vorsteuer innergemeinsch. Erwerb
  - 2603 Bezahlte Einfuhrumsatzsteuer
  - 2650 Forderungen an Mitarbeiter
  - 2690 Übrige sonstige Forderungen
- 28 Flüssige Mittel
  - 2800 Guthaben bei Kreditinstituten (Bank)
  - 2850 Postbank
  - 2880 Kasse
  - 2890 Geldtransitkonto
- 29 Aktive Rechnungsabgrenzung
  - 2900 Aktive Rechnungsabgrenzung
  - 2910 Disagio

Kontenklasse 3

PASSIVA

3 Eigenkapital und Rückstellungen

Eigenkapital
- 30 Eigenkapital/Gezeichnetes Kapital
  - Bei Personengesellschaften:
  - 3000 Kapital Gesellschafter A 3001 Privateinlage
  - 3005 Privatentnahme
- 34 Jahresüberschuss/Jahresfehlbetrag
- 36 Wertberichtigungen
  - 3670 Einzelwertberichtigung zu Forderungen
  - 3680 Pauschalwertberichtigung zu Forderungen

Rückstellungen
- 37 Rückstellungen für Pensionen
  - 3700 Rückstellungen für Pensionen
- 38 Steuerrückstellungen
  - 3800 Steuerrückstellungen
- 39 Sonstige Rückstellungen
  - 3910 Rückstellungen für Gewährleistung
  - 3930 Rückstellungen für andere ungewisse Verbindlichkeiten
  - 3970 Rückstellungen für drohende Verluste aus schwebenden Geschäften
  - 3990 Rückstellungen für Aufwendungen

Kontenklasse 4

PASSIVA

4 Verbindlichkeiten und passive Rechnungsabgrenzungen

- 41 Anleihen
  - 4100 Anleihen
- 42 Verbindlichkeiten gegenüber Kreditinstituten
  - 4200 kurzfristige Bankverbindlichkeiten
  - 4250 langfristige Bankverbindlichkeiten
- 43 Erhaltene Anzahlungen auf Bestellungen
  - 4300 Erhaltene Anzahlungen auf Bestellungen
- 44 Verbindlichkeiten aus Lieferungen und Leistungen
  - 4400 Verbindlichkeiten aus Lieferungen und Leistungen
- 48 Sonstige Verbindlichkeiten
  - 4800 Umsatzsteuer
  - 4802 Umsatzsteuer aus innergemeinschaftlichem Erwerb
  - 4809 Umsatzsteuer-Vorauszahlung
  - 4830 Sonstige Verbindlichkeiten gegenüber dem Finanzamt
  - 4840 Verbindlichkeiten gegenüber Sozialversicherungsträgern
  - 4850 Verbindlichkeiten gegenüber Mitarbeitern
  - 4860 Verbindlichkeiten aus vermögenswirksamen Leistungen
  - 4890 Übrige sonstige Verbindlichkeiten
- 49 Passive Rechnungsabgrenzung
  - 4900 Passive Rechnungsabgrenzung

Kontenklasse 5

ERTRÄGE

5 Erträge

50 Umsatzerlöse für eigene Erzeugnisse und andere eigene Leistungen
- 5000 Umsatzerlöse für eigene Erzeugnisse
- 5001 Erlösberichtigungen
- 5050 Umsatzerlöse für andere eigene Leistungen
- 5051 Erlösberichtigungen

51 Umsatzerlöse für Waren und sonstige Umsatzerlöse
- 5100 Umsatzerlöse für Handelswaren
- 5101 Erlösberichtigungen
- 5150 Steuerfreie Umsätze (HW) an Drittländer
- 5155 Steuerfreie innergemeinschaftliche Lieferungen
- 5156 Erlösberichtigung steuerfreie innergem. Lieferungen
- 5190 Sonstige Umsatzerlöse
- 5191 Erlösberichtigungen

52 Erhöhung oder Verminderung des Bestandes an unfertigen und fertigen Erzeugnissen
- 5200 Bestandsveränderungen
- 5201 Bestandsveränderungen an unfertigen Erzeugnissen und nicht abgerechneten Leistungen
- 5202 Bestandsveränderungen an fertigen Erzeugnissen

53 Andere aktivierte Eigenleistungen
- 5300 Aktivierte Eigenleistungen

54 Sonstige betriebliche Erträge
- 5400 Nebenerlöse
- 5401 aus Vermietung und Verpachtung
- 5410 Sonstige Erlöse
- 5420 Gegenstandsentnahme
- 5425 Leistungsentnahmen
- 5430 Andere sonstige betriebliche Erträge
- 5450 Erträge aus der Auflösung oder Herabsetzung von Wertberichtigungen
- 5460 Erträge aus dem Abgang von Vermögensgegenständen
- 5465 Erlöse Anlageverkauf bei Buchgewinn
- 5469 Erlöse Anlageverkauf bei Buchverlust
- 5480 Erträge aus der Herabsetzung von Rückstellungen
- 5490 Periodenfremde Erträge und Rückerstattungen
- 5495 Zahlungseingänge auf abgeschriebene Forderungen

55 Erträge aus Beteiligungen

56 Erträge aus anderen Wertpapieren und Ausleihungen des Finanzanlagevermögens

57 Sonstige Zinsen und ähnliche Erträge
- 5710 Zinserträge

58 Außerordentliche Erträge
- 5800 Außerordentliche Erträge

Kontenklasse 6

AUFWENDUNGEN

6 Betriebliche Aufwendungen Materialaufwand

60 Aufwendungen für Roh-, Hilfs- und Betriebsstoffe und für bezogene Waren
- 6000 Aufwendungen für Rohstoffe/Fertigungsmaterial
- 6001 Bezugskosten
- 6002 Nachlässe
- 6010 Aufwendungen für Vorprodukte/Fremdbauteile
- 6011 Bezugskosten
- 6012 Nachlässe
- 6020 Aufwendungen für Hilfsstoffe
- 6021 Bezugskosten
- 6022 Nachlässe
- 6030 Aufwendungen für Betriebsstoffe
- 6031 Bezugskosten
- 6032 Nachlässe
- 6040 Aufwendungen für Verpackungsmaterial
- 6041 Bezugskosten
- 6042 Nachlässe
- 6050 Aufwendungen für Energie
- 6051 Bezugskosten
- 6052 Nachlässe
- 6060 Aufwendungen für Reparaturmaterial
- 6061 Bezugskosten
- 6062 Nachlässe
- 6070 Aufwendungen für sonstiges Material
- 6071 Bezugskosten
- 6072 Nachlässe
- 6080 Aufwendungen für Handelswaren
- 6081 Bezugskosten
- 6082 Nachlässe
- 6085 steuerfreier innergemeinschaftlicher Erwerb
- 6087 Nachlässe innergemeinschaftlicher Erwerb

61 Aufwendungen für bezogene Leistungen
- 6100 Fremdleistungen f. Erzeugnisse u. andere Umsatzleistungen
- 6140 Ausgangsfrachten und Fremdlager
- 6150 Vertriebsprovisionen
- 6160 Fremdinstandhaltung
- 6170 Sonstige Aufwendungen für bezogene Leistungen

Personalaufwand

62 Löhne
- 6200 Löhne für geleistete Arbeitszeit einschl. Zulagen
- 6210 Löhne für andere Zeiten (Urlaub, Feiertag, Krankheit)
- 6220 Sonst. tarifliche o. vertr. Aufwendungen f. Lohnempfänger
- 6230 Freiwillige Zuwendungen
- 6250 Sachbezüge
- 6290 Aushilfslöhne
- 6295 Pauschalierte Lohnsteuer für Aushilfen

63 Gehälter
- 6300 Gehälter einschließlich Zulagen
- 6310 Urlaubs- und Weihnachtsgeld
- 6320 Sonstige tarifliche oder vertragliche Aufwendungen
- 6330 Freiwillige Zuwendungen
- 6350 Sachbezüge

64 Soziale Abgaben und Aufwendungen für Altersversorgung und für Unterstützung
- 6400 Arbeitgeberanteil zur Sozialversicherung (Lohnbereich)
- 6410 Arbeitgeberanteil zur Sozialversicherung (Gehaltsbereich)
- 6420 Beiträge zur Berufsgenossenschaft
- 6440 Aufwendungen für Altersversorgung

Kontenklasse 6

AUFWENDUNGEN

Abschreibungen auf Anlagevermögen

65 Abschreibungen
- 6510 Abschreibungen auf immaterielle Vermögensgegenstände des Anlagevermögens
- 6520 Abschreibungen auf Sachanlagen
- 6540 Abschreibungen auf geringwertige Wirtschaftsgüter
- 6550 Außerplanmäßige Abschreibungen Abschreibungen auf Umlaufvermögen

Sonstige betriebliche Aufwendungen

66 Sonstige Personalaufwendungen

67 Aufwendungen für die Inanspruchnahme von Rechten und Diensten
- 6700 Mieten, Pachten
- 6705 Aufwendungen für gemietete Räume
- 6710 Leasing
- 6720 Lizenzen und Konzessionen
- 6730 Gebühren, Beiträge
- 6750 Kosten des Geldverkehrs
- 6760 Provisionsaufwendungen
- 6770 Rechts- und Beratungskosten
- 6780 Haus- und Grundstücksaufwendungen

68 Aufwendungen für Kommunikation
- 6800 Büromaterial
- 6810 Zeitungen und Fachliteratur
- 6820 Telefongebühren
- 6825 Kurier-, Express- und Postdienstleistungen
- 6850 Reisekosten
- 6860 Bewirtung und Präsentation
- 6870 Werbung

69 Aufwendungen für Beiträge und Sonstiges sowie Wertkorrekturen und periodenfremde Aufwendungen
- 6900 Versicherungsbeiträge
- 6920 Beiträge zu Wirtschaftsverbänden und Berufsvertretungen
- 6930 Verluste aus Schadensfällen
- 6950 Abschreibungen auf Forderungen
- 6951 Abschreibungen auf Forderungen wegen Uneinbringlichkeit
- 6952 Einstellung in Einzelwertberichtigungen
- 6953 Einstellung in Pauschalwertberichtigungen
- 6960 Verluste aus dem Abgang von Vermögensgegenständen
- 6964 Aufwendungen für Entsorgung von Anlagevermögen
- 6965 Restbuchwert Anlageverkauf bei Buchgewinn
- 6969 Restbuchwert Anlageverkauf bei Buchverlust
- 6980 Zuführung zu Rückstellungen für Gewährleistungen
- 6990 Periodenfremde Aufwendungen

Kontenklasse 7

AUFWENDUNGEN

7 Weitere Aufwendungen

70 Betriebliche Steuer
- 7020 Grundsteuer
- 7030 Kraftfahrzeugsteuer
- 7090 Sonstige betriebliche Steuern

74 Abschreibungen auf Finanzanlagen und auf Wertpapiere des Umlaufvermögens und Verluste aus entsprechenden Abgängen

75 Zinsen und ähnliche Aufwendungen
- 7510 Zinsaufwendungen

76 Außerordentliche Aufwendungen
- 7600 Außerordentliche Aufwendungen

77 Steuern von Einkommen und Ertrag
- 7700 Gewerbesteuer
- 7730 bezahlte Kapitalertragsteuer

Kontenklasse 8

ERGEBNISRECHNUNGEN

8 Ergebnisrechnung

80 Eröffnung/Abschluss
- 8000 Eröffnungsbilanzkonto
- 8010 Schlussbilanzkonto
- 8020 GuV-Konto